OBERBAYERN · ÖSTERREICH · SÜDTIROL

Wanderungen zu den Steinböcken

Andreas Wiesinger

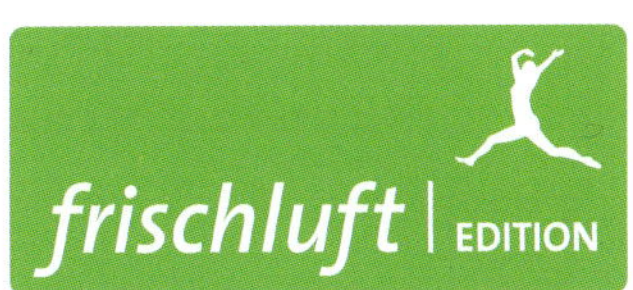

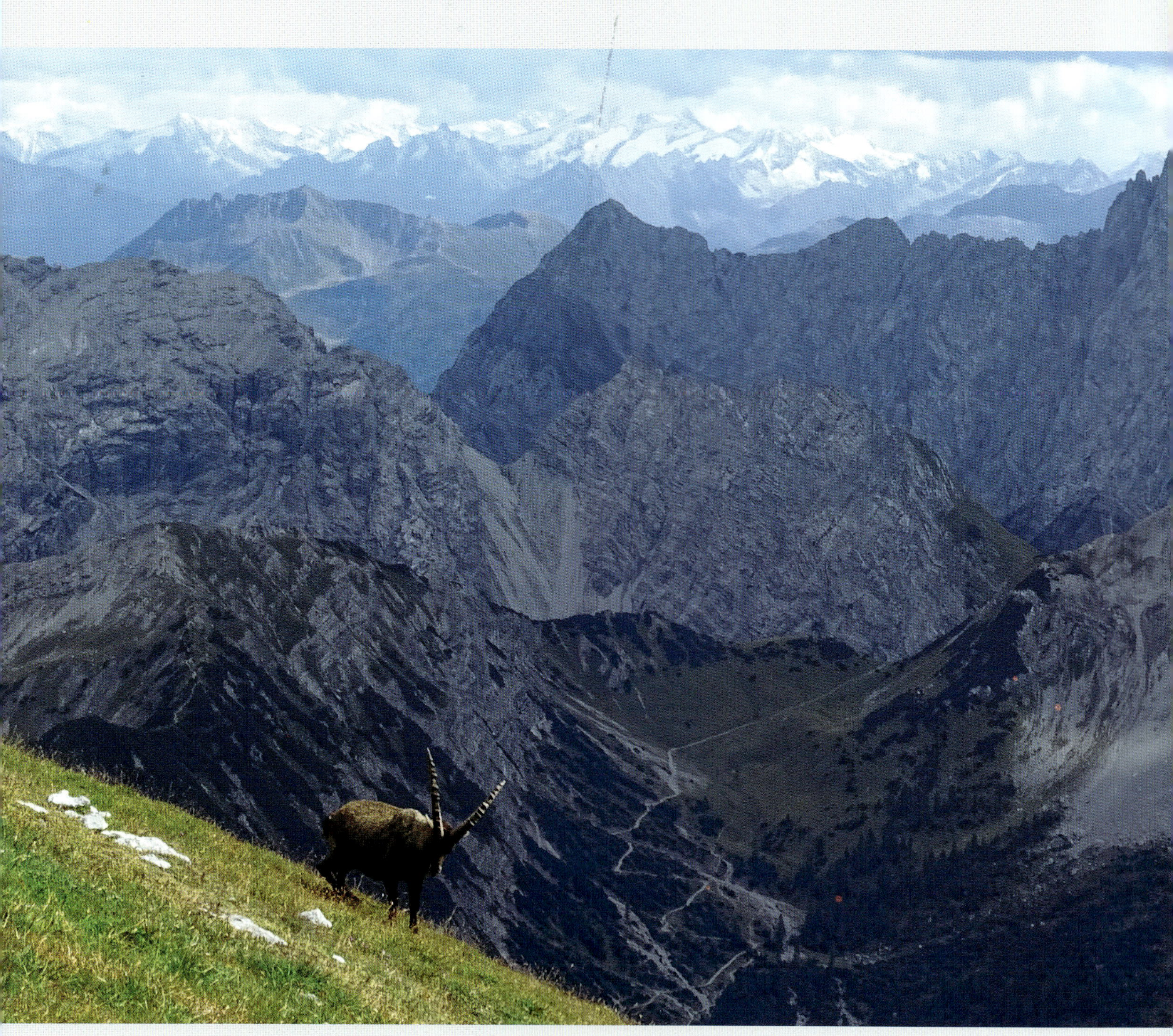

Ein älterer Steinbock in der Gipfelregion des Gamsjochs (Karwendelgebirge)

Als mir mein Arzt vor 13 Jahren prophezeite, dass ich auf Grund eines gesundheitlichen Leidens bald keine Treppen mehr steigen können würde, reifte in mir der Entschluss, gegen mein vermeintliches Schicksal anzukämpfen. Ich fing an zu laufen, und als ich merkte, wie gut mir die aktive Bewegung an der frischen Luft tat, steigerte ich mein Pensum peu à peu bis zum Extrembergläufer. Doch obwohl ich zu Trainingszwecken vom Pulsmesser bis zum GPS-Gerät immer bestens ausgerüstet war, spürte ich bald, dass mir das Erlebnis in der faszinierenden Natur immer wichtiger war als beispielsweise Laufzeiten zu verbessern. Und da ich meine Trainingsläufe arbeitsbedingt häufig am Abend absolvierte, durfte ich in der Dämmerung häufig auch unbezahlbar schöne Stimmungen einfangen.

Und dann hat mein Verleger Michael meine zahlreichen Fotos und Kurzbeschreibungen auf Facebook entdeckt. Per Chat hat er mich gefragt: „Wie kann es möglich sein, als Extrembergläufer Zeit und Muße zu finden, derart stimmungsvolle Aufnahmen von Berglandschaften einzufangen, inklusive seltener Blüten am Wegesrand, die selbst der normale Wanderer kaum entdeckt?". Bislang hatte er Bergläufer nur als schnaufende Dampfrösser mit Tunnelblick wahrgenommen, die für die großartige Natur nur wenig übrig haben. Er hat dann bei mir angefragt, ob ich mir ein gemeinsames Buchprojekt vorstellen könne, und nach einem Treffen in meiner Heimat Pertisau am Achensee stand fest: Ja, ich kann.

Doch als ich meinen Verlegern Katrin und Michael offenbarte, dass mir statt eines etwaigen Marathon-Lauf-Buches ein ganz anderes Thema auf den Fingernägeln brannte, waren selbst sie überrascht: Wanderungen zu den Steinböcken! Ich war den Königen der Alpentiere insbesondere bei meinen Läufen im Berchtesgadener Land häufig begegnet und dermaßen von ihnen begeistert, dass ich, auch bedingt durch mehrere Anfragen meiner Freunde, mir eben genau dieses Steinbock-Projekt in den Kopf gesetzt hatte. Denn mein Wunsch ist es, nicht nur meine Erlebnisse und Fotos in den sozialen Medien mit Euch zu teilen, sondern allen begeisterten Steinbockfreunden eine respektvolle Begegnung mit den beeindruckenden Tieren zu ermöglichen. Es hat nicht lange gedauert, und ich hatte meine Verleger überzeugt.

Da sich die Steinböcke oberhalb der Waldgrenze meist abseits stark frequentierter Wege im Steilgelände aufhalten, führen die 28 in diesem Buch vorgestellten Touren ausnahmslos in traumhaft schöne Landschaften, bei den meisten Touren können wir auf einer Berghütte übernachten. Wenn ich im Steinbock-Revier unterwegs bin, liegen meine Sichtungschancen in etwa bei fünfzig Prozent. Steinböcke sind stets auf Wanderschaft und keine Freiluftmuseums-Objekte. Also nicht gleich enttäuscht sein, wenn es bei den ersten Malen nicht klappen sollte. Allein die Suche ist ein Abenteuer, und wenn man dem Steinwild dann gegenübersteht, wird man die Begegnung so schnell nicht vergessen. Je mehr Ihr die Verhaltensweisen der in der Regel wenig scheuen Tiere respektiert, desto eher wird Eure Suche erfolgreich sein. Mit meinen Kenntnissen über die bevorzugten Plätze versuche ich, Euch zu den Steinböcken zu führen.

Euch wünsch i voi vü Spaß bei den Touren, unvergessliche Stoabock-Begegnungen und traumhafte Wandertouren, von denen ihr noch lange sprechen werdet. Mi gfreits gscheit, wenn Euch des Buch gfällt und Ihr de Traumtouren zu Euren Abenteuern machts!

Andreas Wiesinger

Tour-Nr.	Wanderziel	Gebirge	Hüttenübernachtung am Berg	ÖVM bequem *
1	**Benediktenwand**	Bayerische Voralpen	*Stie-Alm*	●
2	**Brünnstein**	Bayerische Voralpen	*Brünnsteinhaus*	
3	**Watzmann**	Berchtesgadener Alpen	*Watzmannhaus*	●
4	**Kleine Reibn**	Berchtesgadener Alpen	*Carl-von-Stahl-Haus*	●
5	**Kahlersberg**	Berchtesgadener Alpen		
6	**Großes Teufelshorn**	Berchtesgadener Alpen	*Wasseralm*	●
7	**Oberwalderhütte**	Hohe Tauern / Glocknergruppe	*Oberwalderhütte*	
8	**Stüdlhütte**	Hohe Tauern / Glocknergruppe	*Stüdlhütte*	
9	**Pfortscharte**	Hohe Tauern / Glocknergruppe	*Glorer Hütte, Salmhütte*	
10	**Keeskogel**	Hohe Tauern / Venedigergruppe	*Kürsingerhütte*	
11	**Seekarspitze, Seebergspitze**	Karwendelgebirge		
12	**Mondscheinspitze**	Karwendelgebirge	*Plumsjochhütte*	
13	**Sonnjoch**	Karwendelgebirge	*Gramaialm-Hochleger*	
14	**Schafjöchl**	Karwendelgebirge	*Lamsenjochhütte*	
15	**Gamsjoch**	Karwendelgebirge		●
16	**Hafelekarspitze**	Karwendelgebirge	*Bergrestaurant Seegrube*	●
17	**Kleiner und Großer Solstein**	Karwendelgebirge	*Neue Magdeburger Hütte, Solsteinhaus*	●
18	**Gschnitzer Tribulaunhütte**	Stubaier Alpen	*Gschnitzer Tribulaunhütte*	
19	**Gargglerin**	Stubaier Alpen	*Gschnitzer Tribulaunhütte*	
20	**Gahwinden**	Ötztaler Alpen	*Rüsselsheimer Hütte*	
21	**Kappler Joch**	Lechtaler Alpen	*Edmund-Graf-Hütte*	●
22	**Seeköpfl**	Lechtaler Alpen	*Memminger Hütte*	
23	**Rote Wand**	Verwallgruppe	*Klesenzaalpe*	●
24	**Widderstein**	Allgäuer Alpen / Walsertaler Berge	*Widdersteinhütte*	●
25	**Piz Lad**	Sesvennagruppe		
26	**Rifugio V° Alpini**	Ortlergruppe	*Rifugio V° Alpini*	
27	**Seekofel Pragser**	Dolomiten	*Seekofelhütte*	
28	**Sandesjöchl**	Stubaier Alpen / Pflerschtal	*Pflerscher Tribulaunhütte*	

* = mehrere Verbindungen täglich, höchstens 1 x umsteigen mit gutem Anschluss • **1 = eher geringe Chancen; 2 = gute Chancen; 3 = sehr gute Chancen

Bergbahn	Weglänge in km	Gehzeit in Std.	Höhenmeter	Steinbock-Sichtung**	Seite
●	22	8	1060	***	16
	15	5	900	*	22
	20	9	1920	**	26
●	19,5	8	1400	***	32
	19,5	8	1250	***	38
	22	10	1800	**	44
	9	4½	830	***	50
	9	5½	900	**	58
	15	6½	1150	***	62
	14	6	1300	**	66
	19	8	1680	**	72
	9	5½	1200	***	76
	11,5	5½	1200	***	80
	11	4½	900	**	84
	13	6	1350	***	88
●	12	7	1480	*–***	92
	24	9	1800	*	96
	9	4½	830	**	102
	13	5½	1200	**	106
	9	5	1050	***	110
●	15,5	6½	880	***	114
	12	6½	1100	***	118
	9	4½	830	**	124
	16	9	1350	***	128
	9	4½	830	***	132
	12,5	5½	1300	**	138
	16	7	1350	**	144
	11,5	6	1350	**	150

<– Japaner: ***, Andi: *

Unter www.frischluftedition.de können die GPS-Daten zu den Touren in diesem Buch heruntergeladen werden.

Der Alpensteinbock (Carpra Ibex)

Anmerkungen vom Südtiroler Jägerportal

Eigenschaften

Beeindruckend sind sie schon, die mächtigen Steinböcke: Wenn sie ihren Kopf langsam senken und mit ihren mächtigen Hörnern hin und her wiegen, zollen sie Respekt. Kaum ein Wildtier des Hochgebirges hat in Sage, Aberglaube, Volksmedizin und Brauchtum über Jahrhunderte eine so große Rolle gespielt wie der Alpensteinbock. Steinwild hat ausgesprochen gute Sinne und ist ein ausgezeichneter Kletterer. Allein dies war schon ein Grund für seine Bedrohung. Es lässt seine Feinde sehr nah herankommen, in der Gewissheit, sich mit zwei bis drei Sprüngen rasch in Sicherheit begeben zu können. Dies führte bis 1820 fast zur Ausrottung. Durch Aberglaube wurde das Steinwild ab 1622 in den Bergen vehement bejagt. Sein Blut, die Magensteine (Bezoare), die Hörner, Milz und Knochenmark und nicht zuletzt das unverwundbar machende Herzkreuz (verhärteter Knorpel der Herzklappen) führten dazu, dass bereits Mitte des 16. Jahrhunderts die Jagd auf Steinwild unter körperliche Strafe gestellt wurde.

Das Überleben verdankt das Steinwild Viktor Emanuel III., König von Italien, der das letzte Steinwild am Gran Paradiso unter Schutz stellte und sich das alleinige Jagdrecht erkaufte. Aus diesem Bestand wurden allmählich immer mehr Tiere in die benachbarten Alpenländer ausgesiedelt, sodass der Bestand heute als nicht mehr gefährdet angesehen wird. Nach mühevoller Arbeit der Jäger und Naturfreunde wurde der Steinbock wieder in Südtirol mit Erfolg eingesetzt. Auch die Steinböcke in Österreich (ca. 4400 Ex.) und Oberbayern (300 Ex.) stammen von Vorfahren des Gran Paradiso Nationalparks ab.

Den Vorreiter für die Wiederansiedelung hatten die Graubündner gespielt. Die Ostschweizer sind seit jeher stolz auf ihre Heimat und ihr Wappen, auf dem der Steinbock eine wichtige Rolle einnimmt. Wie schlimm muss es für die Bewohner gewesen sein, dass ihr Wappentier bereits seit etwa 1650 in den heimischen Bergen ausgerottet war. Kein Wunder also, dass sich 1920 eine Burschenschaft auf den Weg in das benachbarte Italien machte, um im Gran Paradiso Nationalpark dem König in einer Nacht-und-Nebel-Aktion einige Tiere zu entwenden. Bedingt durch diesen Schmuggel entstand im St. Gallener Tierpark Peter und Paul ein weltweit einzigartiges Steinbockzuchtprogramm als Basis für die erfolgreiche Wiederansiedelung in den Schweizer Alpen. Heute leben dort wieder rund 40.000 Exemplare.

Aussehen

Der Steinbock ist ein kraftvolles Tier, das eine Schulterhöhe von einem Meter und ein Gewicht von bis zu 100 kg erreichen kann, die Geiß wiegt etwa die Hälfte. Seine mächtigen Hörner können bis zu einem Meter lang und bis zu 15 kg schwer sein. Beide Geschlechter tragen ihre Gehörne

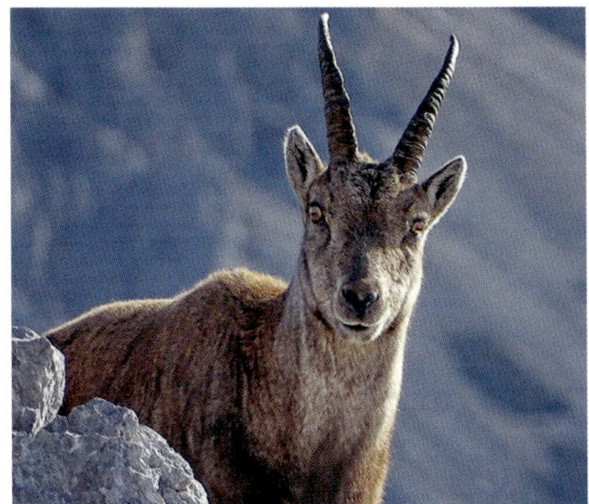
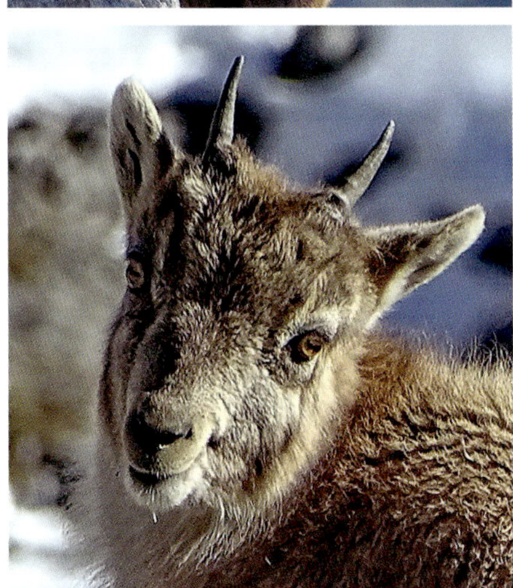
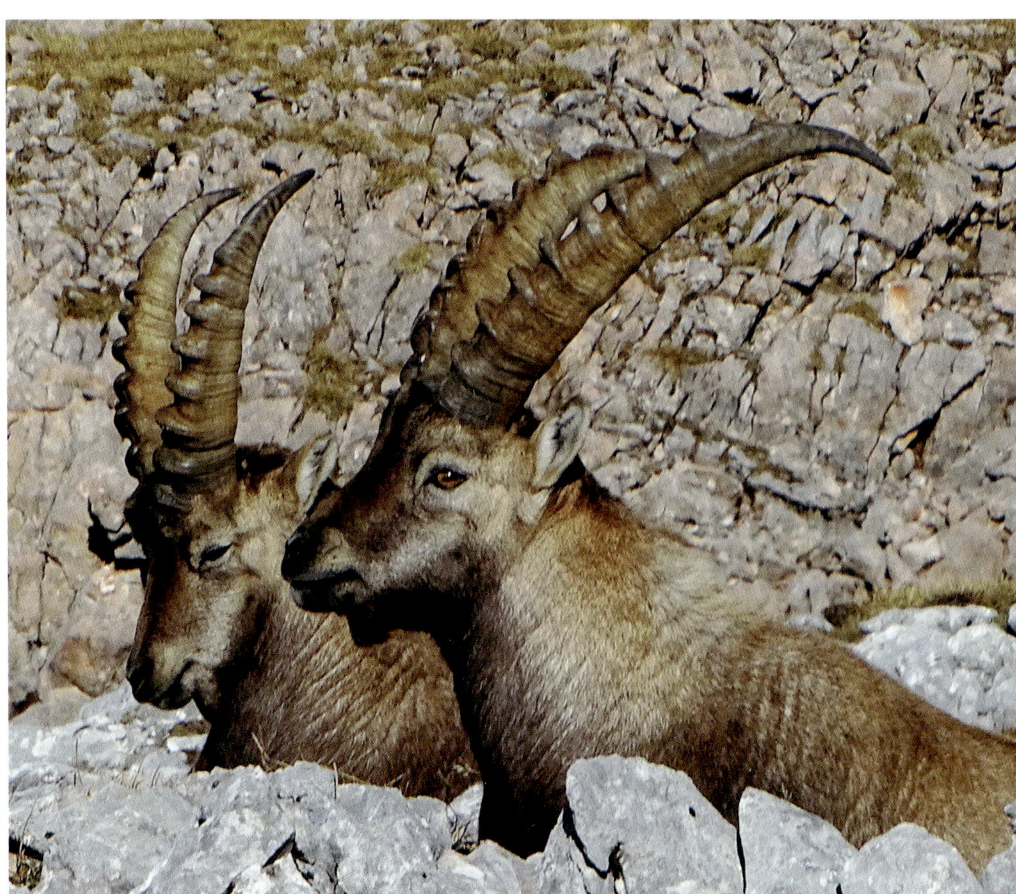

Die Geiß, das Kitz und die beiden Steinböcke im besten Alter haben sich bereits ein dickes Fell und einen Speckvorrat für den Winter zugelegt.

auf starken Stirnzapfen. Die Geißen sind kleiner als die Böcke und haben nur etwa 30 cm lange Hörner. Das vier Wochen alte Junge (Kitz) bildet bereits Hornzapfen aus. Nach zwei Monaten sind sie bereits etwa 3 cm lang. Bei Böcken werden sie bis zu einem Meter lang, bei Geißen bis etwa 30 cm. Der Querschnitt des Bockhorns ist dreieckig, der der Geiß meist oval. Steinböcke werden etwa 15 bis 18 Jahre alt, das Alter kann an den Schmuckwülsten am Horn ermittelt werden; es werden in der Regel zwei solche Wülste pro Jahr gebildet. Nach dem zehnten Jahr nimmt das Wachstum der Hörner stark ab. Der Körper des Steinbocks ist gedrungen. Das Fell („Decke") ist im Sommer braungrau bis rötlichgrau, im Winter gelblichbraungrau mit weißlicher Unterwolle. Daher wird der Steinbock auch mancherorts als „Fahlwild" bezeichnet. Die tiefgespaltenen Hufe der stämmigen Beine mit den gummiartigen Zehenballen und scharfen Schalenrändern verleihen den Tieren eine außerordentliche Kletterfähigkeit.

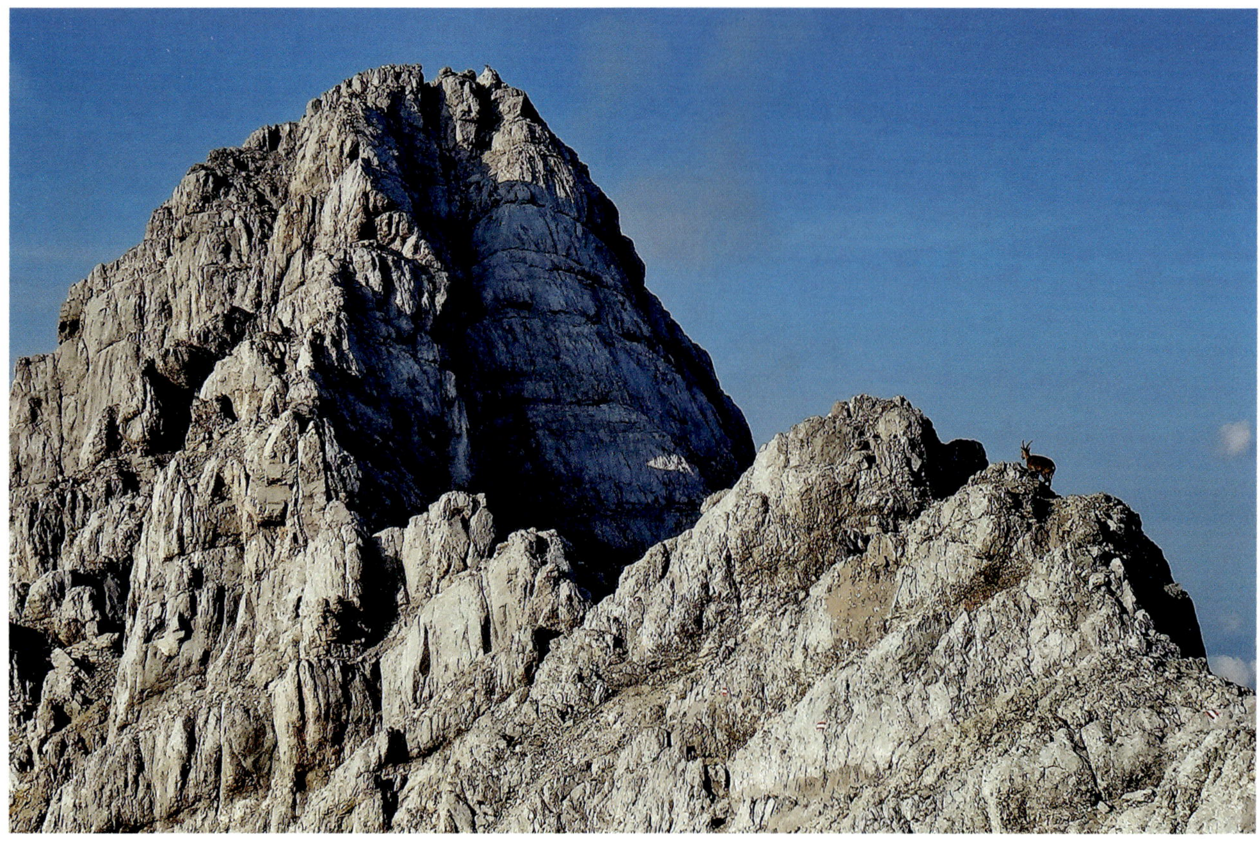

Erstes Rendezvous bei meinem Lauf über den Watzmanngrat von der Süd- zur Mittelspitze: Die Geiß war schneller und geschickter ...

Verhalten

Eine Steinbockherde setzt sich aus zehn bis zwanzig Weibchen und Jungtieren zusammen. Daneben gibt es die weniger stabilen Junggesellenherden noch nicht ganz ausgewachsener Böcke sowie einzeln lebende alte Böcke. Das Steinwild bildet Rudel von verschiedener Stärke, zu denen sich die alten Böcke jedoch nur während der Paarungszeit gesellen. Wie die Gämsen weiden auch die Steinböcke des Nachts in den höchsten Wäldern, im Sommer jedoch niemals weiter als eine Viertelstunde unter der Spitze einer freien Höhe. Mit Sonnenaufgang beginnen sie weidend aufwärts zu klettern und streben den wärmsten und höchsten, nach Osten oder Süden gelegenen Plätzen zu. Bei ihren Weidegängen halten sie nicht nur ihre Wechsel ein, sondern lagern auch regelmäßig an bestimmten Stellen, am liebsten auf Felsvorsprüngen, die ihnen den Rücken decken und freie Umschau gewähren. Steinböcke sind Gebirgsspezialisten und begeben sich nur ausnahmsweise in den Waldbereich. Bei der Wanderung von den höhergelegenen Sommer- in die Wintereinstände legen insbesondere die Böcke meist längere

Strecken zurück. Jede Bewegung des Steinwildes ist abrupt, kräftig und dabei doch leicht. Der Steinbock läuft schnell und anhaltend, klettert mit bewunderungswürdiger Leichtigkeit und zieht mit geradezu unverständlicher Sicherheit und Schnelligkeit über Felswände, wo nur er Fuß fassen kann.

Eine Unebenheit der Wand, die das menschliche Auge selbst in der Nähe kaum wahrnimmt, genügt ihm, sicheren Halt zu finden; eine Felsspalte oder ein kleines Loch werden für ihn zu Stufen wie bei einer Treppe. Nach Art der Ziegen gefällt er sich in der Jugend in neckischen und selbst im Alter in mutwilligen Streichen, tritt aber immer selbstbewusst auf und bekundet erforderlicherweise hohen Mut, Rauf-und Kampflust, welche ihm keineswegs schlecht ansteht. Gefährlichen Tieren weicht er aus, schwächere behandelt er übermütig oder beachtet sie kaum. Mit den Gämsen will er nichts zu tun haben und hält sich möglichst fern von ihnen; Hausziegen dagegen sucht er gelegentlich auf und paart sich auch freiwillig mit ihnen.

Brunft

Ab dem dritten Lebensjahr sind die Steinböcke geschlechtsreif, Geißen in der Regel mit zweieinhalb Jahren. Das faszinierende Schauspiel Steinbockbrunft beginnt im November und reicht bis in den Januar hinein.

Erwachsene, vollfeiste Böcke besitzen einen Fettanteil von etwa 35 kg. Diese Reserve benötigen sie während der in die kälteste Jahreszeit fallenden Brunft: In dieser Zeit steht das Fahlwild in gemischten Rudeln, die meist aus einem älteren Bock, jüngeren Böcken, Geißen und Jungtieren bestehen. Die alten Böcke befinden sich dabei in verschiedenen Gruppen. Diese ranghohen Exemplare signalisieren mit umgeklapptem Wedel, dessen weiße Unterseite weithin leuchtet, ihre Brunftbereitschaft. Außerdem liegt bei umgeklapptem Wedel ein Drüsenfeld frei, das starke Duftsignale aussendet. Der dominante Bock umwirbt die Geiß mit der charakteristischen „Streckhaltung", die an die Körperhaltung erinnert, die der Bock zum Beispiel auch beim Unterkriechen eines Zaunes einnehmen würde. Die langen Hörner liegen dabei auf dem Rücken auf. Zusätzlich klappt der Bock die Oberlippe hoch und „flippert" mit dem Lecker. Gelegentlich rotiert dabei der im Verhältnis zum Körper kleine Kopf, und der Vorderlauf pendelt zögernd in Richtung Geiß. Die Geißen weichen anfangs den sich nähernden Böcken aus. Während der beiden Tage des Eisprungs dulden die Geißen schließlich das Unterschreiten der Intimdistanz durch den Bock. Die Geißen schwenken kurz vor der Kopulation mit dem Wedel und animieren so zum Aufreiten. Nach der nur wenige Sekunden dauernden Begattung begleitet der dominante Bock die Geiß noch einige Zeit, um danach wieder mit den anderen Böcken an der Gemeinschaftsbrunft teilzunehmen.

Die Steingeiß setzt nach etwa 23 Wochen, Ende Mai oder im Juni meist ein Kitz; Zwillingskitze sind selten. Schon am Tag des Setzens folgt das Kitz der Mutter. Im Alter von vier bis fünf Wochen schließen sich die Kitze zu Jugendverbänden zusammen. Obwohl die Kitze schon ab der zweiten Lebenswoche Pflanzenäsung aufnehmen, werden sie von der Geiß bis in den Winter hinein gesäugt.

Nicht überliefert ist, ob der Bartwuchs bei der Brunft eine Rolle spielt. Manche Böcke sind sogar vollkommen bartlos, doch warum das so ist, wissen selbst die Steinbock-Experten nicht.

Ernährung

Die Steinböcke sind genügsame Wiederkäuer und hinsichtlich ihrer Nahrung weniger anspruchsvoll als Gämsen oder Rehe. Sie ernähren sich hauptsächlich von Kräutern, Knospen, Latschen und Weichhölzern, im Winter auch von saftigen Baumrinden, Moosen und hervorgescharrten Flechten oder Gräsern. In der kalten Jahreszeit sind sie den ganzen Tag auf Futtersuche und beschäftigen sich mit Scharren. Sie bevorzugen sonnige Felsvorsprünge, die ihnen freie Umschau gewähren.

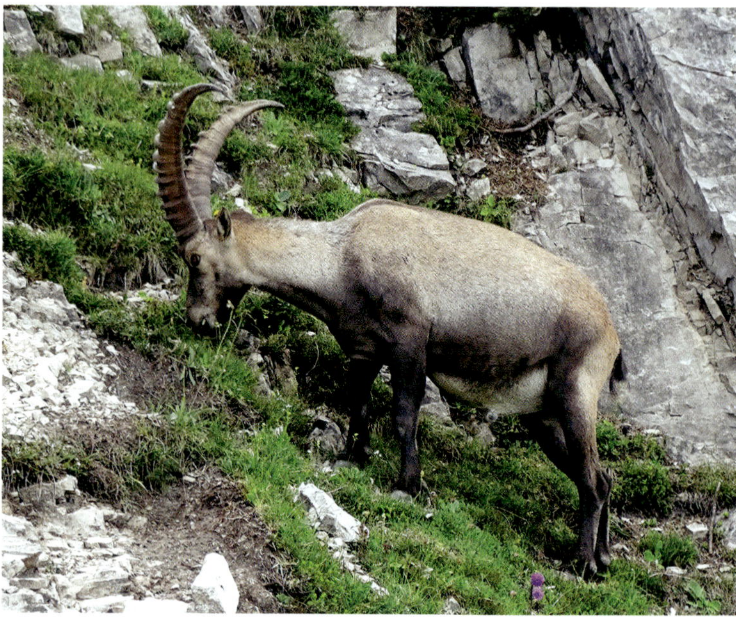

Steinbock beim Äsen: So üppig wächst das Gras nicht immer! (o); frischer Kot, höchstens eine Stunde alt

Tipps für die erfolgreiche Spurensuche

Eine sichere Methode für die erfolgreiche Sichtung gibt es nicht, denn die Steinböcke bewegen sich sehr viel und haben ihren eigenen Rhythmus beim Äsen und Rasten. Auch die Jahreszeiten bestimmen das Bewegungsmuster maßgeblich mit. Im Wesentlichen benötigen wir drei Dinge: Ein Fernglas für die Sichtung auch in größerer, für uns unerreichbarer Entfernung, fundiertes Wissen über das Verhalten der Steinböcke und natürlich auch etwas Glück!

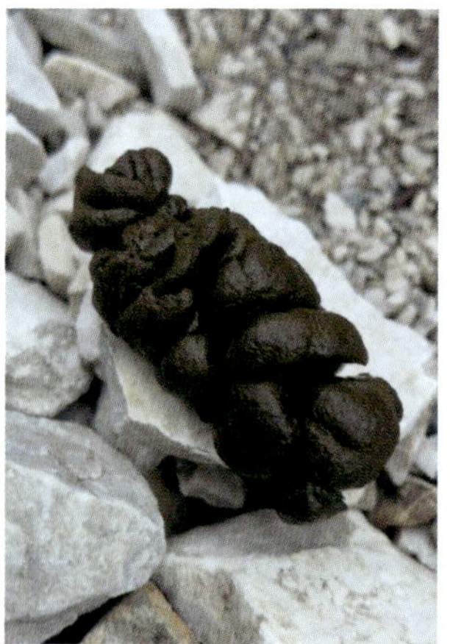

Hilfreich ist es bereits, spätestens oberhalb der Waldgrenze auf Spuren am Wegesrand zu achten. Dazu gehören auch etwaige Fußabtritte im Schnee oder auf weichem Untergrund, beispielsweise Sand. Dabei ist jedoch zu beachten, dass die Abdrücke der Steinböcke leicht mit jenen der Gämsen, Schafe, Rehe, Hirschen oder Ziegen zu verwechseln sind (siehe U 5). Etwas aussagekräftiger sind die kugelförmigen Verdauungsreste mit fingernagelgroßen Teilchen. Je glänzender und dunkler die Ausscheidung ist, desto frischer ist sie; je bräunlicher, faseriger und rauer, desto länger hat der Steinbock hier schon das Weite gesucht. Allerdings muss man auch hier die Unterscheidungen zu den Exkrementen zu den oben genannten Tieren kennen. Das deutlichste Indiz für die tatsächliche Anwesenheit des Steinbocks ist jedoch der Steinschlag. Da sich die Könige der Alpentiere filigran auch in steilstem Felsgelände bewegen, treten sie häufig Steine los, die unüberhörbar das Gelände herabstürzen. In diesem Fall sollte man rasch das Fernglas herbeiholen und das verdächtige Gelände nach möglichen „Treffern“ absuchen.

Was bei der Steinbocksuche immer weiterhilft, ist die Kommunikation. Einheimische Wanderer und ortskundige Hüttenwirte kennen häufig die bevorzugten Standorte der Steinböcke oder wissen, wo unsere Lieblingstiere zuletzt gesichtet wurden. Mir wurde bei meinen Recherchen immer sehr freundlich Auskunft gegeben, soweit dies möglich war.

Auch meine Facebook-Seite „Wanderungen zu den Steinböcken / aktuelle Sichtungen" dient dem Informationsaustausch. Hier bitte ich meine Leser, ihre aktuellen Sichtungen mit Ortsangabe, Datum und wenn möglich Fotos zu posten, um allen Gleichgesinnten im Idealfall eine Beobachtung oder Sichtung zu ermöglichen. Auf diese Weise werden unsere Sichtungschancen unter Umständen erhöht. Da Steinböcke viel wandern, können etwaige Sichtungen vom Vortag jedoch nur ein Indiz für die erfolgreiche Suche sein.

Maßgeblich für die erfolgreiche Suche ist Wissen über das Verhalten der Steinböcke. Nur wer möglichst viel über ihren Lebensraum und ihre Vorlieben weiß, wird mit mehreren Sichtungen belohnt werden. Aus diesem Grund fasse ich an dieser Stelle noch einmal die wichtigsten Kriterien der Südtiroler Jägerschaft zusammen. Grundsätzlich bewegen sich die Tiere fast ausschließlich über der Waldgrenze, die sie nur im Frühjahr und während der Brunftzeit im Winter teilweise unterschreiten. Die beeindruckend genügsamen Tiere halten sich meist das ganze Jahr über in südost- bis südwestseitiger Hanglage auf. Ihr bevorzugtes Revier weist eine Hangneigung von 30 bis 55 Grad auf. Steinböcke meiden von Kühen, Pferden oder Schafen beweidete Gebiete und leben einen großen Teil des Jahres in kleinen Verbänden nach Geschlechtern getrennt. Nur junge Böcke bis drei Jahre sind noch in den Geißen-Verbänden zu finden.

Sobald es die Schneelage zulässt, beginnen die Steinböcke sich in Richtung der Sommereinstände aufwärts zu bewegen. Die Geißen werden sichere Setzeinstände aufsuchen, wo sie im Juni ihre Kitze auf die Welt bringen. Direkt nach Sonnenaufgang beginnen sie mit der Äsung, tagsüber dann reduzierter zwischen zahlreichen Ruhephasen, dann wieder verstärkt zum Sonnenuntergang; nur selten äsen sie in der Nacht. Im Sommer treibt es die Kolonien dann richtig in die Höhe, gerne auch in Gipfel- oder Gletschernähe bis in eine Höhe von über 3000 Metern. Dabei wandern sie auch in die hintersten und höchsten Bergtäler hinein. Die Geißen verweilen oft mit ihren Kitzen in den sicheren Setzeinständen, erst im Spätsommer folgen sie den Böcken zu den meist offeneren alpinen Flächen. Auffallend ist, dass die Steinböcke an warmen Tagen tagsüber mehr rasten und weniger äsen als bei kühlerer Witterung. Ist es besonders heiß, äsen sie auch immer wieder mal nachts. Im Herbst flüchten sie bei aufkommenden Schneefällen gelegentlich bis zur Waldgrenze auf etwa 1800 Metern Höhe hinab. Je nachdem wie stark der erste Wintereinbruch ausfällt, beginnen die Böcke mit der Wanderung in die Wintereinstellplätze. Da kann auch mancher Umweg dabei sein, doch spätestens zur Brunftzeit werden alle bei den Geißen sein. Nach kalten Nächten wird gerne auch mal später geäst, tagsüber auch immer wieder mal bis zum Sonnenuntergang. Selbst im Winter verweilen die majestätischen Tiere oberhalb der Waldgrenze, zuweilen auch im Latschengürtel. Im Dezember ist Fortpflanzungszeit, danach trennen sich die Geschlechter wieder, doch oft lassen die Schneelage oder die knappen Wintereinstände die Trennung nur bedingt zu. Die Tiere wärmen sich meist bis in den Vormittag hinein auf, um anschließend nach Möglichkeit an aperen Flächen zu äsen.

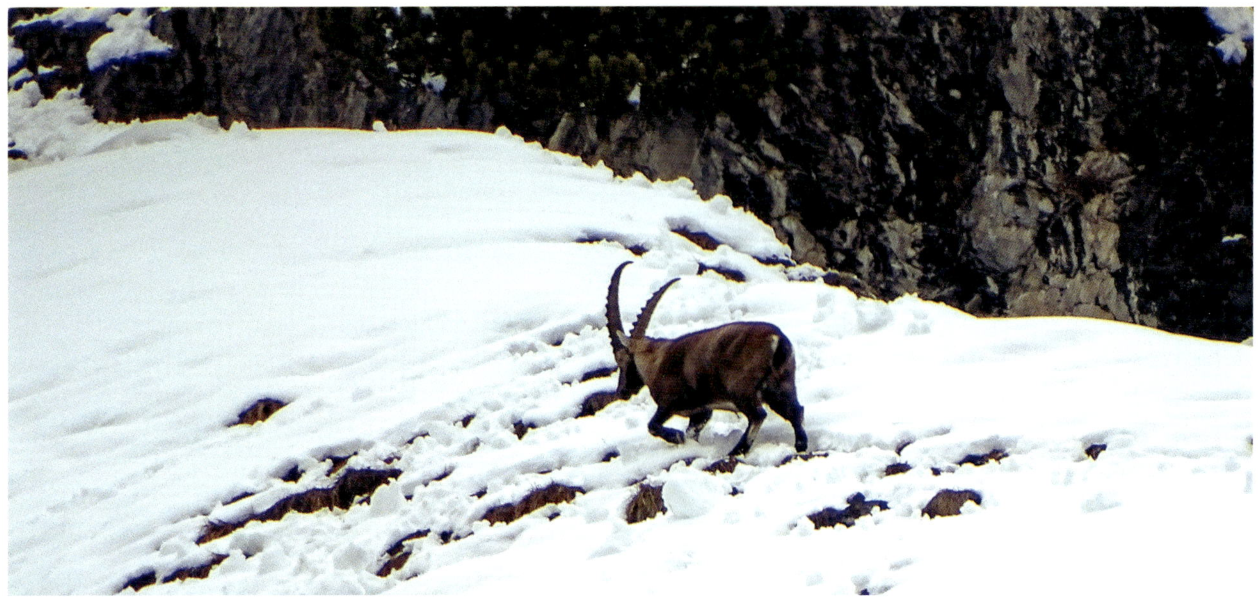

Steinbock im winterlichen Karwendelgebirge: Bitte nicht stören!

Überlebenskünstler im Winter

Der Winter ist für die Steinböcke besonders hart. Um oberhalb der Waldgrenze überleben zu können, müssen sich die Tiere in der schneefreien Zeit Fettreserven anfressen, auch das Winterfell ist eine überlebenswichtige Anpassungsstrategie. Im späten Frühjahr wechselt sein Fell komplett, um sich im Lauf der Monate bis zum darauffolgenden Winter wieder zu verdichten. Auch die enormen Fettreserven müssen stets erneuert werden. Im Winter schalten die Tiere auf „Energiesparmodus", um die Reserven zu schonen. Dabei wird die Herzschlagfrequenz von 100 Schlägen pro Minute bis Februar auf etwa 40 Schläge reduziert. Außerdem senkt das Steinwild seine Körpertemperatur kontinuierlich um etwa ein Grad, was den Bewegungsradius einschränkt. Vor allem in kalten Winternächten kühlen die Extremitäten stark aus und der Wärmehaushalt konzentriert sich auf die Körpermitte. Wenn der Steinbock beim Ruhen gestört wird, muss er seine Körperfunktionen abrupt hochfahren. Jede Flucht kostet ihm viele Energiereserven, was im schlimmsten Fall zum Tod führen kann. Sonnenreiche Tage nutzt der Steinbock, um Wärme aufzutanken, was in exponierter Sonnenlage den ganzen Tag dauern kann. Je sonnenreicher also ein Winter ist, desto höher ist seine Bewegungsaktivität.

Angesichts dieser großen Herausforderungen ist es unbedingt erforderlich, dass die Bedürfnisse und der Lebensraum der Wildtiere berücksichtigt und respektiert werden. Deshalb sind alle Skitourengeher, Schneeschuhgeher und Wanderer aufgerufen, sich bei ihren Aktivitäten in freier Wildbahn von den gekennzeichneten Rückzugs- und Schutzgebieten fern zu halten.

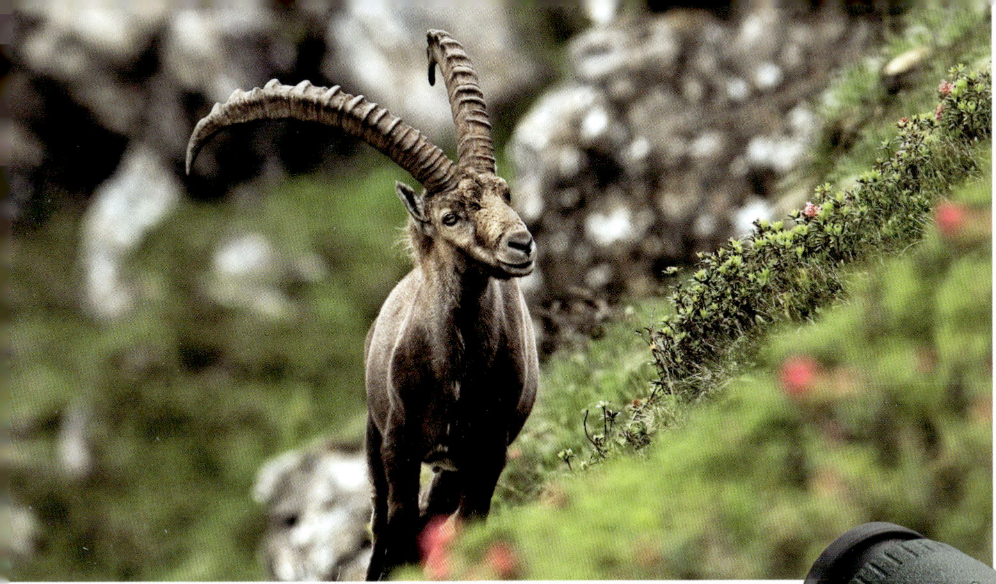

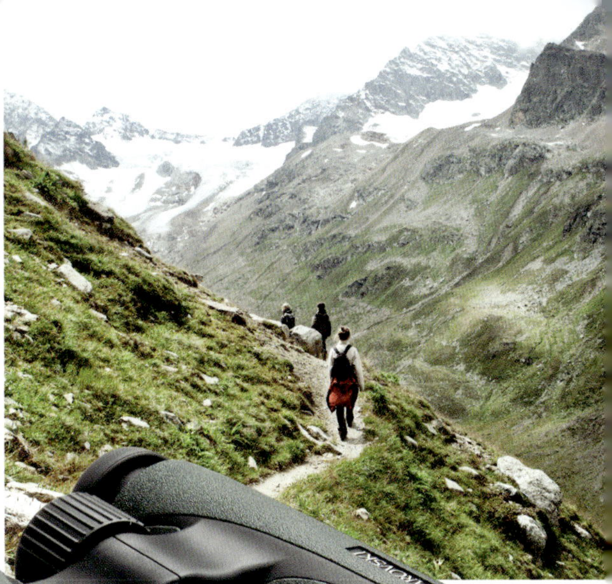

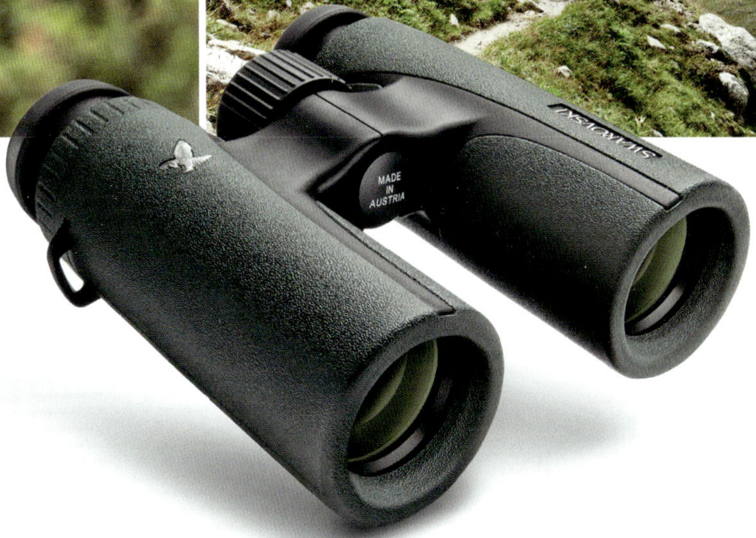

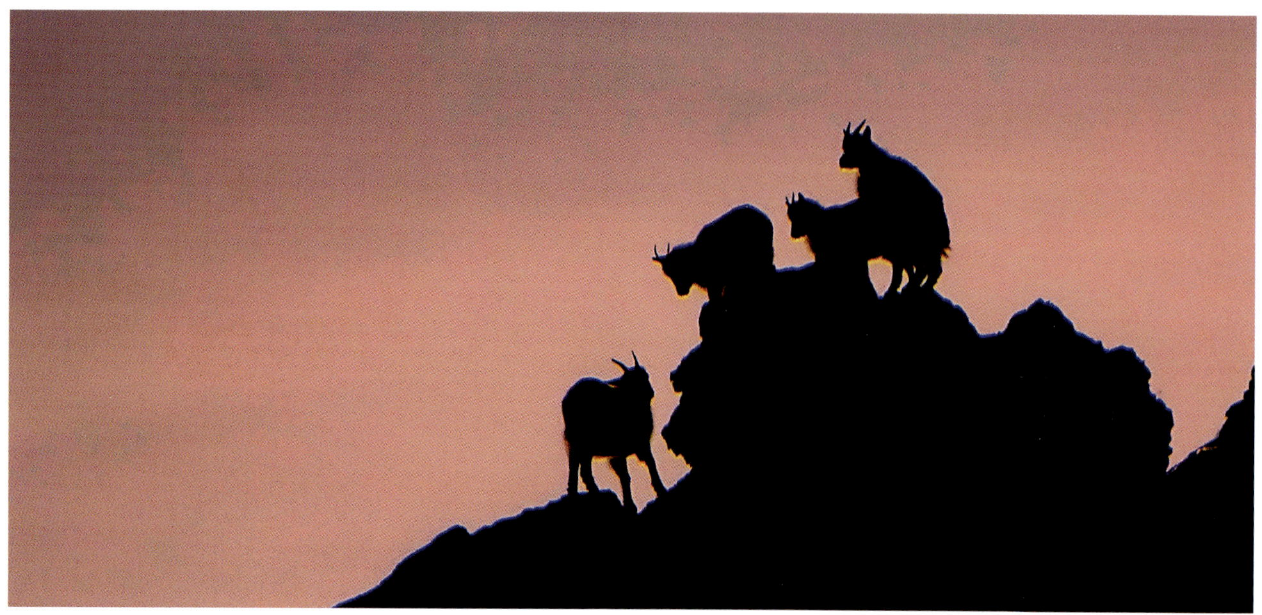

Spielende Kitze an einem milden Dezembertag an der Mondscheinspitze

Verhaltensregeln bei der Steinbock-Sichtung

„Ich denke, die Steinböcke wären ohne dieses Buch in Zukunft glücklicher", gab ein Leser meiner Facebook-Seite „Wanderungen zu den Steinböcken/aktuelle Sichtungen" zu bedenken. Darauf antwortete ich ihm: „Genau diesen Gedanken hatte ich auch. Es kommt immer darauf an, mit wieviel Respekt und Ehrfurcht man sich den Tieren nähert. Deshalb ist es mir auch besonders wichtig, in diesem Buch die Verhaltensregeln zum Thema Annäherung in den Vordergrund zu stellen."

Folgende Verhaltensregeln sind bei der Steinbock-Sichtung einzuhalten:

! Wildtiere und ihren Lebensraum respektieren

Halte Dir stets vor Augen, dass Du vor allem im Hochgebirge den sensiblen Lebensraum von zahlreichen Wildtieren betrittst, nicht nur das Steinwild, sondern auch andere Tiere wohnen hier.

! Auf den markierten Wegen bleiben

Wildtiere sind wie wir Menschen „Gewohnheitstiere". Wenn sie eine mögliche Gefahr aufgrund gewisser Regelmäßigkeiten einschätzen können, gehen sie in der Regel entspannt damit um. Bleibe deshalb auf den markierten Wegen, dann bist Du für das Wild berechenbar und es verhält sich vertraut. Auch in der schneefreien Zeit können Störungen Stresssymptome bei den Tieren verursachen, durch die sie sich im häufigen Wiederholungsfall nicht ausreichend auf den nächsten Winter vorbereiten können.

! Hunde an der Leine halten

Mitgeführte Hunde sind unbedingt an der Leine zu führen. Dadurch zeigen sie ein anderes Bewegungsmuster als freilaufend, wodurch sie weniger als Beutegreifer wahrgenommen werden. Außerdem ist das Verhalten der Steinböcke gegenüber einem durch das Gelände jagenden Hunden nicht absehbar: Von der Flucht, von der wir alle nichts haben, bis zum aggressiven Gegenangriff ist alles möglich.

! Elektrogeräte ausschalten

Eine Steinbock-Begegnung in freier Natur ist ein einzigartiges Erlebnis. Stelle deshalb das mitgeführte Handy oder den Fotoapparat auf lautlos, um schrille Hintergrundtöne zu vermeiden. Nicht nur die Tiere, sondern auch wir Mitmenschen wollen die Ruhe in den Bergen genießen, ohne überflüssigerweise aufgeschreckt zu werden.

! Den Tieren ausreichend Zeit geben

Triffst Du überraschend auf kürzeren Distanzen mit Steinwild zusammen, nähere Dich den Tieren nicht weiter an. Gib ihnen unbedingt Zeit, die Situation einzuschätzen und zu entscheiden, wie es sich verhalten will.

! Blickkontakt und hektische Bewegungen vermeiden

Schau den Tieren nicht direkt in die Augen und vermeide hektische Bewegungen. Das verunsichert und beunruhigt sie, was häufig eine Flucht nach sich zieht. Folge den Tieren nicht, da dies nur die Fluchtwege vergrößert.

! In normaler Lautstärke sprechen

Vermeide laute Jubelschreie oder Rufe (z.B. im Fall einer Sichtung als „Botschaft" an etwaige Mitwanderer). Wenn Du Dich leise unterhältst – ein völliges Verstummen könnte auch irritieren! –, beruhigen sich die Tiere schneller und behalten somit ihr vertrautes Verhalten bei.

! Respektabstand einhalten und die Warnrufe der Tiere beachten

Steht ein älterer Steinbock in der Herde während Deiner Annäherung auf, solltest Du Dich langsam entfernen oder hinsetzen und innehalten, bis wieder komplette Ruhe und normales Verhalten einkehrt. Pfeift der Steinbock, ist dies ein erster Warnhinweis der Steinböcke untereinander. Dann solltest Du Dich nicht weiter annähern! Wenn er erschrickt, „niest" er in der Regel laut! Ein geräuschvolles Blasen durch die Nase zeigt, dass er zornig ist. Botschaft: Du bist mir viel zu nahe! Sieh ihm in beiden Fällen nicht in die Augen und trete zügig, aber vorsichtig den Rückzug an. Dabei ist das Tier stets im Augenwinkel zu behalten.

! Geduld beim Fotografieren haben

Falls Du Steinböcke fotografieren willst, gib unter Einhaltung der vorhin angesprochenen Tipps den Tieren Zeit, sich an Dich zu gewöhnen. Erst dann wird das Steinwild seine typischen Verhaltensweisen zeigen.

1 Steinbock-Lady allein unterwegs

Tourenziel: Benediktenwand 1801 m
Weglänge: 22 km | Gehzeit: 8 Std. | Höhenmeter: 1060 | ▲▲

Dass es auch an der Benediktenwand Steinböcke gibt, habe ich von meinem Verleger Michael erfahren. Diese Tour quasi vor seiner Haustür gehöre unbedingt in dieses Buch, meinte er. Zumal eine Population von etwa 70 Tieren an einem Gebirgsstock in Oberbayern mit noch dazu besten Sichtungschancen eine echte Rarität darstellt. Normalerweise sind die Winter am nördlichen Alpenrand zu kalt und schneereich, weshalb es ein Glücksfall ist, dass der einzelne Steinbock, der sich in den 1960er Jahren hier her verirrt hatte, mit den drei aus St. Gallen eingeflogenen Geißen eine stabile Population gründen konnte. An der Benediktenwand werden die Steinböcke noch weniger bejagt als in den Zentralalpen, weshalb sie hier besonders zahm sind. Michael erzählt: „Für mein Alpenpanorama-Projekt habe ich für das beste Licht drei Anläufe gebraucht, und zwei Mal sind mir die Steinböcke ohne Scheu unmittelbar am Gratrücken begegnet. Haha, lieber Andi, das ist definitiv die einzige Tour in den Nordalpen, bei der ich die Steinböcke bei schönerem Wetter als Du vor die Kamera bekommen habe!"

In der Tat! Bei meinem ersten Versuch gab es entgegen der Wettervorhersage Starkregen, so an nassen Andi hat ma selten gsehn! Dazu Nebel und eiskalter Wind, weshalb ich mich in der Unterstandshütte am Gipfel eine Weile mit Hilfe von Kerzen aufwärmen musste. Beim Abstieg zur Glaswandscharte rutschte ich umeinander wie auf Eis, und in einer Klamm, in der sogar Brücken weggeschwemmt wurden, musste ich zwei Mal hüfthoch den reißenden Bach durchwaten. Dass des ois guat gangen is, wundert mi heit no a weng!

Beim zweiten Mal bin ich vorsichtiger und warte sonniges Wetter ab. Zügig geht es vom Wanderparkplatz (730 m) durch schönen Wald auf dem Forstweg zum Langenecksattel (1168 m) hinauf, dann steige ich wenige Meter zur Orterer-Alm ab und bewundere das goldgelbe Blütenmeer der Sumpfdotterblumen an den Bachläufen. Nach dem Wechsel auf die andere Talseite zweige ich links zur Tanner-Alm (1340 m) ab und quere rechts über die blühende Almwiese zur Bichler-Alm (1438 m) hinauf. Erstmals genieße ich das Bergpanorama oberhalb der Waldgrenze.

Hinter den Almhütten führt der sogenannte Altweibersteig in nordwestliche Richtung direkt auf die Südwand der Benediktenwand zu. Nach der

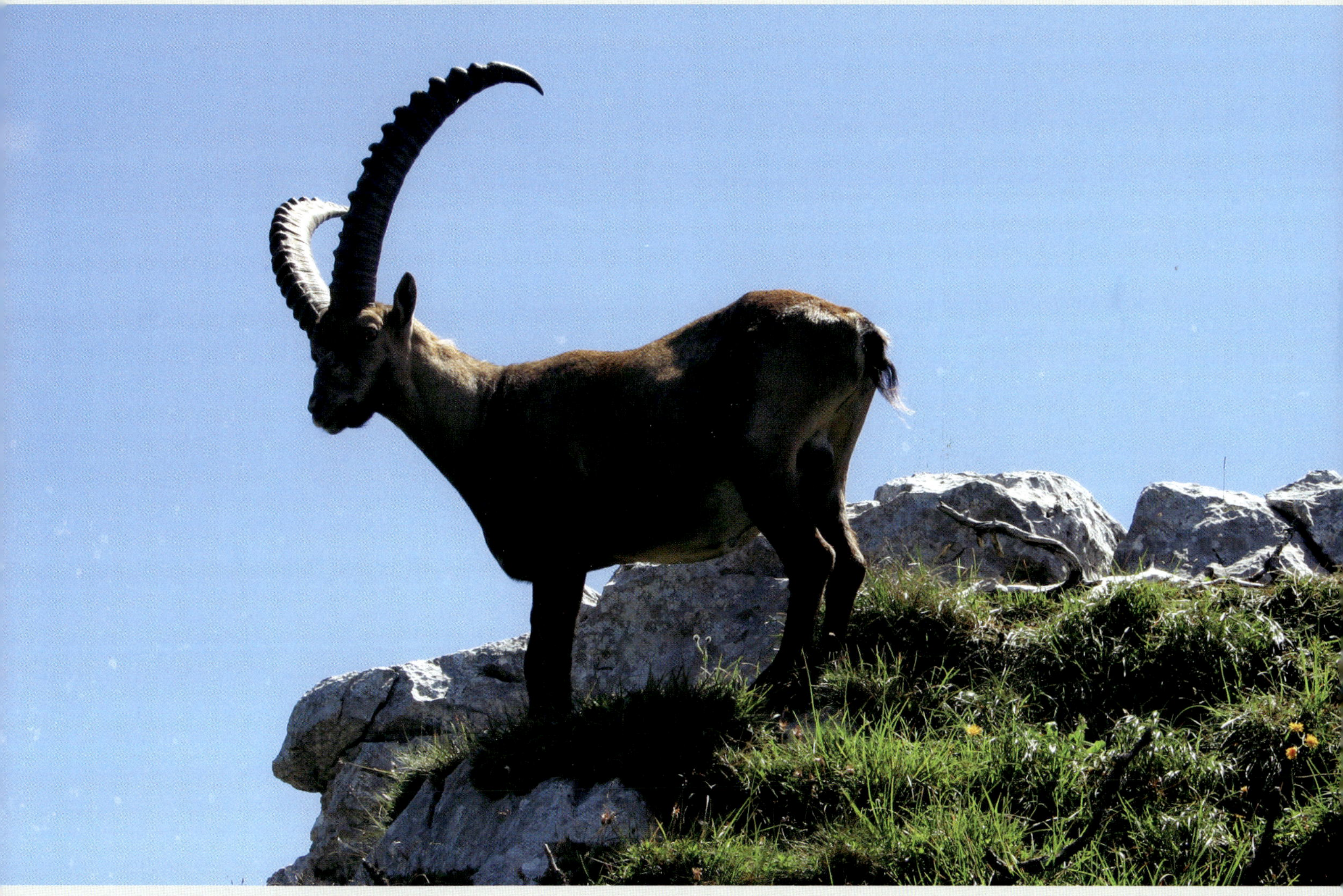

An heißen Tagen genießen die Steinböcke den Luftzug am Grat abseits der wärmespeichernden Latschenfelder.

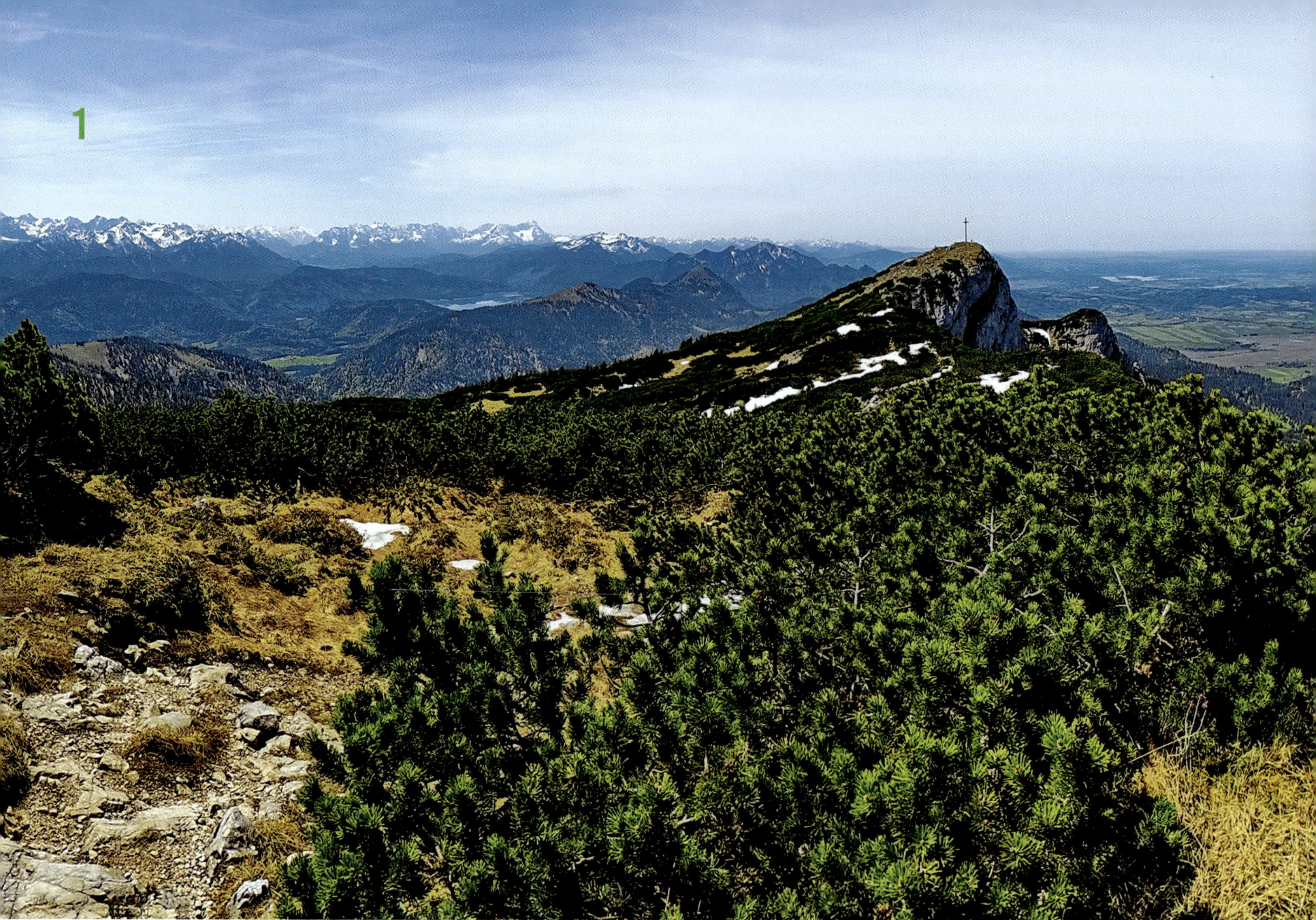

Mitten in der Steinbock-Zone: Blick über den flachen Gratrücken zur Benediktenwand. Im Hintergrund Wetterstein- und Karwendelgebirge

moderaten Querung wird das Gelände zunehmend steil und felsig. In diesem Terrain fühlt sich die von April bis Juni intensiv gelb blühende Alpen-Aurikel, ein Primelgewächs, besonders wohl. Und auch der Steinbock, mit dem wir vor allem im Frühjahr hier rechnen dürfen. Die ersten Spuren am Wegesrand habe ich bereits entdeckt. Aber Vorsicht, in diesem Steilgelände muss man mit Steinschlag rechnen! Ein kurzer, luftiger Quergang erfordert Trittsicherheit, dann geht es links auf der Kammhöhe flach durch Latschengassen zum hölzernen Gipfelkreuz der Benediktenwand (1801 m). Das grandiose Panorama reicht vom Mangfall- über das Rofan-, Karwendel- und Wettersteingebirge bis zu den Ammergauer

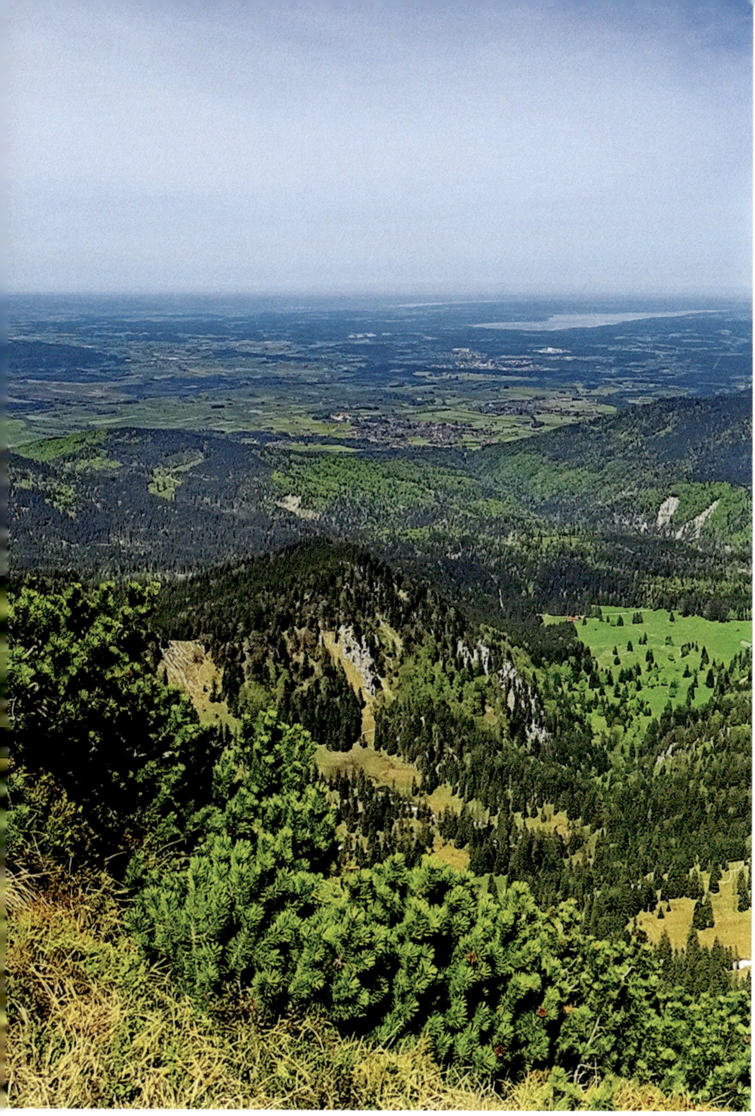

Alpen; schön ist auch der Blick nach Norden Richtung oberbayerisches Fünfseenland im Süden von München.

Bei der genussvollen Rast wird mir bewusst, noch immer keine Steinböcke gesehen zu haben. Aber in den Altschneefeldern, die im Latschenbereich zu dieser Jahreszeit fast überall anzutreffen sind, werde ich sicher Spuren entdecken, die mich zu meinen Lieblingstieren führen. Der Übergang zu den Achselköpfen ist recht schwierig, da schneefreie Passagen mit „bockhart" gefrorenen Abschnitten in der Nordseite wechseln. So traumhaft die Aussicht ist, so alptraummäßig sind die eisbedeckten Passagen im drahtseilgesicherten Abstieg in den Rotohrsattel (1615 m) und bei der Überquerung der abschüssigen Achselköpfe (1710 m). Am Sattel zweigt übrigens ein Steig in den Probstalm-Kessel ab. Hier machen sich die Steinböcke im Sommer sehr nützlich, indem sie die saftigen Wiesen beweiden, einer drohenden Verbuschung entgegenwirken und somit den Bestand der schützenswerten alpinen Flora bewahren.

Am letzten Achselkopf führt nur eine Fußspur im Schnee etwas ausgesetzt abwärts zu einer Kreuzung: Links würde es zum Latschenkopf weitergehen, ich steige aber rechts über die Stie-Alm (1550 m; auf dem Hüttenfelsen thront eine Steinbock-Attrappe!) zur Strasseralm ab. Hier zweigt der Steig nach Westen ab (Ww. Bichler-Alm Weg Nr. 471). Ich schwimme bereits in meinen Schuhen – mit so viel Schnee hatte ich nicht gerechnet – und quere die sonnigen Wiesenhänge abwechslungsreich in leichtem Auf und Ab. Dabei passiere ich die Hintere Krottenalm.

Hoffentlich wandere ich den Steinböcken entgegen, immerhin hatte ich bei der Gratbegehung der Achselköpfe zahlreiche frische Spuren in Richtung der Südwände gesichtet. Also nehme ich bei Passieren der Wände mein Fernglas zur Hand. Es dauert nicht lange, und über mir lösen sich mehrmals Steine aus der Wand. Dann entdecke ich am Fuß der Wand eine ältere „Steinbock-Lady". Ich beobachte und fotografiere sie – faszinierend, wie filigran sie sich

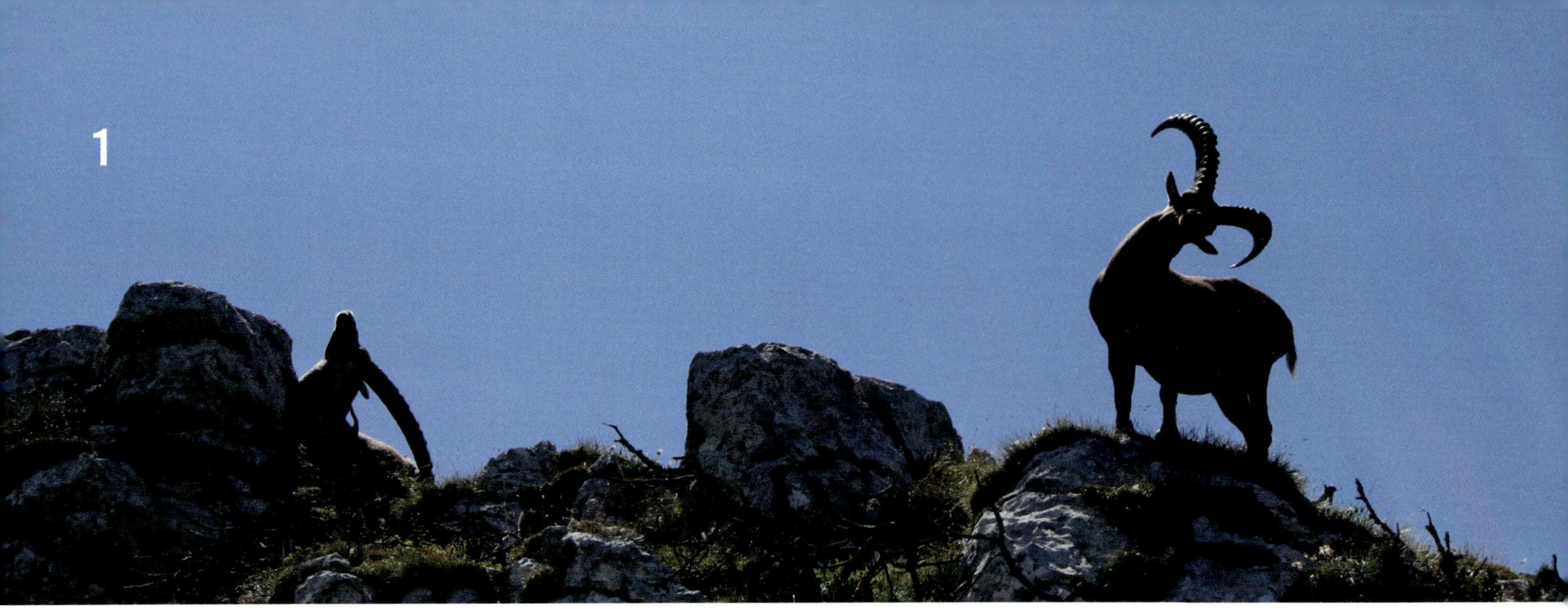

1

Beste Fotografenpose: Begegnung am späten Vormittag etwa 500 Meter östlich des Gipfelkreuzes

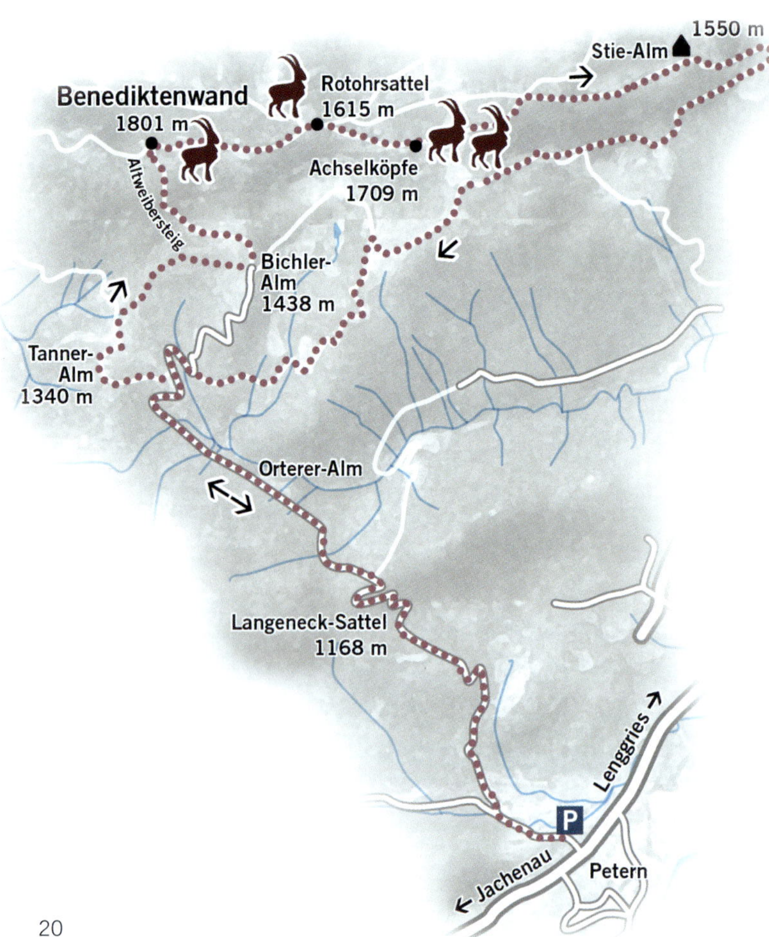

durch das steile ausgesetzte Gelände bewegt! Sie ist gerade dabei, sich ihr Winterkleid an den Felsen abzureiben. Das dürfte ziemlich jucken, so wie sie sich kratzt. Eine Geiß ganz allein unterwegs, das ist auch eine Seltenheit. Normalweise bewegt sie sich mit ihren Artgenossinnen und den Kitzen zusammen im Verband. Langsam zieht sie die Wände hoch und verschwindet hinter den ausgesetzten Wänden. Die Steinböcke oder das Bockrudel habe ich wohl irgendwo zwischen den Latschen und Schneefeldern im oberen Gelände übersehen.

Abschließend folge ich dem leicht verwachsenen Steigerl bis zur Vorderen Scharnitz-Alm (1423 m) und wandere glücklich über die schöne Begegnung und die ausgiebige Tour auf dem Aufstiegsweg zum Parkplatz zurück. Dort blüht der Löwenzahn in aller Pracht und färbt die Wiesen in Goldgelb.

Parkplatz Petern → Tanner-Alm → Bichler-Alm → Benediktenwand → Rotohrsattel → Achselköpfe → Strasser-Alm → Vordere Scharnitz-Alm → Parkplatz Petern

Vom Wanderparkplatz Petern auf der Forststraße über den Langenecksattel zur Tanner-Alm und rechts auf dem Steig zur Bichler-Alm → hinter den Almen auf dem gut markierten Altweibersteig zur Benediktenwand empor → über den breiten Gratrücken ostwärts zuletzt steil (Drahtseile) in den Rotohrsattel absteigen → über die Achselköpfe teils ausgesetzt Richtung Latschenkopf queren → vor dem Gipfelanstieg rechts über die Stie-Alm zur Latschenkopf-Hütte absteigen → auf dem Steig 471 ohne großen Höhenverlust zur Vorderen Scharnitz-Alm queren → an der Weggabelung links zur Aufstiegsroute zurück

Weglänge	22 km
Gehzeit	8 Std.
Höhenmeter	1060
Schwierigkeit	▲▲

Anfahrt

ÖVM Bayerische Oberlandbahn nach Lenggries, Bus 9564 zur Brauneckbahn (siehe Variante)

Auto A8 Ausfahrt Holzkirchen, B13 über Bad Tölz nach Lenggries, St2072 in die Jachenau, bei der Bushaltestelle Petern rechts etwa 500 m in den Fahrweg

Ausgangspunkt Wanderparkplatz Petern, B:47°37`02,82“ L:11°29`56,36“

Charakter Anspruchsvolle und lange Bergwanderung, die Trittsicherheit und Schwindelfreiheit erfordert. Im Waldbereich ausgedehnte Forstwege, oberhalb der Waldgrenze zum Teil steiles Wiesen- und Felsgelände

Wegweiser Benediktenwand, Achselköpfe, Stie-Alm, Bichler-Alm, Langenecksattel, Jachenau

Steinbock-Sichtungen Im Frühjahr und Spätherbst in den Südhängen zwischen Bichler-Alm und Krottenalm, im Sommer in den Gipfelregionen zwischen Achselköpfen und Benediktenwand sowie im nordschattigen Bergkessel der Probstalm

Einkehr Strasser-Alm, Tel. +49-8042-3123, Di. Ruhetag; geöffnet ganzjährig außer zu den Revisionszeiten der Brauneckbahn (nach Ostern und im November)

Übernachtung Stie-Alm, Tel. +49-8042-2336, www.stie-alm.de; geöffnet ganzjährig außer zu den Revisionszeiten der Brauneckbahn (nach Ostern und im November)

Variante Bei einer erfolgreichen Sichtung an der Benediktenwand spart man beim Abstieg über die Glaswandscharte zur Tanner-Alm mindestens eine Stunde Zeit. Auch die Route von der Brauneck-Bergstation über die Achselköpfe ist deutlich kürzer (Gehzeit insgesamt ca. 4½ Std., 680 Hm).

Info Brauneckbahn, Tel. +49-8042-503940, www.brauneck-bergbahn.de

Karte Kompass Wk Nr. 182 Isarwinkel, 1:50.000

2 Oberbayerns kleinste Kolonie

Tourenziel: Brünnstein 1619 m
Weglänge: 15 km | Gehzeit: 5 Std. | Höhenmeter: 900 | ▲▲

1963 siedelte die Familie Seitz zwei Geißen und drei Steinböcke aus dem Nationalpark Gran Paradiso in ihrem Jagdrevier am Brünnstein an. Für eine gesunde Fortpflanzung und zum Schutz vor Inzuchterkrankungen ist eine gesunde Population von 40 Tieren vonnöten. Jedes Jahr führt die einheimische Jägerschaft zwei Zählungen durch, um den aktuellen Stand zu kontrollieren. Trotz einiger Widrigkeiten – eigentlich ist das im Sommer von zahlreichen Wanderern frequentierte Gelände zu klein und auch zu niedrig gelegen! – hat die kleinste Steinbock-Kolonie Oberbayerns bis heute überlebt. Dass es am Brünnstein überhaupt Steinböcke gibt, wissen nur die Wenigsten. Selbst ich habe es erst vom Wirt des Kreuther Gasthofs Aibl erfahren, in den mich meine Verleger Katrin und Michael zwecks einer Buchbesprechung eingeladen hatten. Witzigerweise hatten wir genau an einem Tisch unter einem mächtigen Steinbockkopf Platz genommen. Und dann erzählte uns der gesellige Wirt voller Stolz: „Der wurde am Brünnstein gschossen, da kummt der Stoabock her!“ So entstand die Idee zu dieser Tour doch glatt bei der Geburt dieses Buches.

Ein früher Start ist an warmen Sommertagen aufgrund der geringen Höhe dringend zu empfehlen, um der Mittagshitze im Aufstieg auszuweichen. Zudem ist diese Wanderung sehr beliebt – der Brünnstein zählt zu den schönsten Aussichtsgipfeln im Mangfallgebirge! –, und bei vielen Menschen ziehen sich die Tiere weit in felsiges Gelände zurück. Auch durch die Unübersichtlichkeit des Geländes haben nur wenige Wanderer das Glück, hier einem Steinbock hier zu begegnen.

Vom Parkplatz am Hotel Tatzelwurm (770 m) leitet ein Schild zum Brünnstein und zum nahen Wasserfall am Waldparkplatz. Der bequeme Waldweg mündet vor der Schoißer-Alm in einen Forstweg, den wir in einer Kehre geradeaus verlassen. Der anregende Steig führt mit einer seilgesicherten Stelle steil durch den Mischwald zu den Wiesen der Groß-Alm empor. Nun zeigt sich der für seine geringe Höhe imposante Brünnstein erstmals mit seiner abweisenden Nordflanke. Im Weidegebiet wird man während der Almsaison nie Steinböcke entdecken. Ich umrunde den Berg an seiner östlichen Seite und entdecke unterwegs eine Menge Spuren – von Gämsen! Zuletzt quert der Weg fast eben zum Brünnsteinhaus (1360 m). Ich erkundige mich beim Hüttenwirt nach den Steinböcken und ihren Lieblingsplätzen.

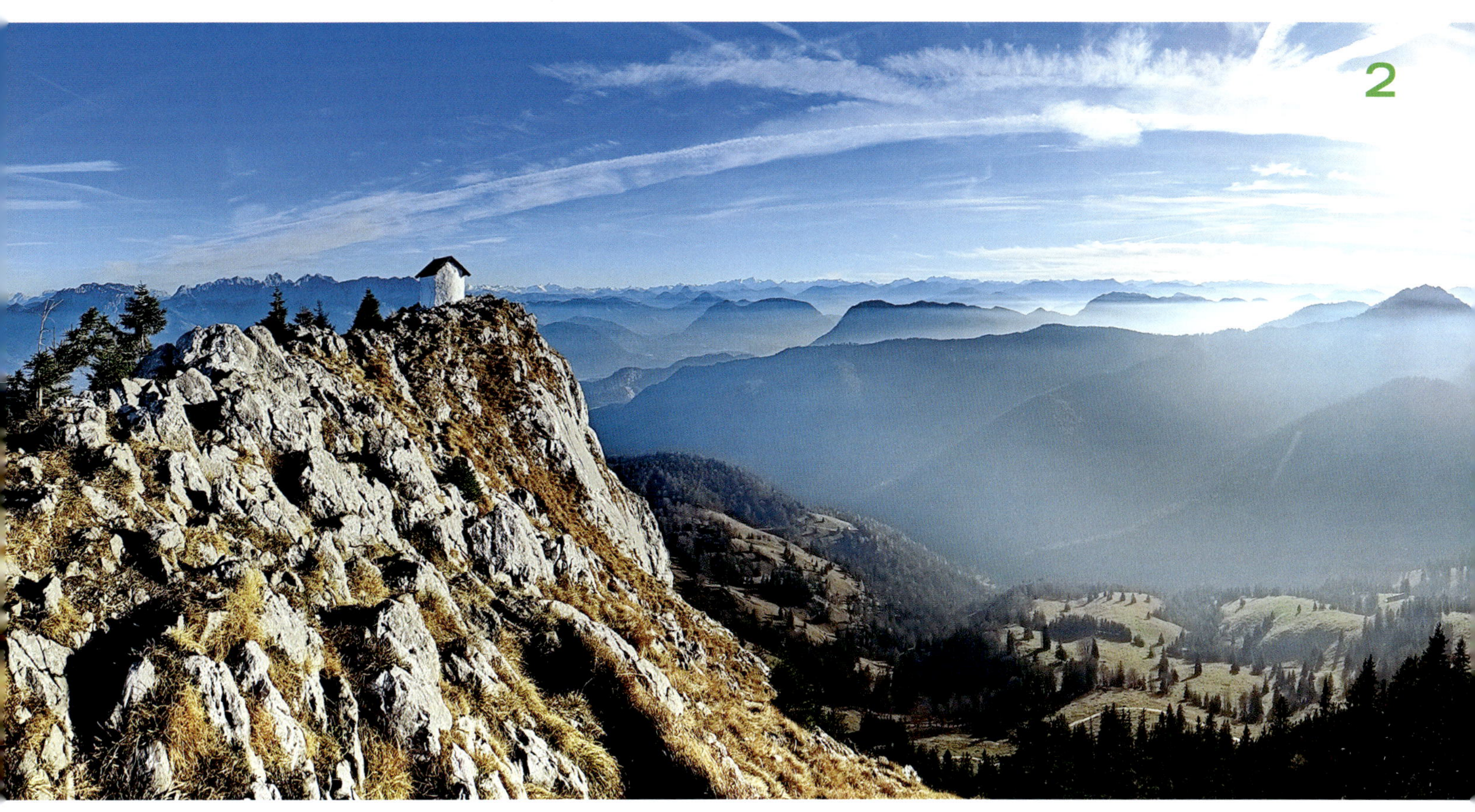

Der Brünnstein-Gipfel bietet trotz seiner geringen Höhe einen fulminanten Weitblick.

Die Botschaft: Ja, die Steinböcke sind grundsätzlich noch da, aber schwer zu finden.

Der Dr.-Julius-Mayr-Weg beginnt unmittelbar an der Hütte und führt rasch in felsiges Terrain – eine Anstiegsskizze markiert die Highlights der Strecke. Für den leichten Klettersteig sind Trittsicherheit und Schwindelfreiheit erforderlich. Landschaftlicher Höhepunkt der Route ist ein enger Felsspalt von mehreren Metern Länge, der, nach Überwindung einer steilen Treppe, zu einem luftigen Felsband mit beeindruckenden Tiefblicken führt. Nach dem abwechslungsreichen Anstieg erreiche ich den Gipfelgrat, direkt vor mir steht sogar eine Kapelle. Ein Highlight ist die traumhafte Aussicht vom exponierten Gipfel auf das nahe Kaisergebirge, das Rofangebirge und über das Mangfallgebirge und die Chiemgauer Alpen hinaus bis in das oberbayerische Alpenvorland.

Aber wo sind die Steinböcke? Bislang habe ich noch keine einzige Spur entdeckt! Ich quere am felsigen und etwas ausgesetzten Grat zum Gipfelkreuz und stoße nun tatsächlich auf eindeutige Hinterlassenschaften der Steinböcke. Mit dem Fernglas nehme ich den Grat in Richtung Rotwandlspitz ins Visier – keine Regung weit und breit. Also erst mal das Panorama und den warmen Föhnwind genießen. Dann steige ich auf dem mit Drahtseilen gesicherten

Steig zur Himmelmoos-Alm (1326 m) ab. Auch hier erkundige ich mich nochmals nach den Steinböcken. Die Almleute erzählen mir von der einen oder anderen Sichtung. Zuletzt habe sie ein Kletterer an der Brünnsteinschanze im Aufstieg zur Rotwandlspitz gesehen. „Na ja, in diese Richtung muss ich sowieso", denke ich und laufe durch die Geländesenke über herrliches Almgelände Richtung Westen. Ein breiter Fahrweg bringt mich zur Abzweigung Seelacher Alm. Hier muss es Ende Mai, Anfang Juni richtig romantisch sein, wenn der Almrausch die Landschaft in ein rosarotes Meer verfärbt; etwas später im Jahr sind die Wollgrasblüten hervorzuheben. Doch leider ist jetzt schon alles verblüht. Das Steigerl leitet mich zu einem Sattel und auf der anderen Seite hinunter zu den Wiesen oberhalb der Seelacher Alm.

Das Gipfelkreuz der Brünnsteinschanze ist nun klar auszumachen, und rechts sehe ich Richtung Rotwandlspitz plötzlich Bewegung im Wald. Ich verlasse den Weg und steige über mäßig steile Wiesen den Hang empor. Das Gelände ist von den Kühen bereits ramponiert, da fällt meine Spur nicht weiter auf. Auf der Wiesenkuppe beobachte ich zwei Tiere, die verdeckt durch etwas Gehölz in den Wald hineinwandern. Der Moment ist zu kurz, um erkennen zu können, ob es sich dabei tatsächlich um Steinböcke handelt. Doch dann identifiziere ich ganz frische Tritt- und Verdauungsspuren! Yeah! Geduldig bewege ich mich auf eine Latschenzone an der Felskante zu. Wo sind sie nur hin? Plötzlich lugen zwei neugierige Augen etwa sieben Meter vor mir aus den Latschen heraus! Und weiter links erscheinen noch zwei Hörner, die einem jungen Bock gehören! Schnell ein Foto gemacht, mein Getränk dabei verschüttet und

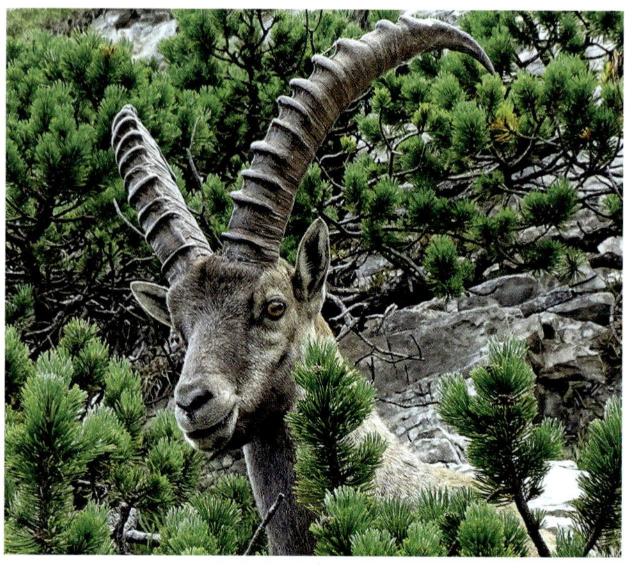

Bestens versteckt im steilen Latschenhang

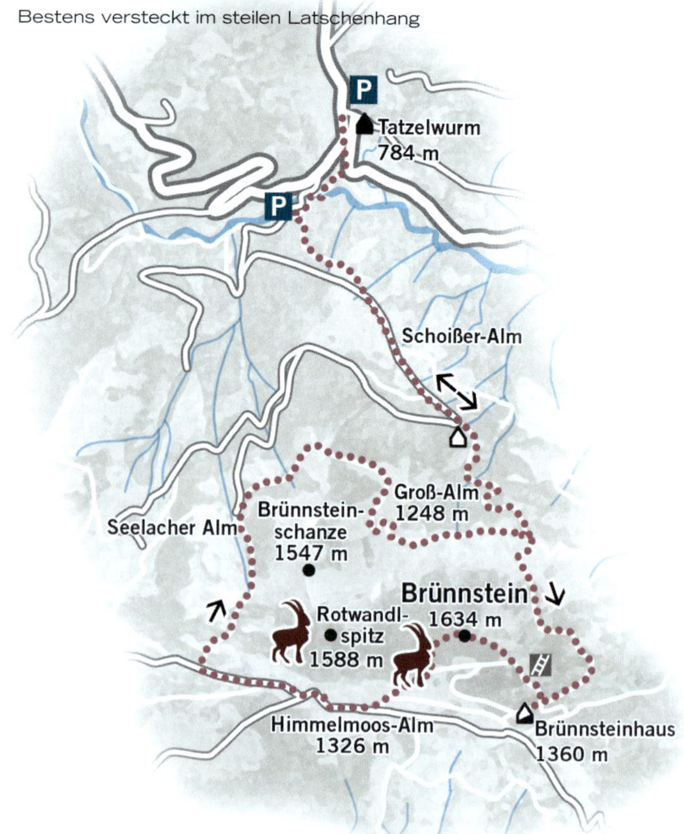

Tatzelwurm → Schoißer-Alm → Brünnsteinhaus → Brünnstein → Himmelmoos-Alm → Seelacher Alm → Tatzelwurm

Vom Parkplatz Tatzelwurm am Auerbach entlang (Wasserfälle!) zum Waldparkplatz → Forstweg zur Schoißer-Alm, den Abzweig Seelacher Alm ignorieren und auf anregendem Steig (Seilsicherung an einer Steilstufe) zuletzt eben querend zum Brünnsteinhaus → an der Hütte Dr.-Julius-Mayr-Weg (leichter Klettersteig) zum Brünnstein-Ostgipfel → zwischen Kapelle und Gipfelkreuz anfangs über steiles Schrofengelände (Drahtseile) nach Westen zur Himmelmoosalm absteigen → auf breitem Weg Richtung Rosengasse queren und rechts dem abzweigenden Steig nach Norden folgen → nach Passieren der Seelacher Alm rechts auf dem Weg 654 zur Groß-Alm → östlich der Alm Einmündung in die Aufstiegsroute

Weglänge 15 km
Gehzeit 5 Std.
Höhenmeter 900
Schwierigkeit ▲▲

Anfahrt Inntalautobahn A 12, Ausfahrt Oberaudorf, in Niederaudorf links Straße Richtung Bayrischzell bis zum Tatzelwurm

Ausgangspunkt Parkplatz Hotel Tatzelwurm, B: 47°40`21,17" L: 12°05´05,66"

Charakter Schattige Wälder, blumenreiche Almwiesen und eine kühne Felsbastion: Die beliebte Wanderung auf den Brünnstein bietet reichlich Abwechslung. Höhepunkt ist die atemberaubend schöne Gipfel-Erklimmung auf dem mit Stufen, Treppen und elf Drahtseilen gesicherten Dr.-Julius-Mayr-Weg. Wer nicht schwindelfrei ist, wählt den Anstieg von Westen oder lässt den Gipfel rechts liegen.

Wegweiser Brünnsteinhaus, Brünnstein, Tatzelwurm

Steinbock-Sichtungen Im Frühjahr morgens an der Seite der Himmelmoos-Alm und abends in den oberen Steilhängen. Sobald das Weidevieh auf der Alm ist, zieht sich das Steinwild auf die Nordseite des Berges zurück, taucht aber immer wieder an den luftigen Graten auf. Bei Schneefall steigen sie gelegentlich in das Gießenbachtal ab.

Einkehr und Übernachtung
- Brünnsteinhaus, Tel. +49-8033-1431, Mitte April bis Ende Oktober, www.bruennsteinhaus.de
- Gasthof Tatzelwurm, Tel. +49-8034-30080, www.tatzlwurm.de

Karte Wk Nr. 8 Tegernsee Schliersee Wendelstein, 1:50.000

wenige Sekunden später ist der junge Bock auch schon wieder weg. Ich höre noch ein Rascheln und ein paar Steine fallen, aber sehen kann ich ihn nicht mehr.

Glücklich und zufrieden kehre ich zum Forstweg zurück, der zur Seelacher Alm (1300 m) führt. Bei der Querung zur Groß-Alm (1248 m) besteht eine weitere Sichtungs-Chance. Insbesondere im Sommer ziehen sich die Steinböcke gerne in den schattigen Bergkessel unterhalb des Grates zurück.

3 Verwirklichung eines Traums

Tourenziele: Watzmannhaus 1930 m und Hocheck 2651 m
Weglänge: 21 km (Hütte 15 km) | Gehzeit: 9 Std. (Hütte 6 Std.) |
Höhenmeter: 1940 (Hütte 1200) | ▲▲

Meine erste Tour im Berchtesgadener Nationalpark führte mich auf das Watzmannhaus, die zweite auf das Hocheck, den nördlichen Watzmann-Gipfel. Ich war dermaßen angetan von der gigantischen Aussicht auf die Berchtesgadener Alpen, zu dem auch der Hochkönig zählt, dass ein Traum in mir erwachte: I mecht den kompletten Gebirgsstock in am Stück abrennen, was no kana bisher gmacht oder gschafft hat. Es folgten zwei Jahre hartes Training, allein 75 Mal rannte ich zu jeder Jahreszeit auf das Watzmannhaus. Irgendwann war dann auch die Watzmann-Überschreitung fällig, nach fünfeinhalb Stunden und mit 230 Fotos im Gepäck kam ich glücklich über die für mich gute Zeit wieder am Auto an. Unbeschreiblich, de so vülen traumhaften und voi schenen Eindrück! Doch die eigentlichen Höhepunkte waren die Steinbock-Begegnungen auf dieser waghalsigen Tour. Und so stand für mich fest: Ich werde meinen Traum verwirklichen können, aber viel wichtiger als die Zeit ist für mich das Erlebnis am Berg. Im August 2015 bewältigte ich dann, unterbrochen von zwei kurzen Schlafpausen, 127 Kilometer und 12.800 Höhenmeter in gut 45 Stunden. Auch den oiden Stoabock am Watzmannhaus und de drei am Watzmanngrat hab i wieder gsehn!

Für eine erfolgreiche Steinbock-Sichtung sollte man eine Übernachtung auf dem Watzmannhaus einplanen. In den Morgen- und Abendstunden bestehen zwischen dem Hocheck und Richtung Mittelspitze die besten Chancen, während die Steinböcke beim Ansturm der Gipfelüberschreiter gerne das Weite suchen.

Auch für den Anstieg zum beliebten Watzmannhaus empfiehlt sich aufgrund der langen Strecke ein früher Aufbruch, auch wenn die Zeitangabe von fünf Stunden am Parkplatz (750 m) maßlos übertrieben ist. Nach der Schneeschmelze blühen im unteren Abschnitt endlos viele Schneerosen, der ganze Waldboden ist dann mit einer für die frühe Jahreszeit ungewöhnlichen weißen Blütenpracht übersät. An der Stubenalm (1145 m) öffnet sich erstmals der Blick auf das Berchtesgadener Land und auf den freien Wiesen blühen je nach Jahreszeit Trollblumen, Glockenblumen, Margeriten, diverse Enziane und die Silberdistel. Oberhalb der Lichtung begegne ich im Winter meist dem Auerhahn, der sein Revier in der Balzzeit vor allem morgens und abends eisern

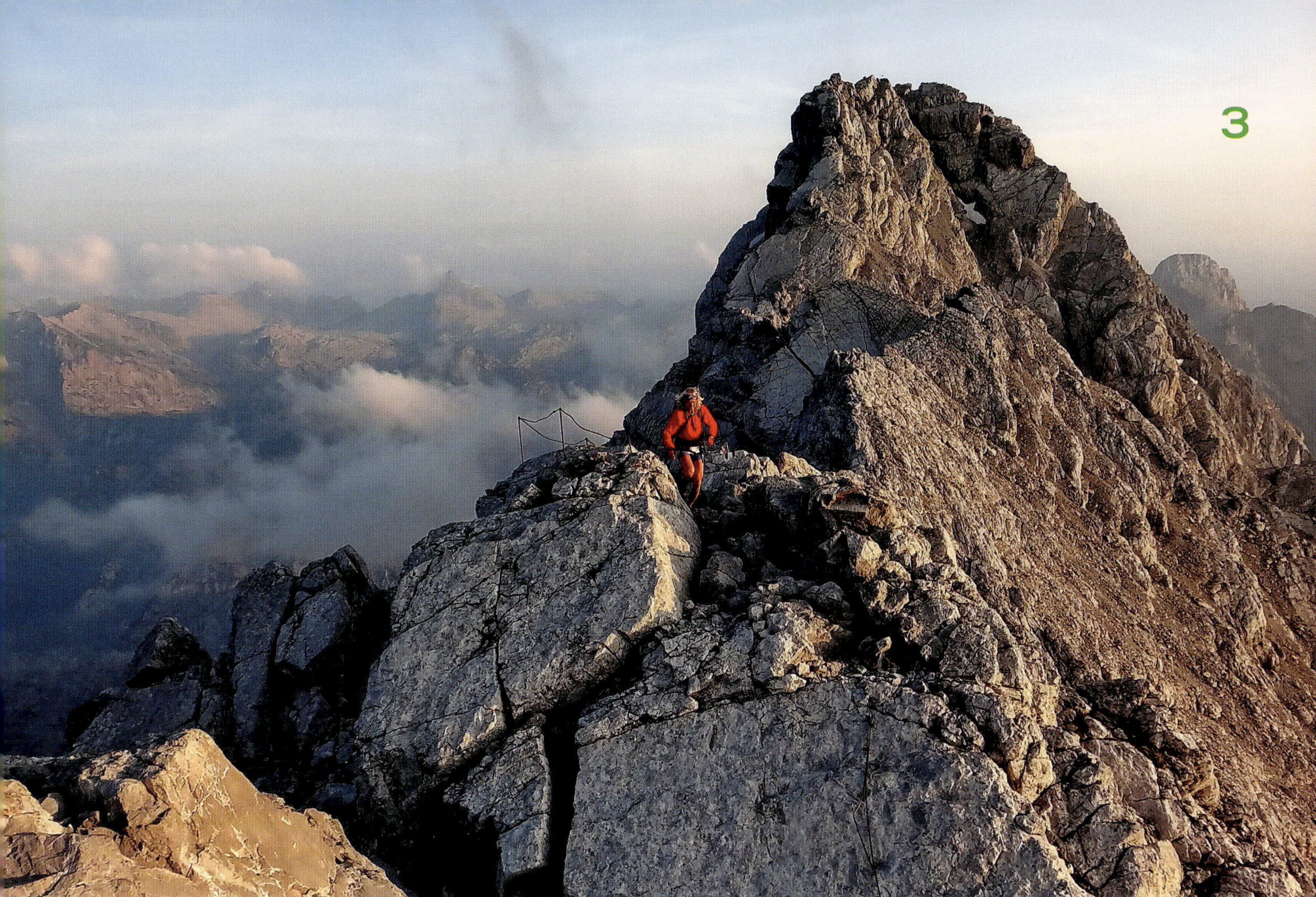

Andi rennt: Gratabschnitt zwischen Hocheck und Mittelspitze

verteidigt. Am besten ignoriere ich ihn einfach und gehe ruhig weiter. Wer in die Knie geht oder sich bückt, den wird er als vermeintlichen Eindringling womöglich verjagen wollen.

Oberhalb der bewirtschafteten Mitterkaseralm (1420 m) wird der Weg zunehmend steiler und durch rutschigen und felsigen Untergrund auch beschwerlicher. In mehreren Serpentinen geht es durch den Lärchenwald zur Falzalm hinauf. Hier wird man mit einem Postkartenblick belohnt: Die urige Holzhütte vor dem eindrucksvollen Felsmassiv der Watzmannfrau mit ihren Kindern. Auch das Watzmannhaus taucht noch weit entfernt auf. Der gut angelegte Steig führt über meist freie Hänge zum Falzköpfl hinauf. An feuchten Tagen werden wir möglicherweise von einigen schwarzen Alpensalamandern begleitet.

3

Der letzte Abschnitt des Aufstiegs quert unterhalb des Watzmannhauses entlang der Felsen und ist mit einem Drahtseil gesichert. Hier kann man frühmorgens und abends oft Gämsen beobachten. Im Juni blühen in den Felsritzen zahlreiche Alpen-Aurikel. Über einige Stufen gelangt man auf ein Plateau, auf welchem das Watzmannhaus (1930 m) steht. Von der Terrasse aus genießen wir einen wunderbaren Panoramablick über die umliegende Bergwelt der Berchtesgadener Alpen.

Hinter der Hütte baut sich der felsige Rücken vom Hocheck auf. In diesem Gelände wohnt jener alte Steinbock, der es sogar schon ins Fernsehen geschafft hat. Vor allem morgens und abends kann man ihn häufig rechts des gesicherten Steilstückes auf den wenigen Grünflächen entdecken. Nach einem netten Plauscherl mit den Wirstleuten starte ich am frühen Abend noch Richtung Hocheck, um ihn aufzustöbern. Der Steig beginnt gleich unter der Hütte und ist von dort auch gut einzusehen. Er führt in zahlreichen Kehren zu einer etwas ausgesetzten felsigen Stelle hinauf. Rechts von der Wandstufe erkenne ich einen leichten Schatten. Es ist der alte Steinbock, der in diesem kargen Gelände äst. Ich folge dem Weg ein Stückchen hinab und beobachte ihn nun aus sicherer Entfernung. Den Steinbock juckt es überall, denn er verliert sein Winterkleid. Das scheint ihm unangenehm zu sein, so rastlos wie er sich an den Steinen kratzt. Kurz darauf wandert er eine unglaublich steile Felswand ganz locker hinauf und legt sich auf einer steil abfallenden Felsplatte zur Rast.

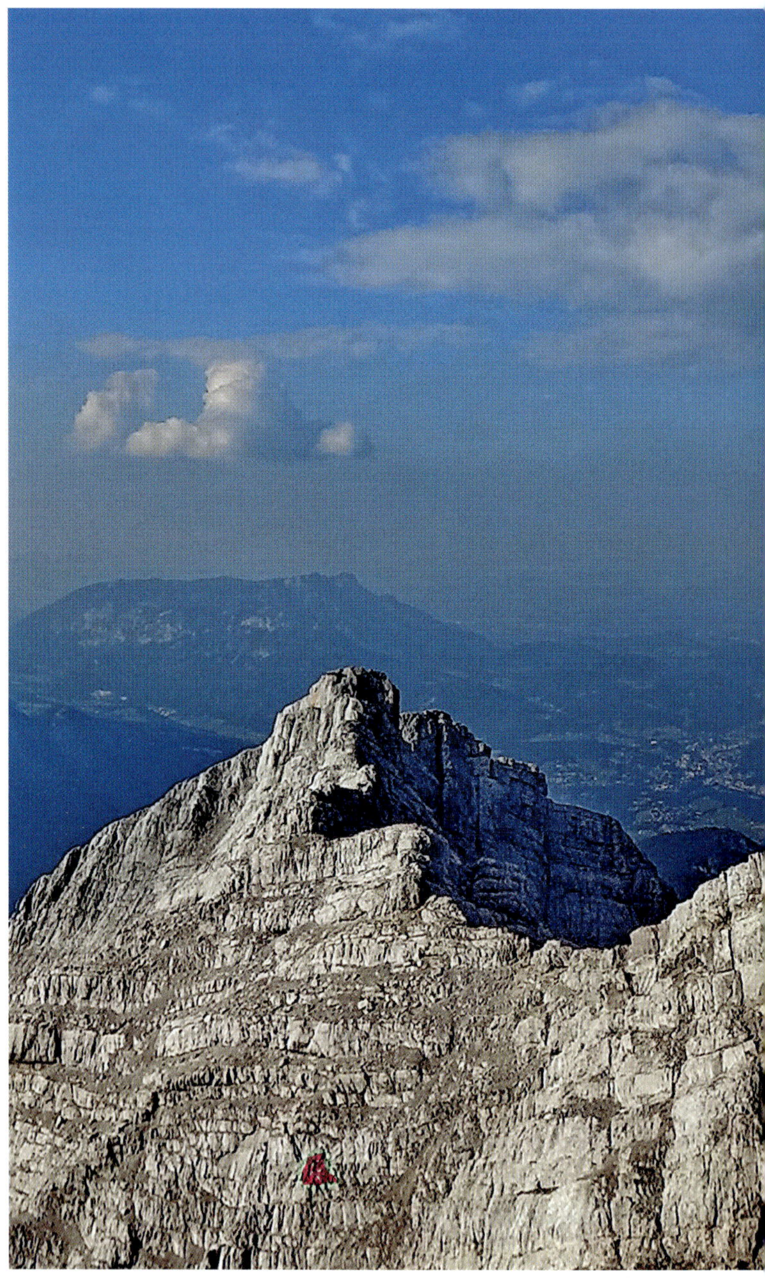

Watzmann Mittelspitze mit Blickrichtung Hocheck

3

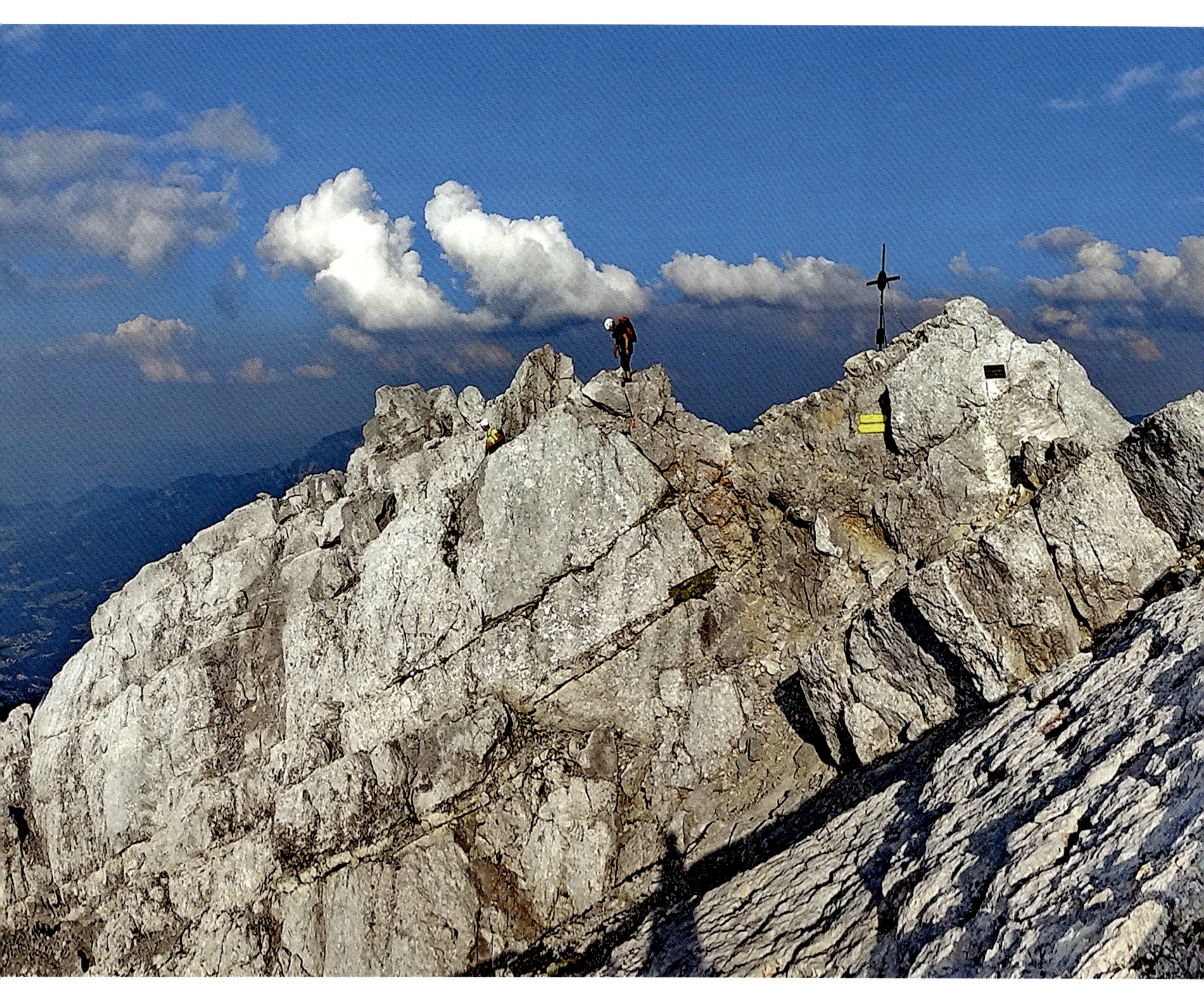

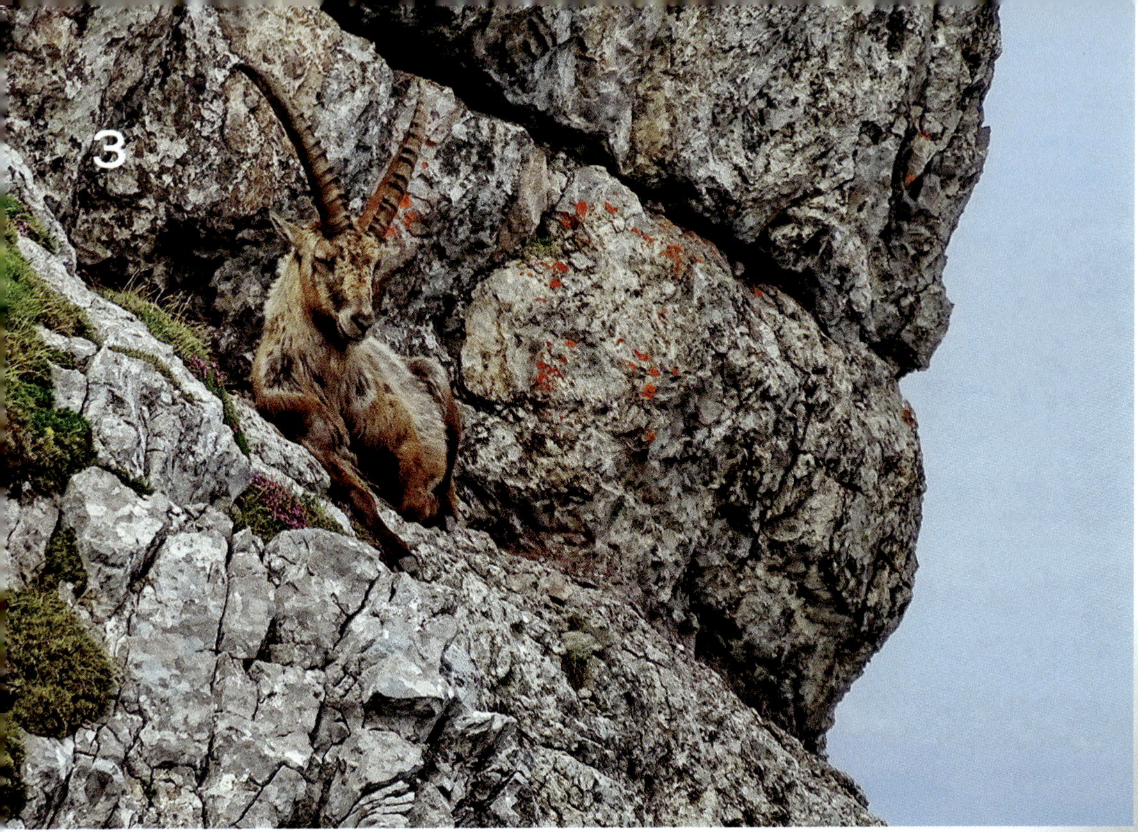

3

Der Lieblingsplatz des „Medien-Steinbocks" in der Steilflanke am Hocheck

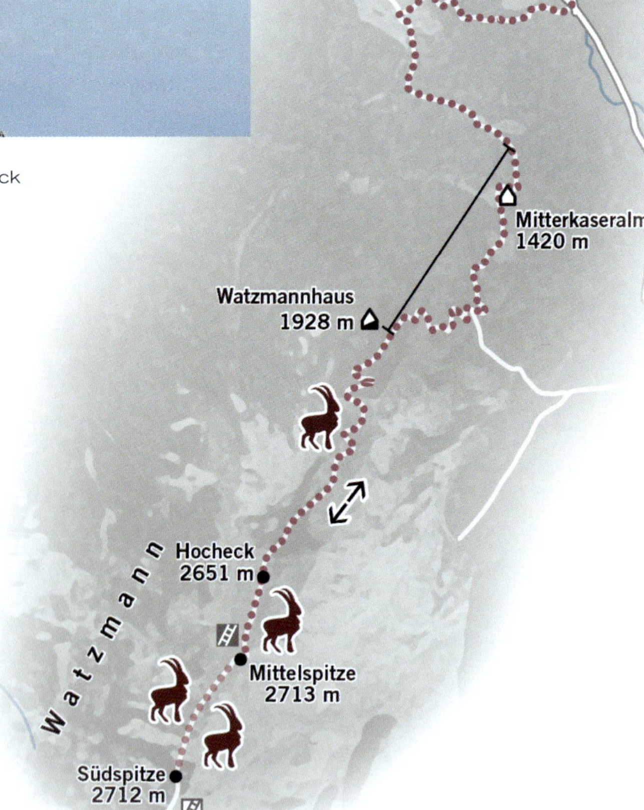

Früher wurde dieser Steinbock in der Ostwand vermutet. Das Filmteam von Servus TV hat ihn im Rahmen einer Dokumentation erst nach drei Wochen Suche an diesem Ort entdeckt und gefilmt. 2015 schaffte er es dank eines verantwortungslosen Hundebesitzers sogar in die Zeitung! Mir wird die Geschichte wie folgt erzählt: Der freilaufende Hund bedrohte den Steinbock, der sich jedoch prompt zur Wehr setzte. Als der besorgte Hundebesitzer zu Hilfe eilte, wurde ihm selbst eine Lektion mit der fatalen Folge eines Krankenhausaufenthalts erteilt. An dieser Stelle die dringende Bitte auch im Namen des Nationalparks: Hunde bitte an die Leine nehmen.

Schönau am Königssee → Stubenalm → Mitterkaseralm → Falzalm → Watzmannhaus → Hocheck → (Watzmann-Mittelspitze) und zurück

Vom Parkplatz Hammerstiel Forstweg auf die Stubenalm → an der Talstation der Materialseilbahn vorbei zur Mitterkaseralm → bei der Forschungsstation des Nationalparks Berchtesgaden auf schmalem Bergsteig zur Falzalm → über die Grashänge und eine Felsstufe auf das Falzköpfl und zum Watzmannhaus → in zahlreichen Kehren über Schutt und Fels (Drahtseile) zum Hocheck → bei Bedarf Übergang zur Mittelspitze auf dem exponierten Klettersteig

Weglänge	21 km (Hütte 15 km)
Gehzeit	9 Std. (Hütte 6 Std.)
Höhenmeter	1940 (Hütte 1200)
Schwierigkeit	▲▲ (Watzmann-Grat ▲▲▲)

Anfahrt B 20 bzw. B 305 nach Schönau bei Berchtesgaden, in Schönau zum Café Hammerstiel

Ausgangspunkt Gebührenpflichtiger Großparkplatz Hammerstiel, B:47°36`12,92“ L:12°56`55,03“

Charakter Bereits die Wanderung zum Watzmannhaus ist durch ihre landschaftliche Schönheit sehr empfehlenswert, die Besteigung des Watzmanns ist dann die Krönung. Das Hocheck und insbesondere der etwaige Übergang zur Mittelspitze ist hochalpin und bleibt erfahrenen Bergsteigern vorbehalten.

Wegweiser Watzmannhaus, Watzmann, Schönau-Hammerstiel

Steinbock-Sichtungen Oberhalb des Watzmannhauses in den Geröllhalden und Felswänden speziell rechts der gesicherten Steilstufe und oberhalb in den wenigen grünen Flächen. Im Hochsommer meist zwischen Hocheck und Südspitze sehr häufig direkt am Wegesrand. Tagsüber fliehen die Steinböcke häufig vor den vielen „Watzmann-überschreitern“ in die darunterliegenden Wände.

Einkehr Mitterkaseralm

Übernachtung Watzmannhaus, Tel. +49-86 52-96 42 22, Mitte Mai bis Mitte Oktober, www.davplus.de/watzmannhaus

Karte Kompass Wk Nr. 291 Rund um Salzburg, 1:50.000

Am Hockeck (2651 m) genieße ich das beeindruckende Panorama: Watzmannfrau und Königsee tief unter mir, Hochkönig, Steinernes Meer, Hochkalter, Reichenhaller Berge, Untersberg, Hoher Göll und die Kleine Reibn (siehe Tour 4). Im Süden führt der Watzmanngrat über die Mittelspitze (2713 m) zur Südspitze. Hier leben noch zwei Steinbock-Ladys, die seit Juni 2015 sogar mit einem Kitz unterwegs sind. Die Wahrscheinlichkeit, sie Richtung Mittelspitze unmittelbar in Wegnähe anzutreffen, ist vorallem in den Abendstunden sehr hoch. Bei der Beobachtung zum Sonnenuntergang sollten wir jedoch nicht den steilen Rückweg zum Watzmannhaus unterschätzen!

4 Alle guten Dinge sind drei

Tourenziel: Kleine Reibn am Königssee, Schneibstein 2276 m
Weglänge: 19,6 km | Gehzeit: 8 Std. | Höhenmeter: 1400 | ▲▲

Bei meiner ersten Schneibstein-Besteigung bin ich doch glatt an 20 Steinböcken vorbeigegangen. Ich weiß das deshalb so genau, da andere Bergwanderer entsprechende Fotos vom selben Tag auf Facebook gestellt haben. Wie ärgerlich! Denn ich hätte die Tiere direkt hinter der Felskante ganz leicht entdecken können! Beim zweiten Mal bin ich dann an den Felsabbrüchen entlanggegangen, und da sind sie unbemerkt von mir direkt am Weg gesessen – wieder habe ich Bilder von anderen im wohl bekannten Medium anschauen müssen, wieder wurde ich gehörnt! Beim dritten Mal dann endlich habe ich die Steinböcke auch einmal erleben und mit der eigenen Fotokamera einfangen dürfen! Der Slogan „Alle guten Dinge sind drei“ scheint doch zu stimmen! Ha, ha, Ausdauer zahlt sich eben aus. Und so wünsch i Euch aa so a voi schenes Erlebnis, aber scho beim ersten Mal!

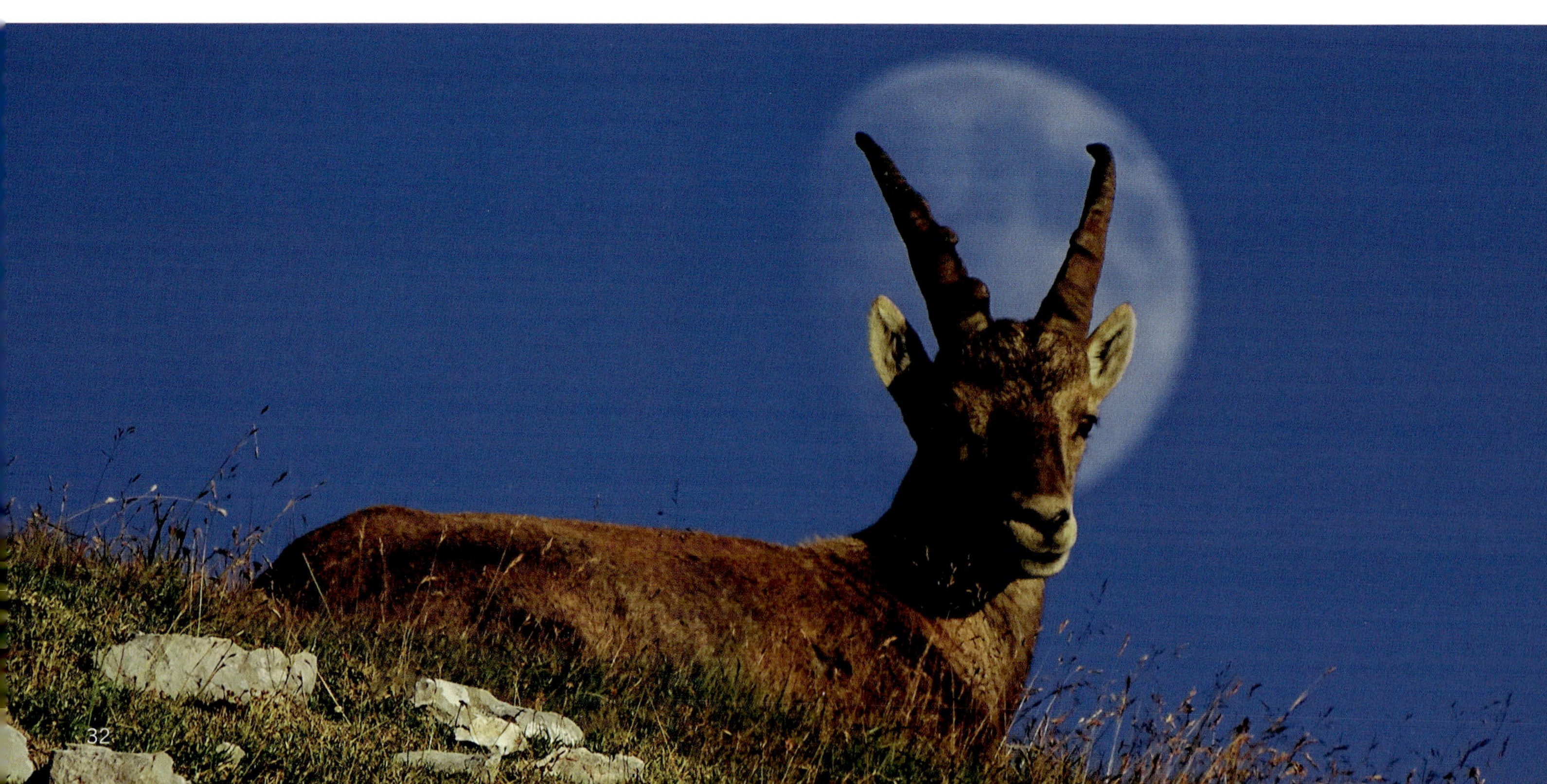

Die Kleine Reibn ist eine der schönsten Touren im Berchtesgadener Land und auch als Skitour wohl bekannt. Von Mai bis November ist die Wahrscheinlichkeit am höchsten, die Steinböcke in dieser wunderbaren Landschaft erleben zu dürfen. Ein früher Aufbruch ist unbedingt zu empfehlen, denn die Tour ist ganz schön lang und erfordert Ausdauer und Kraft. Dafür wird sie meist mit schönen Steinbock-Begegnungen belohnt. Der Erste wird am meisten sehen: Wer auf dem Stahlhaus übernachtet, hat zwei Stunden weniger Anmarsch und somit den kürzesten Weg …

Von der Mitterkaseralm kann man im Südosten bereits das Jennerjoch (ca. 1800 m) erkennen. Dem Weg folgend geht es dann steiler die Piste hinauf, bis Mitte Juni oft im schönsten Blumenmeer, dann folgen die Kühe auf der Hochalm, die sich genüsslich über die üppige Blütenpracht hermachen. Am Jennerjoch sieht man erstmals in östlicher Richtung links den Schneibstein, flankiert von Windschartenkopf und Fagstein; auch der Kahlersberg schaut schon hervor. Bequem geht es in leichtem Auf und Ab zum Carl-von-Stahl-Haus (1736 m) hinüber. Von hier führt ein schönes Bergsteigerl direkt zum Schneibstein hinauf. Im von unzähligen Wanderern abgespecktem Fels ist bei Nässe etwas Trittsicherheit angebracht, bevor man am nächsten Tag mit blauen Flecken a bisserl bunter erwacht – ha, ha, genau das ist mir schon passiert, drum lach i so ...

In der Früh trifft man, sich ruhig verhaltend, im oberen Bereich meist noch Schneehühner an. Der Schneibstein-Gipfel (2276 m), gleich mit zwei Kreuzen bestückt, bietet ein grandioses Panorama: Die Sicht reicht vom Hohen Göll über den Hohen Dachstein, Hochkönig, die Schönfeldspitze, den Watzmann und die Watzmannfrau über den Untersberg bis ins Flachland hinaus. Voi schee is da oben!

Wenn der Mond aufgeht und die Steinböcke sich niederlegen ...

Nun aber wird es richtig interessant. Es gilt, das Fernglas in Bereitschaft zu versetzen, die Hunde an die Leine zu nehmen und mit Ruhe und Bedacht dem Steig in Richtung Seeleinsee zu folgen. Gleich am Gipfel sind am linken unteren Rand oft viele Steinböcke im Verband. Unterwegs sollten wir stets aufmerksam sein, denn die stolzen Tiere sitzen manchmal gut getarnt direkt neben dem Weg oder hinter einer Geländekuppe versteckt. Im Sommer blüht hier übrigens ganz üppig das Edelweiß.

Ab der Windscharte lohnt sich folgende Variante: Wir verlassen die Hauptroute und folgen dem Steig, der links zum Windschartenkopf (2211 m) hochführt; als Orientierungshilfe dienen die Steinmanderl. Unterwegs gibt es ebenfalls ein herrliches Panorama zu genießen und manchmal auch Steinböcke in der Nähe des Gipfelkreuzes; ein Lieblingsplatzerl von mir ...

Der Abstieg führt vom Gipfel entweder auf dem selben Weg wieder in die Windscharte zurück oder wer die wilde, nicht markierte Variante wagt, der wird im Abstieg manchmal mit einem Steinbocktreffen belohnt; Garantie gibt's aber leider nie! Es geht den Grashang auf Steigspuren in südwestlicher Richtung bergab, in der Senke dann rechts Richtung Tal hinunter und zwischen den beiden Hügeln immer leicht rechts haltend durch felsdurchsetztes und steileres Gelände.

4

Rechts oberhalb der Senke entdeckt man mit etwas Glück weitere Steinböcke. Ich habe ein ganzes Rudel mit verspielten Kitzen kurz unterhalb des Winschartenkopfs gesehen: sechs Weibchen, vier Kitze und vier ältere Herren. Letztere sind auf Grund ihrer mächtigen Hörner schon sehr beeindruckend, die Damen hingegen sehr mit den verspielten und hungrigen Kitzen beschäftigt. Ein pures Vergnügen, das Rudel in Ruhe und mit Respekt und Abstand zu beobachten! Steht einer der Böcke auf, ist man meist zu nahe gekommen.

Wir münden in den markierten Steig zum Seeleinsee (1809 m), eine kleine Oase mit glasklarkaltem Wasser! Richtig einsam ist man hier zwar selten, aber etwas Abkühlung, frisches Wasser und die im Sommer volle Blütenpracht beleben die Sinne. Beim Abstieg Richtung Priesbergalm ist im steilen Stiergraben Vorsicht bei Nässe geboten, der Boden wird manchmal ganz schön rutschig. Die Alm (1460 m) ist für ihre deliziösen und reich belegten Brote sowie die hausgemachten Kuchen bekannt – diesen Verlockungen habe ich noch nie widerstehen können. Weiter geht es auf einem Forstweg zurück in Richtung Mittelstation der Jennerbahn. Auf dem Weg von der Branntweinbrennhütte über die Strubalm, die Wasserfallalm, das Dr. Hugo-Beck-Haus und die Vogelhütte genießt man immer wieder den herrlichen Blick auf den Watzmann und seine Frau. Von der Mittelstation (1185 m) geht es auf bekannter Route wieder zurück zum Parkplatz Hinterbrand.

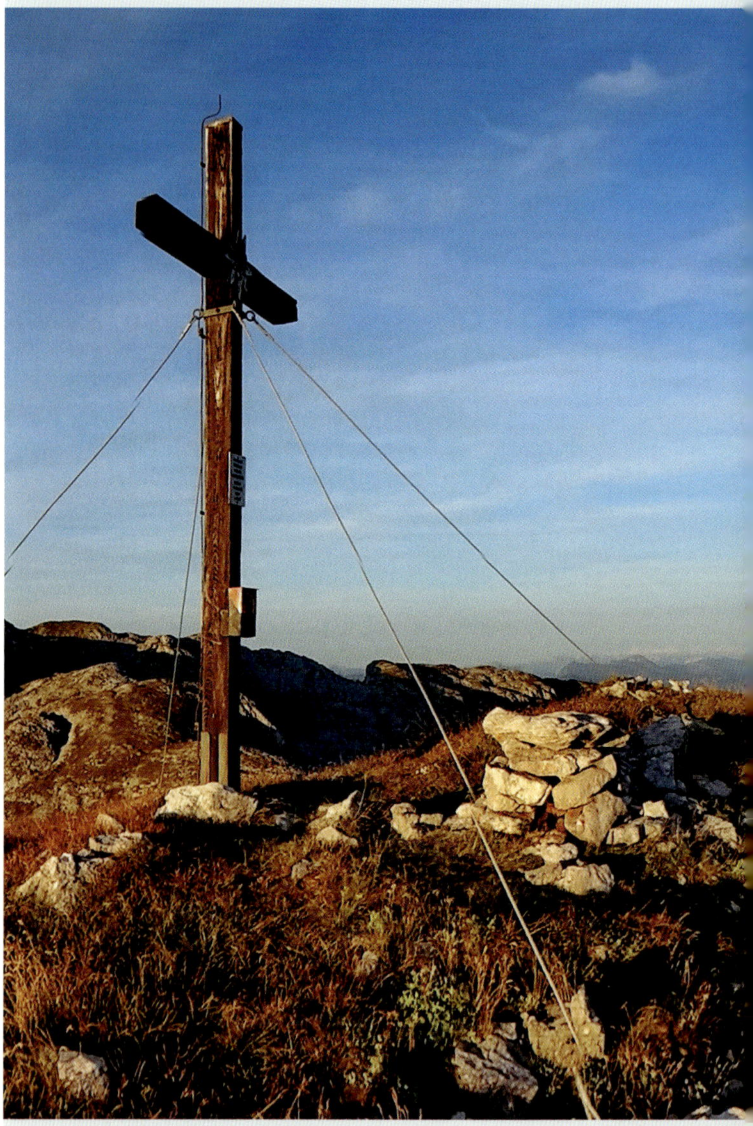

Spätes Licht am Windschartenkopf mit Blick in den weitläufigen Nationalpark

4

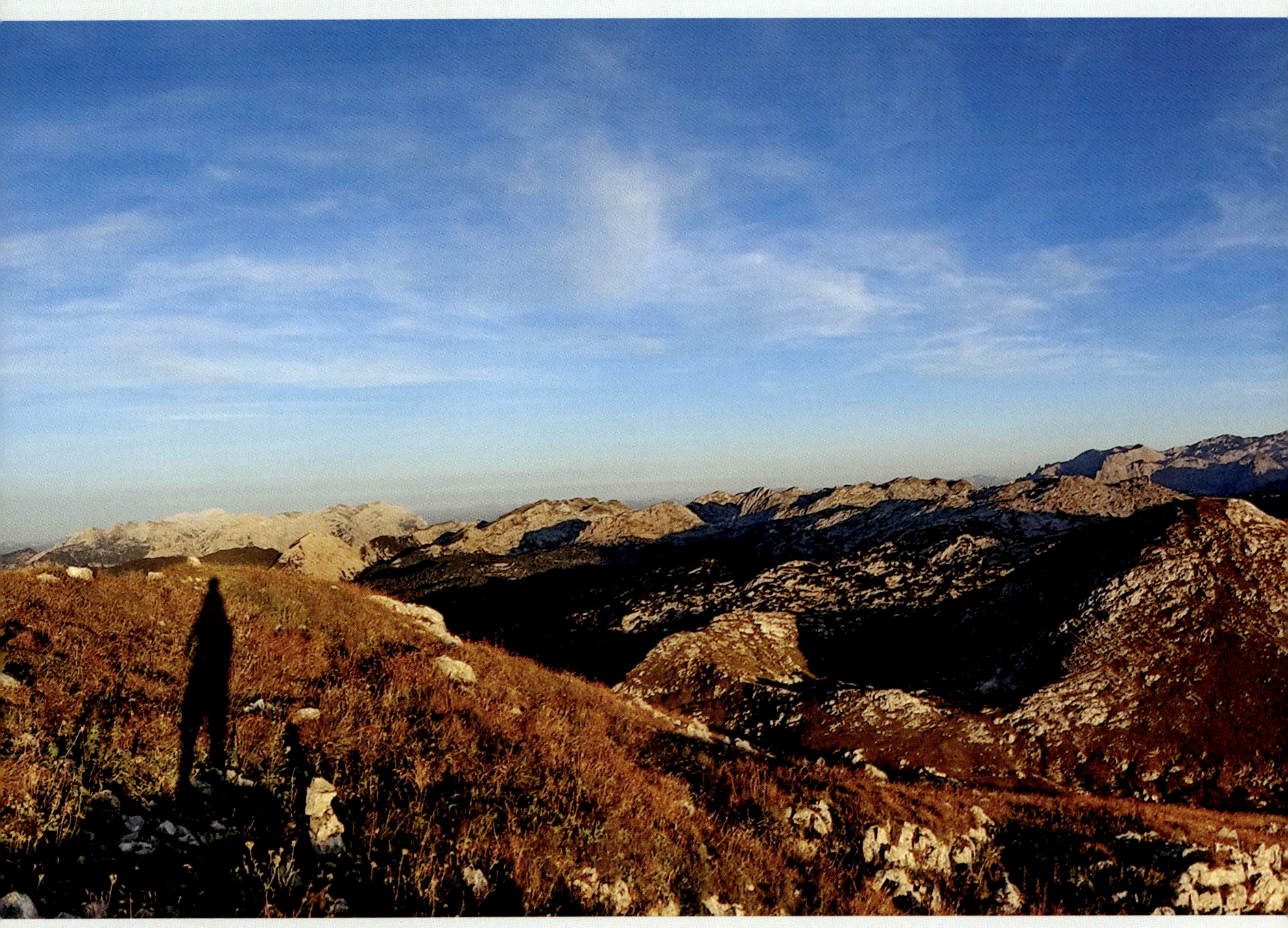

4

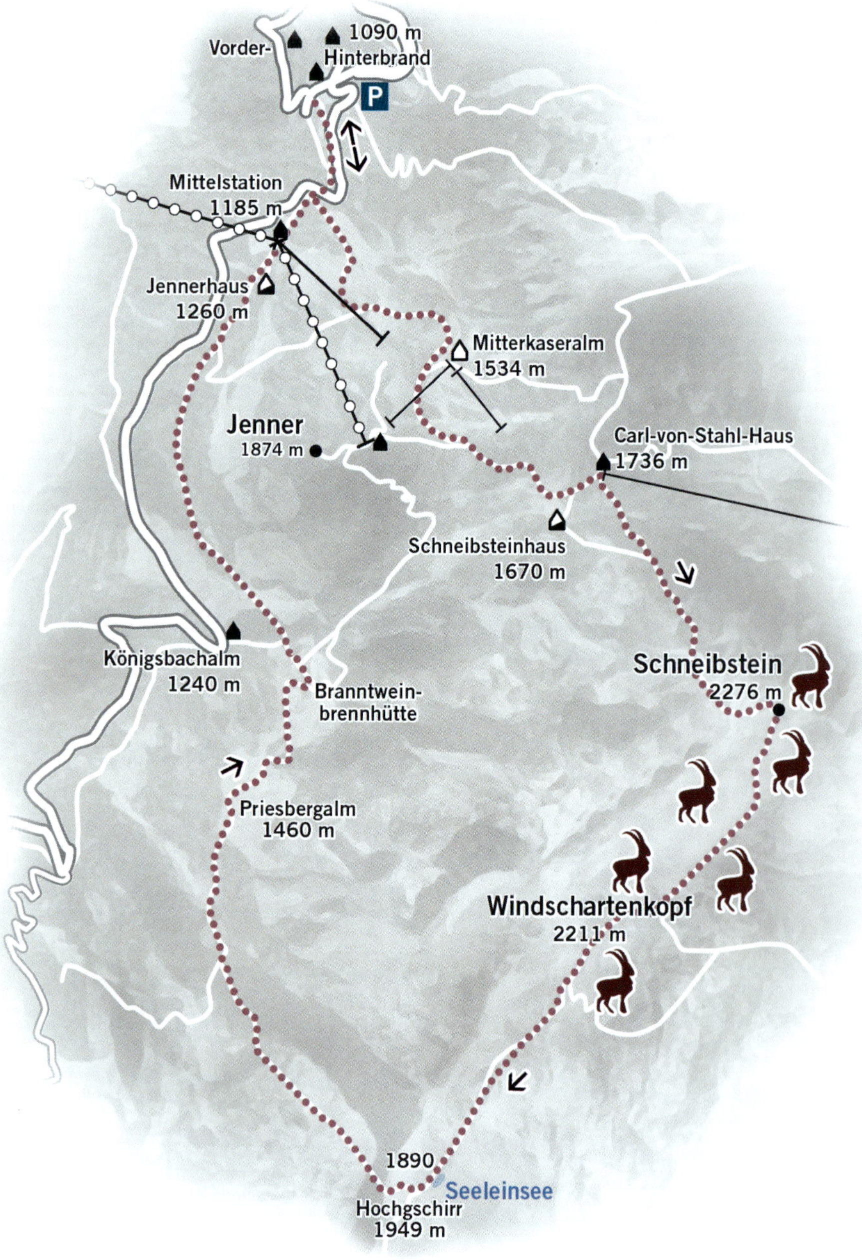

Vorder-
1090 m
Hinterbrand
P
Mittelstation
1185 m
Jennerhaus
1260 m
Mitterkaseralm
1534 m
Jenner
1874 m
Carl-von-Stahl-Haus
1736 m
Schneibsteinhaus
1670 m
Königsbachalm
1240 m
Branntwein-
brennhütte
Schneibstein
2276 m
Priesbergalm
1460 m
Windschartenkopf
2211 m
1890
Seeleinsee
Hochgschirr
1949 m

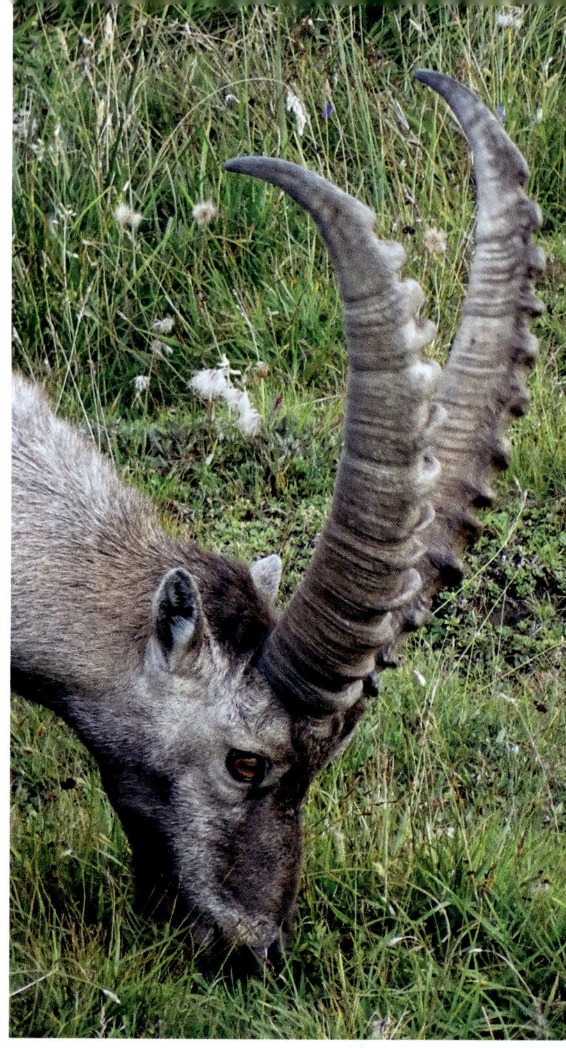

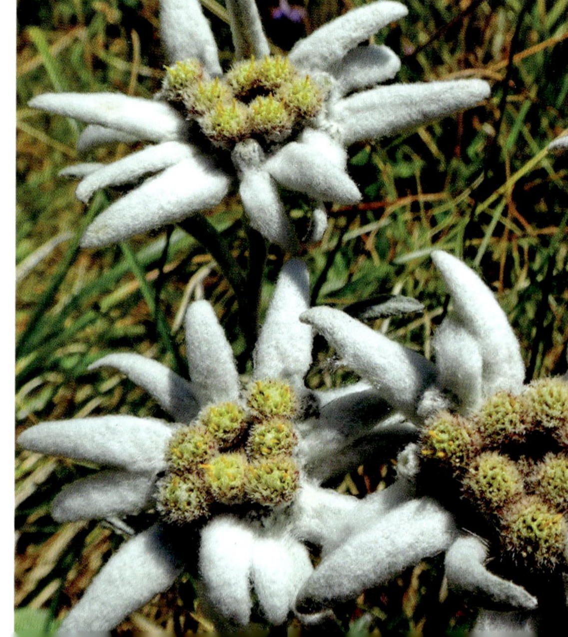

4

Hinterbrand → Mitterkaseralm → Carl-von-Stahl-Haus → Schneibstein → Windschartenkopf → Seeleinsee → Priesbergalm → Jenner Mittelstation → Hinterbrand

Vom Parkplatz Hinterbrand auf kleinem Forstweg Richtung Mittelstation → kurz davor windet sich unser Steigerl entlang der Piste in vielen Kehren empor → an Krautkaseralm und Mitterkaseralm vorbei zum Jennersattel hinauf → auf bequemen Steig zum Carl-von-Stahl-Haus queren → beschilderter Aufstieg zum Schneibstein und aussichtsreich zum Seeleinsee weiter (unterwegs Abstecher zum Windschartenkopf) → an der Weggabelung rechts durch den Stiergraben hinab → kurzer Gegenanstieg zu den Priesbergalmen und zur Enzianbrennhütte → noch vor den Königsbachalmen rechts zur Mittelstation und Abstieg zum Parkplatz zurück

Weglänge	19,6 km
Gehzeit	8 Std. (mit Bahnfahrt zur Bergstation 1,5 Std. weniger; mit Übernachtung am Carl-Stahl-Haus 2 Std. weniger)
Höhenmeter	1400 ohne Variante (+150)
Schwierigkeit	▲▲ (technisch leicht, aber sehr weit)

Anfahrt

ÖVM Mit der Bahn über Freilassing nach Berchtesgaden, Bus 841 Jennerbahn, mit der Jennerbahn wahlweise zur Mittel- (-½ Std. Gehzeit) oder Bergstation (-2 Std. Gehzeit)

Auto B305 Berchtesgaden, B20 Richtung Königssee, Abzweig Faselsberg und 4,7 km auf steiler Bergstraße nach Hinterbrandt

Ausgangspunkt Parkplatz in Hinterbrand (1130 m), B 47°35`42,67, L: 13°01`22,52``

Charakter Eine lange, landschaftlich sehr reizvolle Tour! Die teils glatten Steine auf den Steigen erfordern etwas Umsicht.

Wegweiser Carl-von-Stahl-Haus, Schneibstein, Seeleinsee, Priesenbergalm, Mittelstation Jenner, Parkplatz Hinterbrand

Steinbock-Sichtungen Vom Gipfel des Schneibsteins bis zur Nordseite des Windschartenkopfs im gesamten Bereich

Einkehr Priesbergalm, während der Almsaison (2. Samstag im Juli bis Ende September)

Übernachtung Carl-von-Stahl-Haus, Tel. +49-8652-6559922, ganzjährig geöffnet

Karte Kompass Wk Nr. 794, Berchtesgadener Land, 1:25.000

Die zwischen Schneibstein und Windschartenkopf verbreitet blühenden Edelweiße wird dieser hungrige Steinbock unberührt lassen.

5 Kitz-Küsschen für den Papa

Tourenziel: Kahlersberg 2350 m
Weglänge: 19,3 km | Gehzeit: 8 Std. | Höhenmeter: 1250 | ▲▲▲

Der Kontakt zu Michi ist über Facebook entstanden: Ich hatte Steinbock-Bilder von der Seebergspitze am Achensee ins Netz gestellt, und sie edle Böcke vom Kahlersberg im Berchtesgadener Land. So gern wollt i dort a die Steinböck sehn, deshalb hab i sie dann einfach gfragt, ob ma ned amal gemeinsam da auffi gehn könnten. Nach einem vergeblichen Winterversuch sind wir im Sommer in der vü oafacheren Jahreszeit dann erfolgreich. Und wie: In einem Felsgraben und der angrenzenden Wiese nahe des Gipfels stoßen wir auf ein großes Rudel aus acht Böcken, sechs Geißen und sechs Kitzen! Sogar die Rangordnung unter den Tieren ist klar zu erkennen. Ein Traum, die Tiere in freier Natur zu erleben! Ausreichend Zeit für die Beobachtung mit vielen Fotos und Filmen, Höhepunkte sind das Kitz-Küsschen für den Papa und die Kitz-Liebkosung für die Mama.

Die lange Tour erfordert einen frühen Aufbruch, zumal sich die Chancen dann erhöhen, spätestens im Gipfelbereich auf Steinböcke zu treffen. Bei Lärm flüchtet das Rudel gerne in tieferes Gefilde oder in die Nordseite der Felswand, deshalb ist es wichtig, sich vor Ort ruhig zu verhalten.

In den Morgenstunden ist es noch angenehm kühl, rasch geht es vom Parkplatz Hinterbrand auf dem bequemen Weg über die Mittelstation der Jennerbahn (1185 m) nur leicht ansteigend in Richtung Süden. Unterwegs blicken wir immer wieder auf die Watzmann-Ostwand, vom Sonnenaufgang in ein herrliches Licht getaucht. Nach Passieren der Königsbachbrücke oberhalb der gleichnamigen Alm geht es zur Branntweinbrennhütte, eine Wasserquelle lädt zum Trinken ein. Noch ein paar Kehren, und wir erreichen die Priesbergalm (1460 m). Die Kühe sind schon gemolken, aus der frischen Milch wird am Vormittag Frischkäse gemacht. Doch die Verkostung heben wir uns für den Rückweg auf.

Auf einem schmalen Steigerl wandern wir in den Stiergraben, in dem Margeriten, Arnika und Enzian um die Wette blühen. Die Murmeltiere pfeifen vor Schreck: „Schon wieder Wanderer, nix wie weg“, und wir tauchen in einen „Urwald“ ein. Zwischen den Wänden der Hohen Roßfelder und des Gotzentauern zieht der bei Nässe unangenehm rutschige Weg zum Hochgschirr (1949 m) hoch. Links unter uns taucht der wunderschön in einer Senke gelegene Seeleinsee (siehe Tour 4) auf. Die Sonne scheint, und es wird

Ein magischer Moment: Das Kitz liebkost seinen Papa.

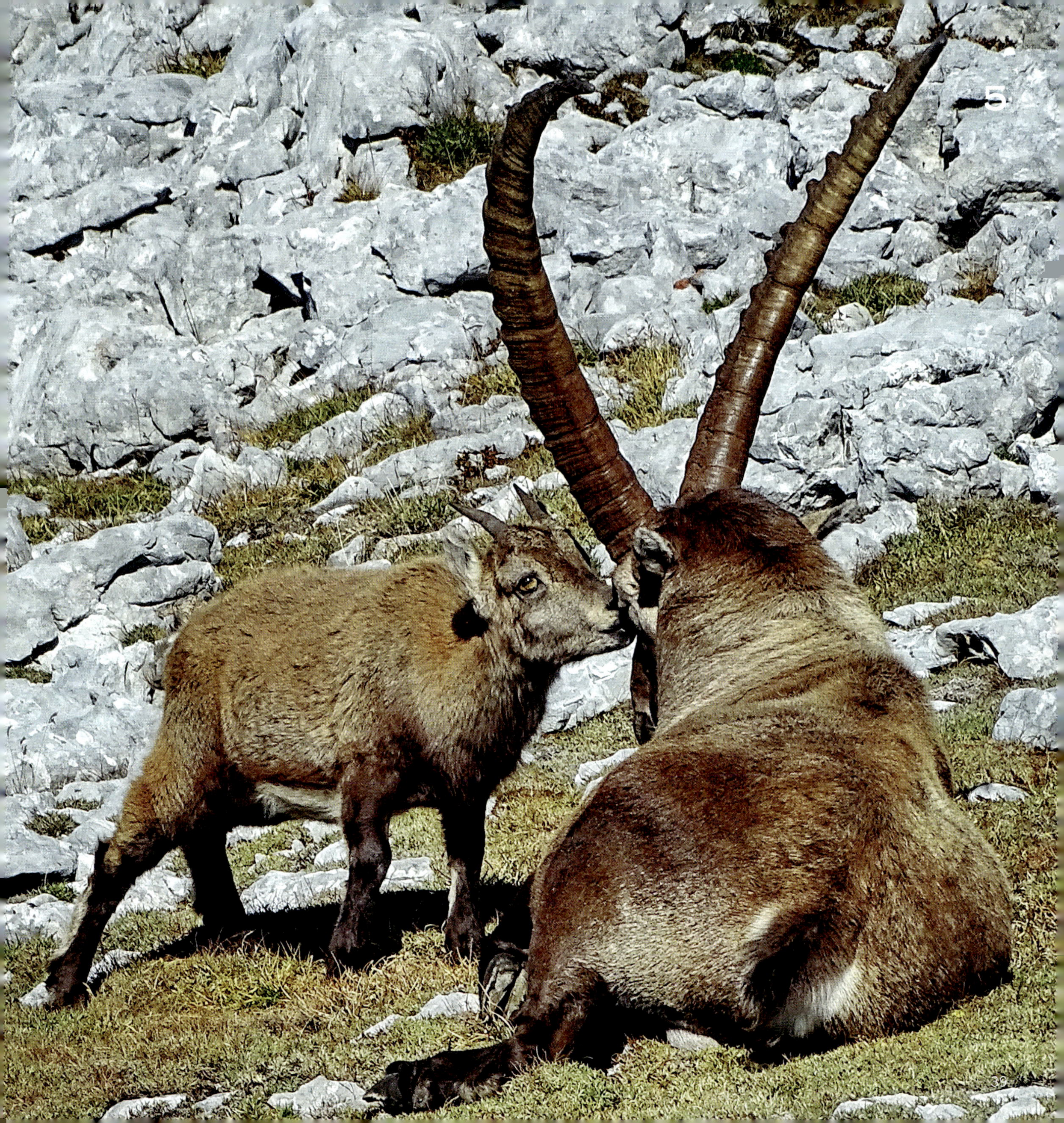
5

5

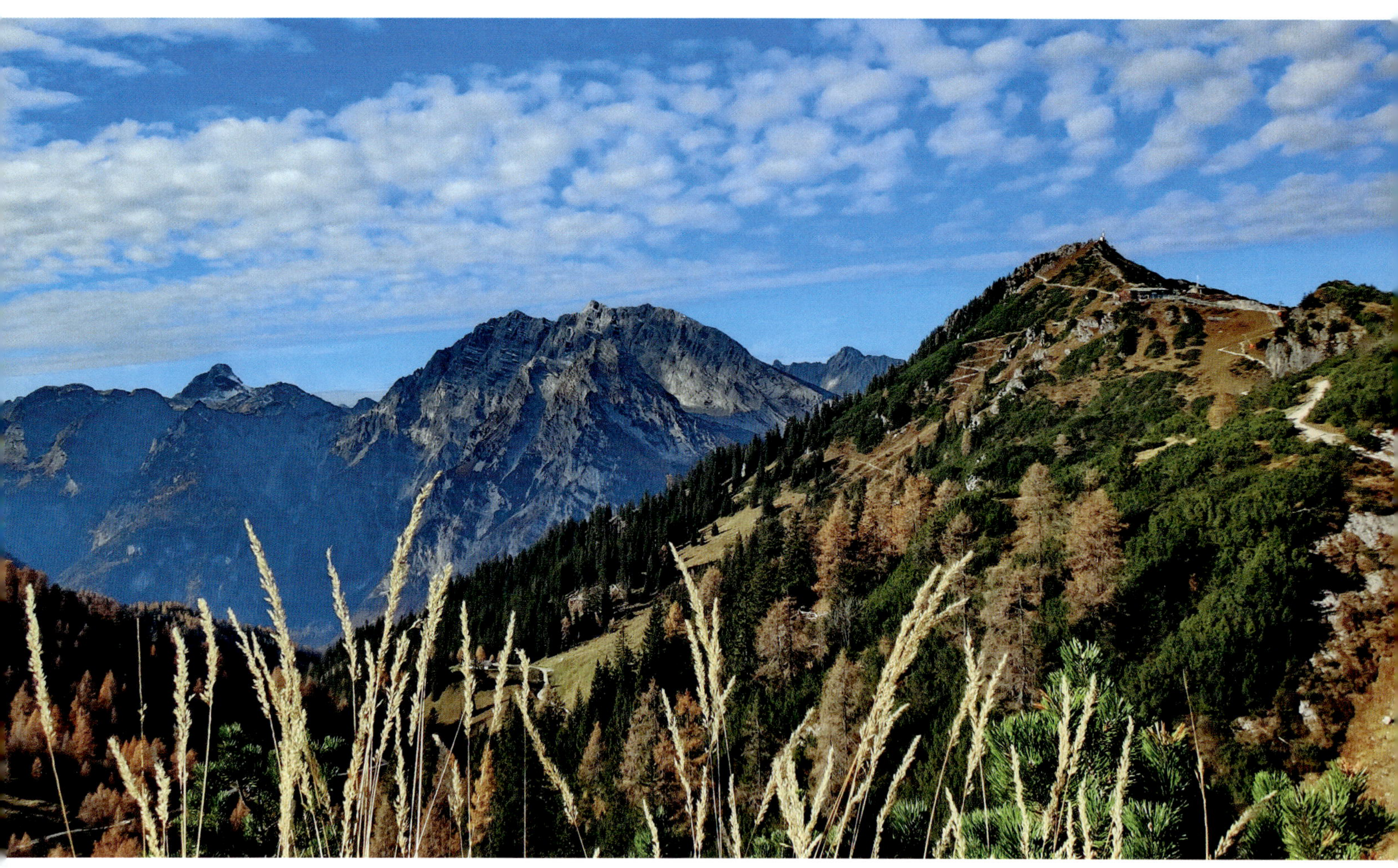

Grandiose Aussicht beim Abstieg zur Königsbergalm auf den Jenner, die Watzmann-Ostwand und den Großen Hundstod

gleich richtig warm. Eine kleine Pause muss sein, denn der schwierige Teil der Tour steht uns noch bevor. Wir folgen dem Weg Richtung Süden, von dem rasch der Mauslochweg nach links abzweigt. Er führt an den Steinmandln entlang über große Steinblöcke in die steile Westwand zum Gipfelkamm hinauf. Seilsicherungen helfen an ausgesetzten Stellen, doch ohne Bergerfahrung und Schwindelfreiheit geht hier nichts. Nach Ausstieg aus der Wand öffnet sich ein Wiesenrücken, auf dem Fingerkraut, Enziane, Täschelkraut und Storchschnabel blühen.

In diesem Gelände ist es am wahrscheinlichsten, auf Steinböcke zu treffen. Meist halten sie sich östlich der Route in oder zwischen den Felsblöcken auf. Nach einer letzten kräftezehrenden Passage ist der Gipfel des Kahlersbergs (2350 m) geschafft. Berg Heil! Die Michi schreibt uns in das Gipfelbuch ein und zählt mir die umliegenden Gipfel auf. Welch famoser Panoramablick! Der Hochkönig liegt mit seinem gleißenden Gletscher („Übergossene Alm“) direkt vor uns, auch das Matrashaus am Gipfel ist klar zu erkennen. Nach Süden zu öffnet sich das Steinerne Meer, im Norden sind der Schneibstein und der Hohe Göll zu sehen, im Westen der Große Hundstod und der Watzmann.

Dann erinnern wir uns an unser eigentliches Anliegen und machen uns auf die Steinbocksuche. Hierfür steigen wir wieder ein Stück weit in das Kar ab und werden tatsächlich fündig. Das Rudel ist total entspannt und lässt sich wunderbar ablichten. Mit hoher Konzentration und Vorsicht geht es anschließend wieder den gleichen Weg zurück. Am Hochgschirr lohnt sich im Sommer ein kurzer Edelweiß-Abstecher: Hierfür folgt man der Route Richtung Wasseralm, dann rechts aufsteigend dem Steigerl auf einen begrasten Rücken. Ein weiterer Abstecher führt in der Gegenrichtung zum Seeleinsee hinab. Ich nehme noch ein kurzes Bad: Brrr, nur elf Grad, wenn das nicht erfrischend ist. Die Michi lacht, mein vor Kälte verzerrtes Gesicht dürfte nicht gerade vorteilhaft sein.

An der Priesbergalm (1460 m) wird mindestens ein Frischkäsebrot verdrückt, bevor der sich hinziehende Rückweg nach Hinterbrand angegangen wird.

Ein stiller Genießer am Kahlersberg

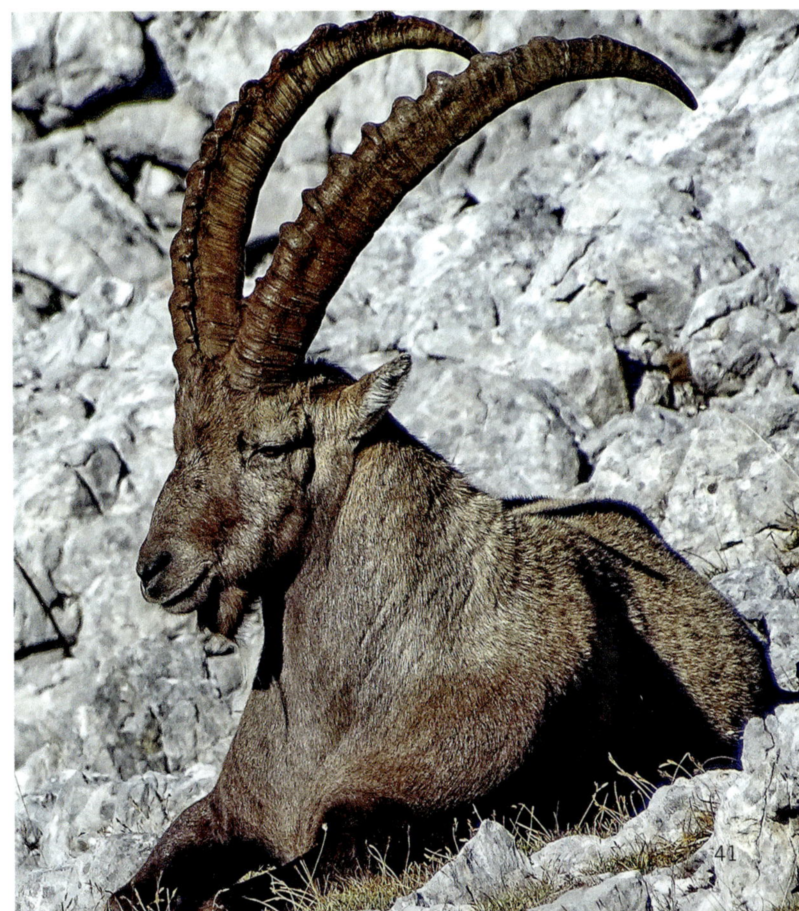

5

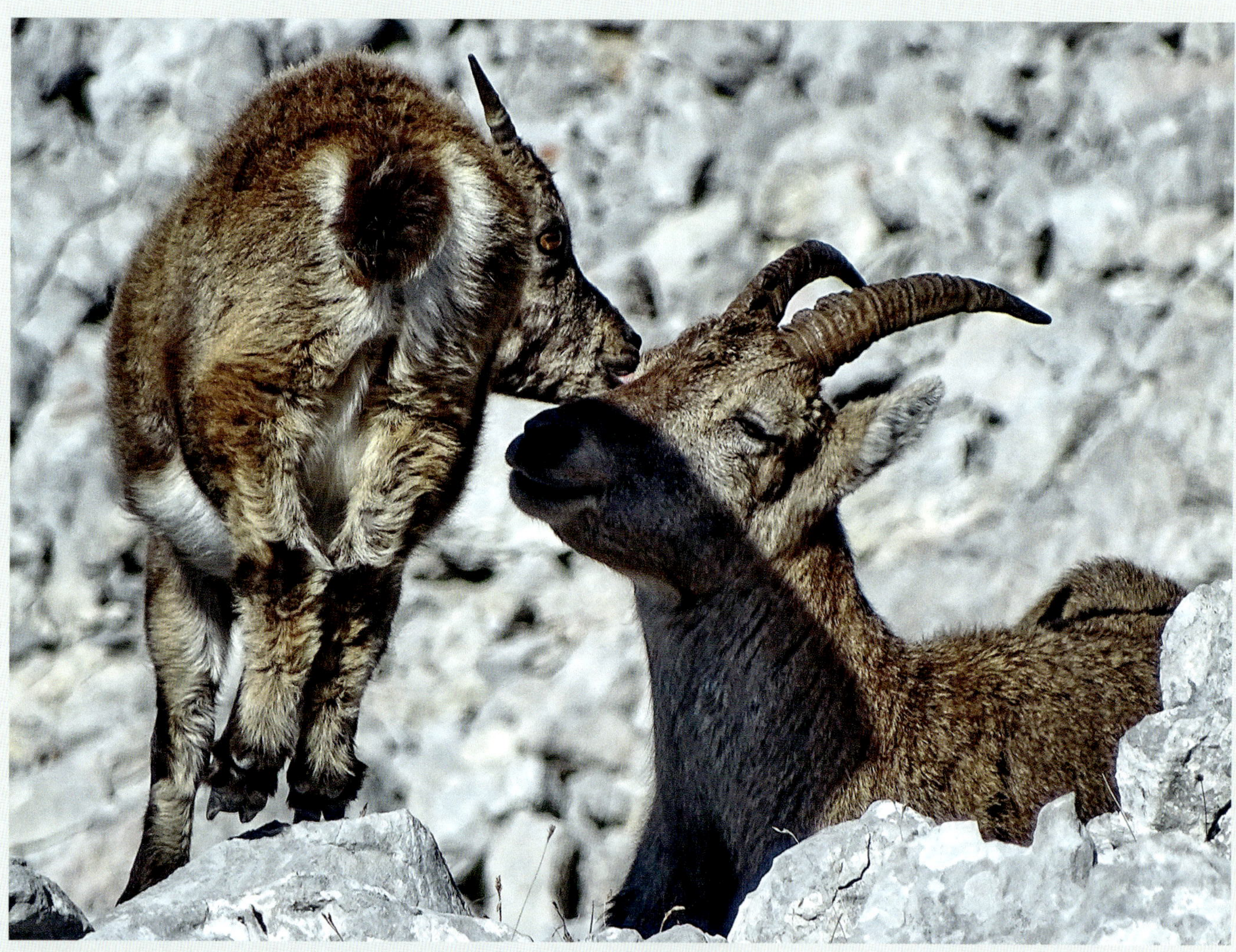

Wonne pur: Diese Geiß freut sich sichtbar über die Zuwendung ihres Nachwuchses.

Hinterbrand → Priesbergalm → Hochgschirr → Kahlersberg

Vom Parkplatz Hinterbrand auf kleinem Forstweg Richtung Priesbergalm → Steig durch den Stiergraben empor → am Wegkreuz Seeleinsee rechts zum Hochgschirr (Einsattelung) → links Steig durch das Mausloch teils ausgesetzt zum Gipfel des Kahlersbergs (Steinmännchen) → Abstieg auf der selben Route

Weglänge	19,3 km
Gehzeit	8 Std.
Höhenmeter	1250
Schwierigkeit	▲▲▲

Anfahrt B 305 Berchtesgaden, B 20 Richtung Königssee, Abzweig Faselsberg und 4,7 km auf steiler Bergstraße nach Hinterbrand

Ausgangspunkt Parkplatz in Hinterbrand (1130 m), B 47°35`42,67 L 13°01`22,52``

Charakter Lange, landschaftlich sehr schöne Tour mit herrlichem Watzmann-Blick. Der Steig im Stiergraben ist bei Nässe zuweilen rutschig, ab dem Hochgeschirr sind Trittsicherheit und Schwindelfreiheit erforderlich! Auch für den teils seilversicherten ausgesetzten Weg durch die Westflanke ist Vorsicht und Erfahrung angebracht.

Wegweiser Im Anstieg Priesbergalm, später Kahlersberg und Hochgeschirr, im Abstieg Stiergraben, Priesbergalm, Mittelstation Jenner, Parkplatz Hinterbrand

Steinbock-Sichtungen Meist südlich des Gipfels versteckt in Schuttgräben, seltener auf der anderen Seite

Einkehr

- Priesbergalm, während der Almsaison (2. Samstag im Juli bis Ende September)
- Branntweinbrennhütte Grassl sporadisch geöffnet

Karte Kompass Wk Nr. 794, Berchtesgadener Land, 1:25.000

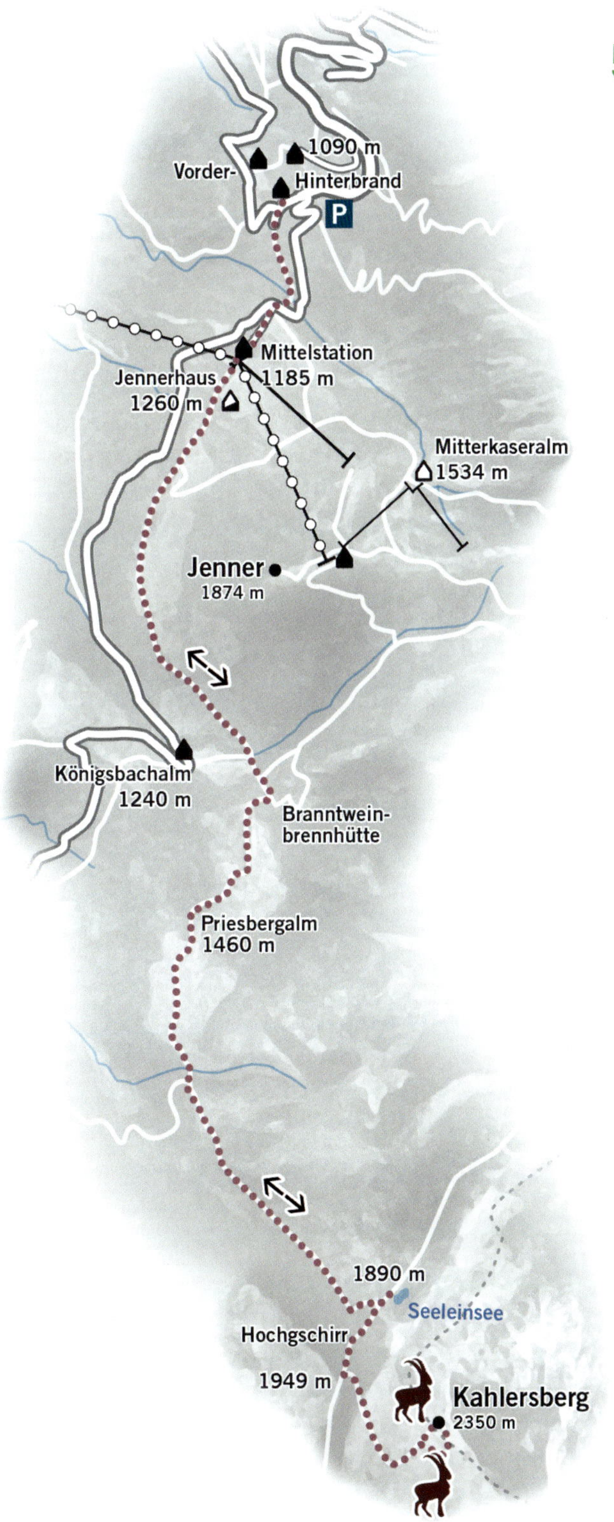

6 Geschichtsträchtiger Ort

Tourenziel: Großes Teufelshorn 2362 m
Weglänge: 22 km | Gehzeit: 10 Std. | Höhenmeter: 1800 | ▲▲

Über einen langen Zeitraum waren die Steinböcke in den gesamten Alpen durch habgierige Wilderer ausgerottet, nur König Vittorio Emanuele III. hütete am Grand Paradiso die letzte Kolonie aus privatem Vergnügen wie seinen Augapfel. Erst Anfang des 20. Jahrhunderts wurden die Könige der Alpentiere aus dem Nationalpark Gran Paradiso in andere Regionen ausgewildert, Deutschlands erster Ort der Wiederansiedelung war 1936 die Rhön am Fuß der Teufelshörner. Um die edlen Tiere in Holzkisten in ihr neues Revier zu transportieren, wurde eigens eine Materialseilbahn von der Fischunkel in die Rhön gebaut. Heute leben wieder mehr als 100 Tiere in diesem landschaftlich großartigen Gebiet. Der Hüttenwirt der Wasseralm und ehemalige Jäger Horst Schellhofer kennt alle Lieblingsplätze der gehörnten Viecherl.

Fast hätte ich ihn im August 2015 an der Hütte angetroffen, doch durch eine von einem rostigen Nagel verursachten Blutvergiftung war er gerade per Helikopter abtransportiert worden. Auch ich war nach meinem Wahnsinns-Acht-Stunden-Lauf in großer Hitze völlig fertig, ausgetrocknet, hungrig und nicht ganz wohlriechend an der Wasseralm angekommen, was mir einen mitleidigen Blick der Wirtin bescherte. So ergeht's einem halt, wenn man seinen Wunschtraum, den kompletten Berchtesgadener Gebirgsstock von Hockalter und Watzmann über das Steinerne Meer, den Hochkönig und Hohen Göll bis Berchtesgaden in einem Zug abzulaufen, in die Tat umsetzt …

Allein das Große Teufelshorn ist so weit von der Tal-Zivilisation entfernt, dass man es im Normalfall in zwei Tagen mit Übernachtung auf der Wasseralm besteigen sollte. Der Gipfel liegt abseits der klassischen Hüttenübergänge in das Steinerne Meer und wird daher relativ selten begangen. Doch die einzigartige Landschaft mit anregender Wegführung und fantastischem Gipfelpanorama machen eine Besteigung überaus lohnend.

Für meine Steinbock-Exkursion starte ich an einem Sommertag in Königssee. Das erste Boot legt an der Schiffanlegestelle um acht Uhr ab, wer lange Wartezeiten vermeiden will, muss ob des etwaigen Andrangs rechtzeitig am Ticketschalter sein. Und ich habe nicht viel Zeit: Ich will die Tour in einem

Spiegelglatte Wasseroberfläche des Obersees, der an warmen Sommertagen zu einem Bad einlädt.

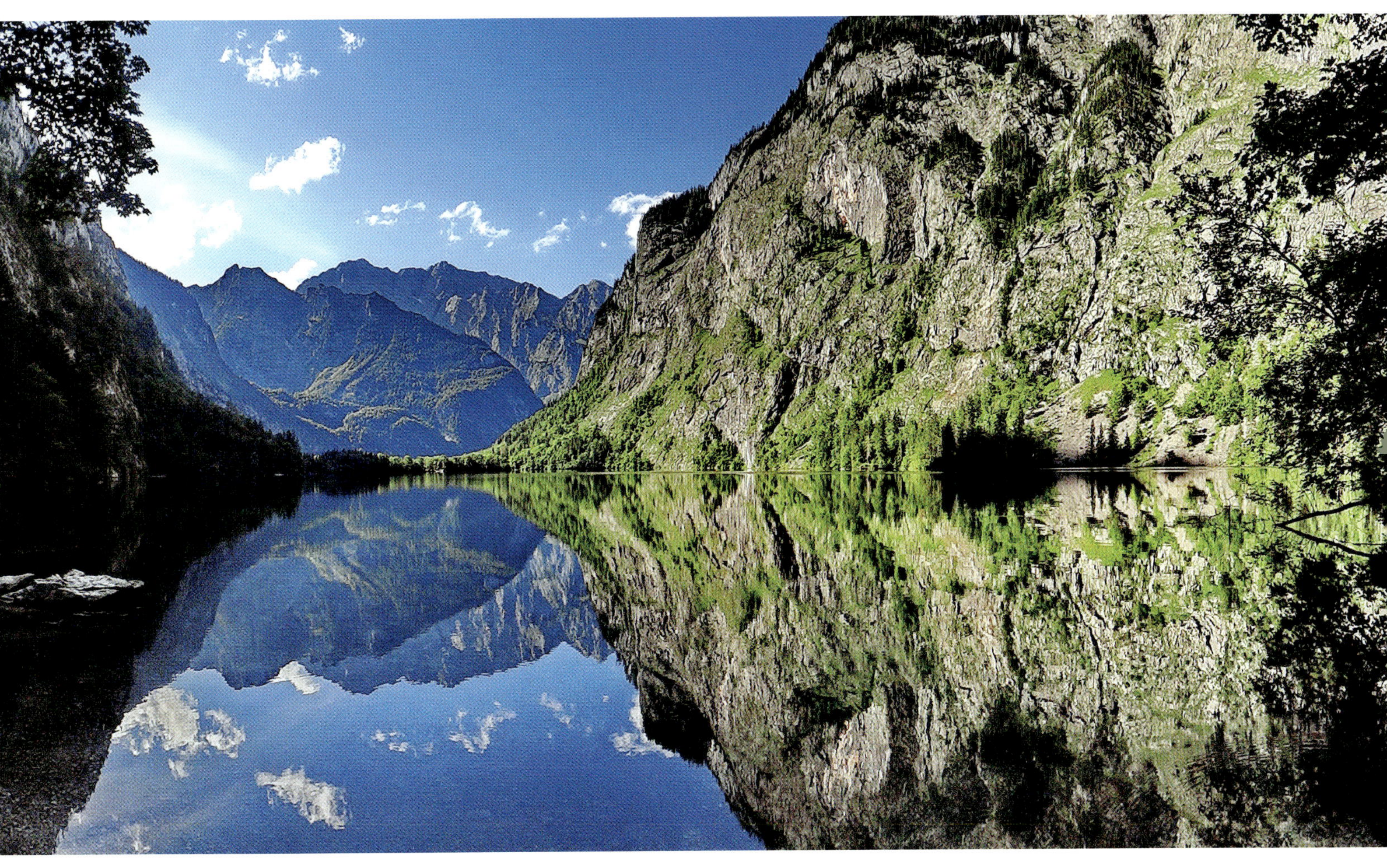

Tag absolvieren und das letzte Boot an der Saletalm um 18.10 Uhr noch erreichen. Den romantischen Obersee passiere ich nur ungern im Laufschritt, aber heute ist Tempo angesagt. Am Fuß der abweisenden Felswand in der hinteren Fischunkel, wo man sich fragt, wie man da wohl hochkommen soll, habe ich bereits vier Kilometer, aber erst 100 Höhenmeter geschafft. Der mit Seilen gut gesicherte, stellenweise ausgesetzte Röthsteig windet sich abenteuerlich, aber letztlich unschwierig über natürliche Felsbänder in die Höhe. Eindrucksvoller Blickfang ist der 100 Meter über die Felsen herabstürzende Röthbachfall! Im Wald flacht das Gelände langsam ab und die herrlich an einer Waldlichtung gelegene Wasseralm

6

(1423 m) taucht auf. Die Murmeltiere begrüßen mich in ihrem Reich mit einem Pfeifkonzert.

Man könnte in dieser Idylle Quartier beziehen, im eiskalten Bach ein Kneippsches Fußbad nehmen und die Seele baumeln lassen, aber ich empfehle, noch am selben Tag den Aufstieg zum Gipfel zu machen und erst am Abend länger zu rasten. Auf diese Weise gibt es am nächsten Tag keinen Stress und vielleicht noch ein Bad im Ober- oder Königssee! Ich muss mangels Zeit ohnehin gleich an der Wasseralm vorbei. An der kleinen Bachbrücke biegt der Steig zum Großen Teufelshorn rechts ab. Im Frühjahr beginnt bereits hier die Zone der königlichen Tiere, alte Verdauungsspuren weisen an manchen Stellen darauf hin. Jetzt im Sommer sind sie sicher weiter oben in den felsigen Steilstufen oder in Gipfelnähe anzutreffen. Ich laufe schon ein bisschen müde durch die Hitze des Sommertags.

Den ersten Blick auf die Teufelshörner erhascht man nach Bewältigung der zweiten Geländestufe. Unterhalb der ehemaligen Jagdhütte Görings, der hier einst sein Unwesen trieb, teilen sich die Wege: Rechts geht es zum Kleinen, links im Bogen zum Großen Teufelshorn. Beide Anstiege haben ihren Reiz, doch ich entscheide mich für den höheren Gipfel. In diesem Gebiet hat man die Steinböcke zur Wiederansiedelung ausgesetzt. Das Gelände wird lichter und der Steig führt aus dem Wald in Fels-und Wiesengelände. Dabei windet er sich so geschickt um die Felsen der abweisenden Westflanke herum, dass er nur an wenigen Stellen

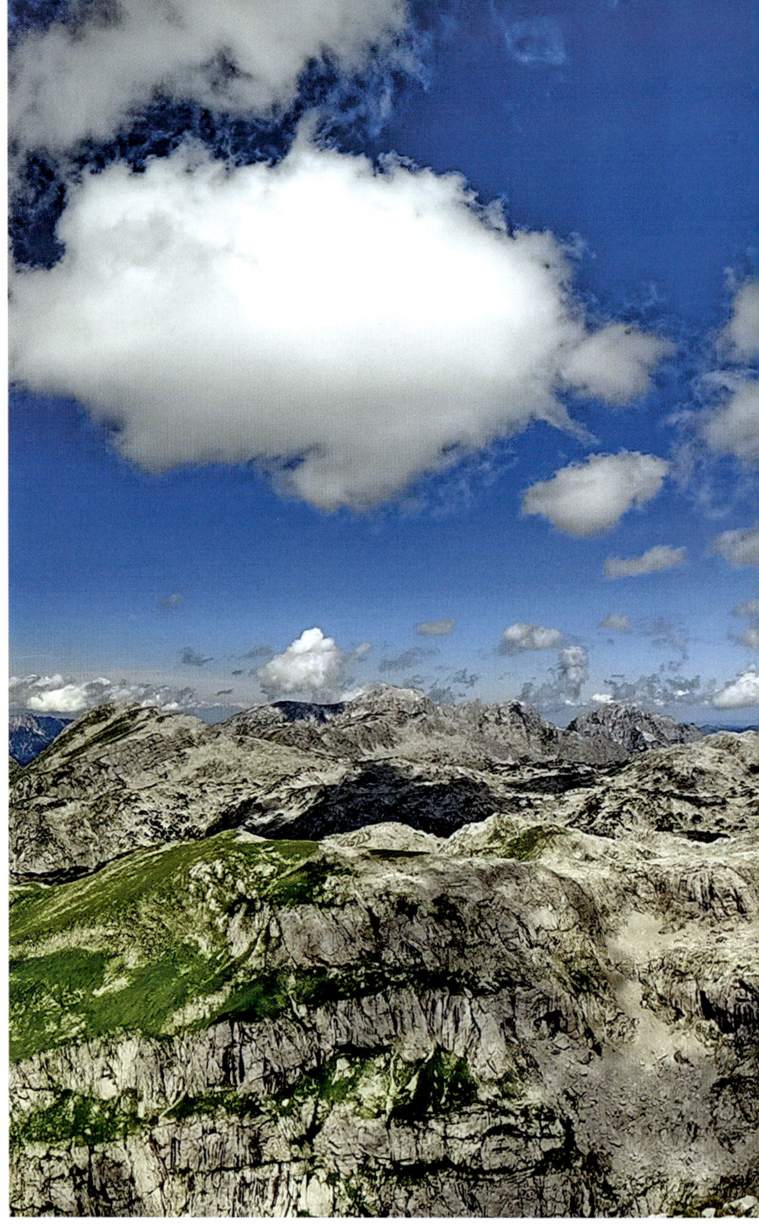

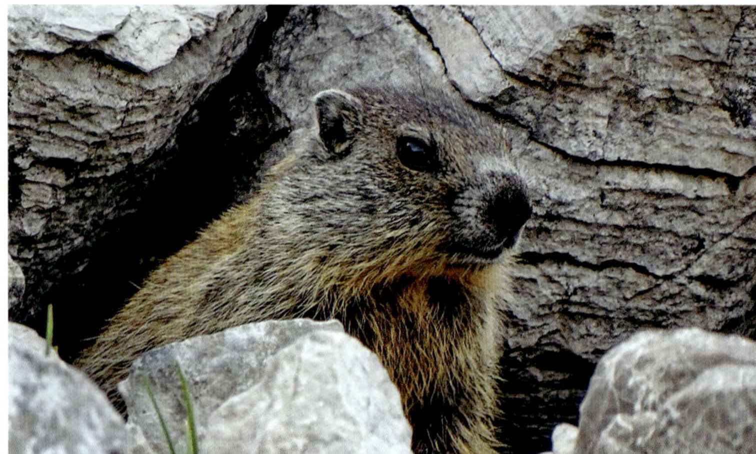

Am Gipfelkreuz des Großen Teufelshorns; Murmeltier bei der Wasseralm; eine der beiden Steinbock-Geißen bei der Rast; wo eine Geiß auftaucht, ist das Kitz meist nicht fern.

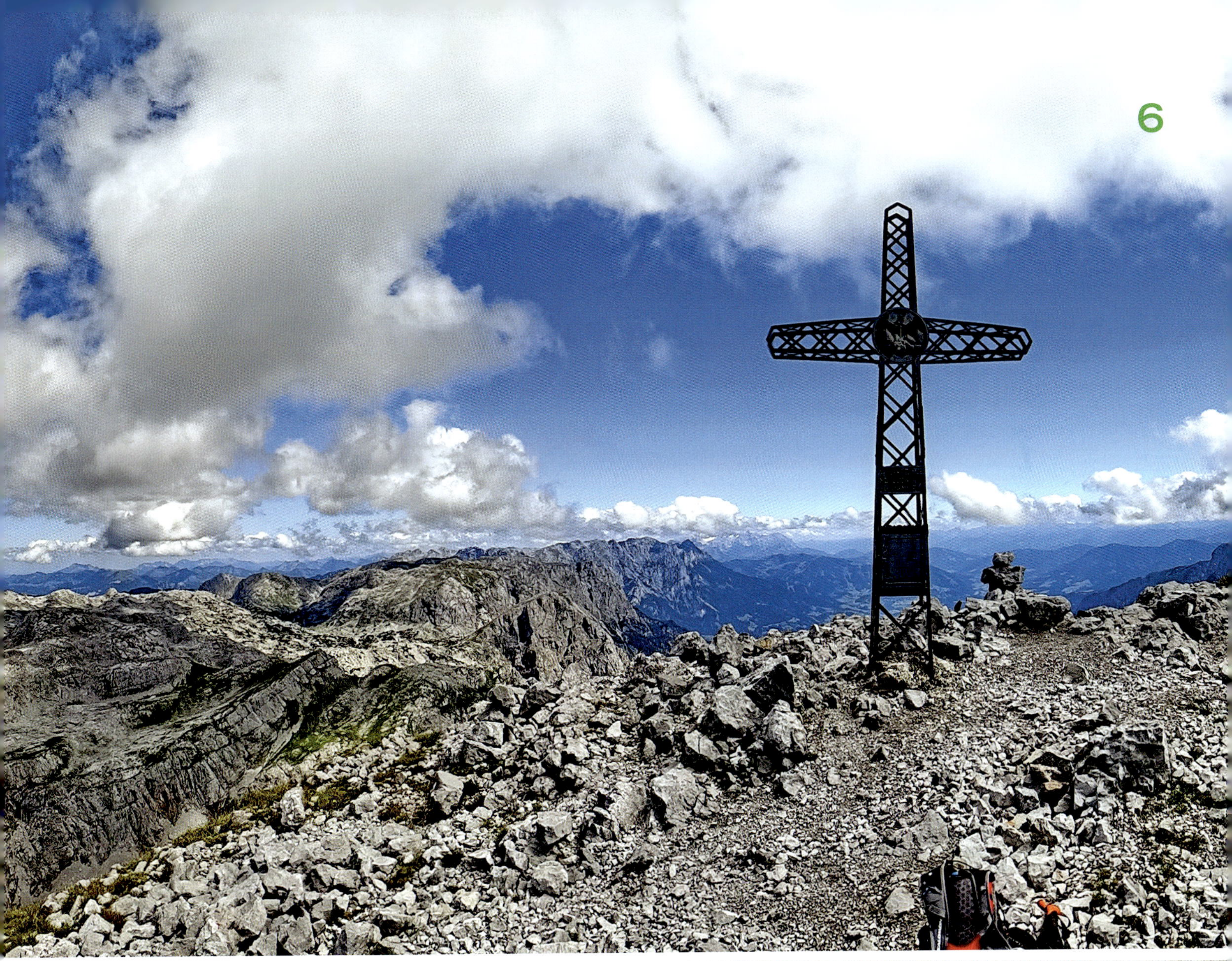

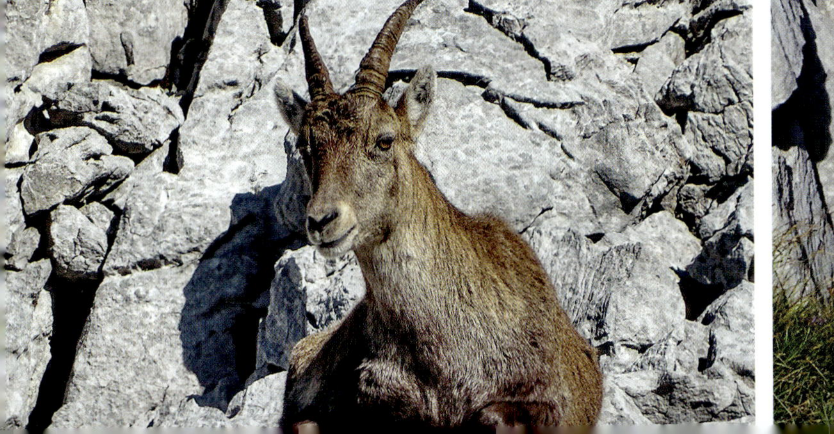

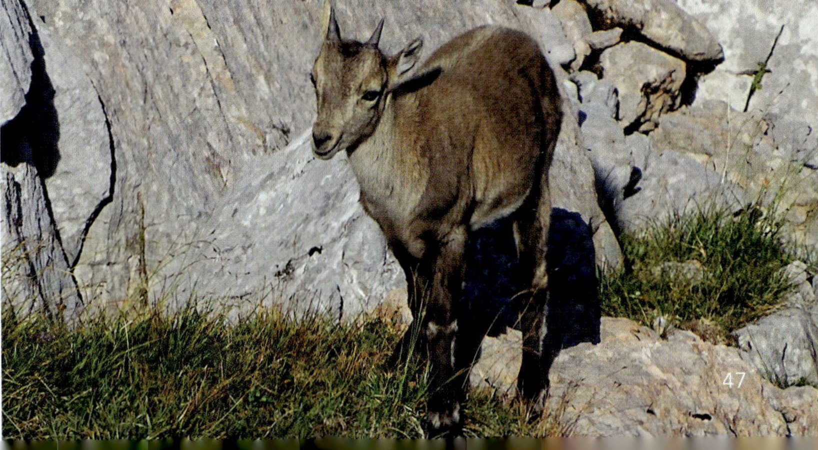

exponierte Tiefblicke zulässt. Nach einer kurzen Kraxelstelle – die etwa fünf Meter hohe, plattige Wand ist die Schlüsselstelle der Tour – erreicht man am Gipfelrücken flacheres Wiesengelände und freut sich über den grandiosen Rundblick.

Am breiten Gipfelkamm sind vereinzelt relativ frische Verdauungsspuren der gehörnten Alpenbewohner zu sehen. Alpenblumen wie die Einköpfige Flockenblume oder der Raue Enzian sorgen für Farbtupfer, dann erreiche ich bereits ziemlich müde das metallene Gipfelkreuz des Großen Teufelshorns (2362 m). Welch gewaltiges Panorama: Der Hochkönig im gleißenden Licht des Gletschers, die auffällige Schönfeldspitze, der Watzmann mit seiner berühmten Ostwand direkt vor mir, der Ober- und Königssee unter mir, dazu der Kahlersberg und sogar das Tennengebirge ist auszumachen. Ganz allein stehe ich nun hier und genieße die fast unheimliche Stille. Jetzt brauch i a gscheite Rast!

Zu meinem Glück fehlen mir jedoch noch die Steinböcke! Richtung Kleines Teufelshorn poltern Steine den Gipfelhang hinab. Neugierig schau ich mal nach und entdecke zwei Steinbock-Ladies unter mir im Sommerwind rasten. Geißen ohne Kitze sind um diese Zeit eher eine Seltenheit. Unbemerkt schleiche ich mich noch etwas näher heran, um sie in Ruhe beobachten zu können. Jetzt ist alles perfekt! Die beiden Mädels schlafen in der Hitze fast ein. Da Steinböcke nicht schwitzen, können sie sich nur mit Wind, Höhe, Schatten und ein wenig Bewegung kühlen. Umso gravierender wäre ein Verjagen oder Erschrecken der Tiere. Das Bockrudel ist leider nicht zu sehen.

Ich mache mich an den Abstieg, um das letzte Schiff noch zu erwischen. Die Route kenne ich ja bereits vom Aufstieg her. Bei der Wasseralm gönne ich mir die obligate Gemüsesuppe und ein alkoholfreies Weißbier. Der Wirt ist leider wieder nicht da, darum habe ich einen guten Grund für einen weiteren Besuch. „Ma voi glücklich derf ma sei, wenn ma den Tag da oben no bis hinter den Sonnenuntergang genießen ko und dort übernachten derf", denke ich mir. Die Wirtin erzählt mir noch, dass im Herbst nahe der Alm immer ein beeindruckendes

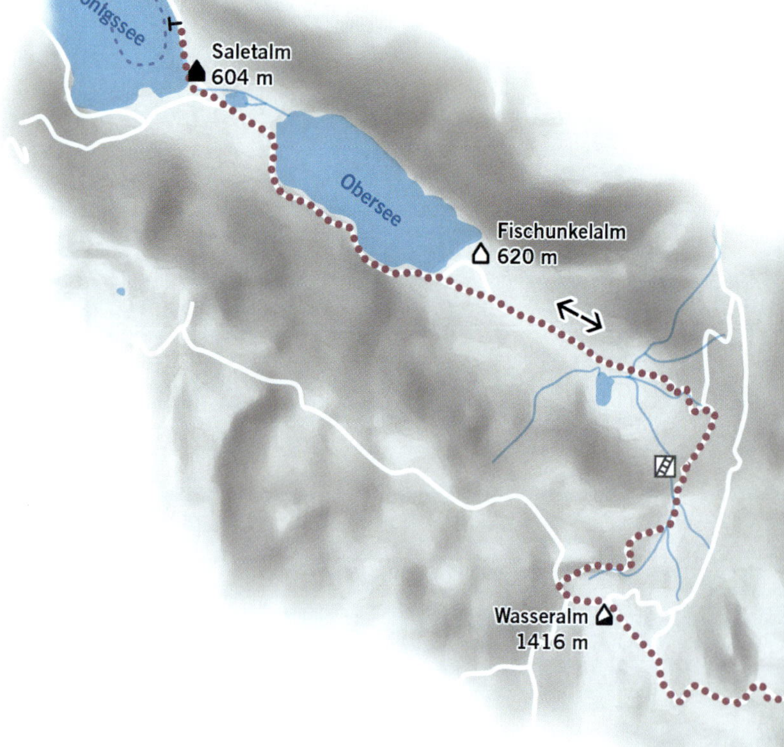

Saletalm → Wasseralm → Großes Teufelshorn → Wasseralm → Saletalm

Mit dem Schiff über den Königssee nach Salet → fast ebener Weg zum Obersee und geradewegs auf die Röthwand zu → auf dem gut gesicherten Röthsteig erst durch Wald, oberhalb der Weggabelung (hier rechts halten) teils auf natürlichen Bändern leicht ausgesetzt durch die Steilwand empor → oberhalb der Wand nun flacher durch den Wald zur Wasseralm → hinter der Bachbrücke an der Weggabelung rechts → Steig über bewaldete Geländestufen und die verfallene Schabaualm in südöstliche Richtung folgen → an der Gabelung links (Ww. Großes Teufelshorn) und aus der Geländemulde bis zum unteren Karende der Teufelshörner empor → über den das Kar begrenzenden, schwach ausgeprägten Gratrücken → scharf links durch eine Rinne über Felsplatten (leichte Kletterstellen) und über flache Wiesen zum Gipfel → Abstieg auf der selben Route

Weglänge	22 km
Gehzeit	10 Std.
Höhenmeter	1800
Schwierigkeit	▲▲

Anfahrt

ÖVM Mit der Bahn über Freilassing nach Berchtesgaden, Bus 841 Königsee

Auto Deutsche Alpenstraße (B 305) oder B 20 nach Berchtesgaden, am Ortskreisel Abzweig nach Schönau am Königssee

Ausgangspunkt Gebührenpflichtiger Parkplatz an der Jennerbahn, B:47°35´34,94“ L:12°59`16,85“

Charakter Nach gemütlicher Bootsfahrt über den Königssee wandert man auf dem teils ausgesetzten Röthsteig (nur für Geübte) zur Wasseralm. Die Besteigung des Großen Teufelshorns erfordert ebenfalls Trittsicherheit und Schwindelfreiheit. Großartige Landschaft und fantastischer Gipfelblick! Nur in Verbindung mit einer Übernachtung auf der Wasseralm zu empfehlen.

Wegweiser Wasseralm, Großes Teufelshorn, Salet

Steinbock-Sichtungen Im Frühjahr bereits oberhalb der Wasseralm, ab Sommer eher in Gipfel- und Gratnähe

Einkehr Salet- und Fischunkelalm im Talboden

Übernachtung Wasseralm, Tel. 08652-6091160, Juni bis Anfang Oktober, Lagerraum ganzjährig geöffnet

Info Seelände Königssee bis Salet Obersee, Abfahrt im Sommer ab 8 Uhr (Fahrzeit 55 Min.), späteste Rückfahrt 18.10 Uhr (www.seenschifffahrt.de)

Karte Kompass Wk Nr. 291 Rund um Salzburg, 1:50.000

Treffen der brünftigen Hirsche mit Gratis-Röhr-Konzert stattfindet.

Am steilen Röthsteig entdecke ich zahlreiche Schwalbenwurz-Enziane, bevor ich unter den verstörten Blicken japanischer Touristen ein kurzes Bad im Obersee nehme. Wenig später holt mich endgültig die Realität des Alltags ein: Die Schlange an der Anlegestelle ist 150 Meter lang. Welch Kontrast zu der Stille am Teufelshorn. Glücklicherweise habe ich noch zwei Stunden Zeit bis zur Abfahrt des letzten Schiffs, die ich mit Baden verbringe.

7 Zeuge von Kommentkämpfen

Tourenziel: Oberwalderhütte auf dem Hohen Burgstall 2973 m
Weglänge: 9 km | Gehzeit: 4½ Std. | Höhenmeter: 830 | ▲–▲▲

Plötzlich richten sich die Böcke auf den Hinterläufen auf und schlagen von oben mit den Hörnern zusammen. Bis zu hundert Mal prasseln die Schädel aufeinander. Dazwischen setzen sie zu beeindruckenden Verfolgungsjagden an. Und ich mitten drin im Geschehen, als gebannter Zeuge, aus einem zwei Meter tiefen Wassergraben heraus fotografierend! Auf einmal laufen gleich vier Böcke mit etwa 50 km/h auf mich zu. Ohhaaaa! I hätt dann fast an Herzinfarkt kriagt, wie die olle in dem Tempo unweit von mir über den Boch gsprunga san. A paar Minuten spada ham se wieda ganz normal weitergfressen, wie wenn nie wos gwesen war. Tief beeindruckt bin i dann in Schockstarre langsam wieder zruckgwichen. Aber jetzt ko i scho wieder drüba lacha …

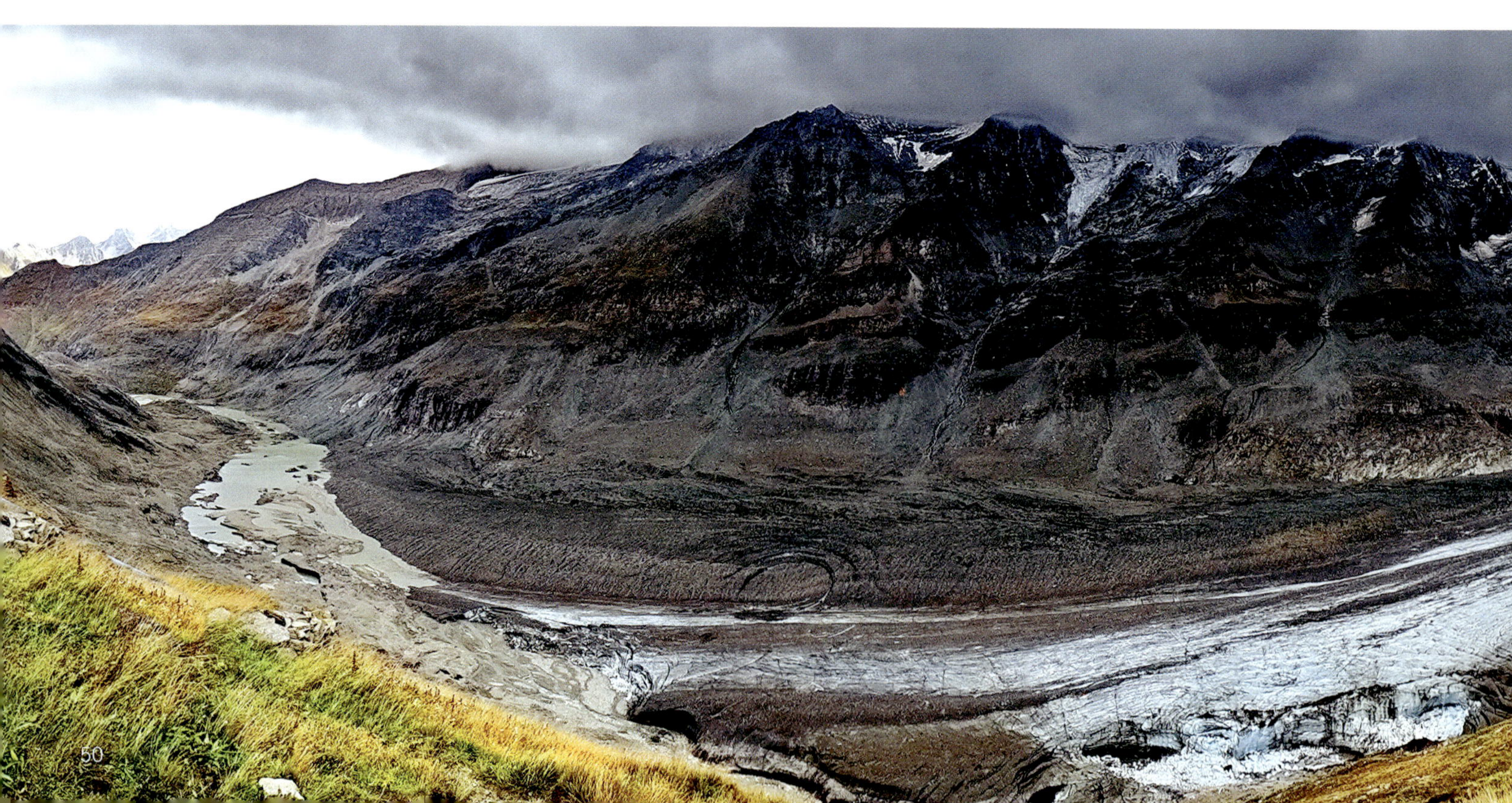

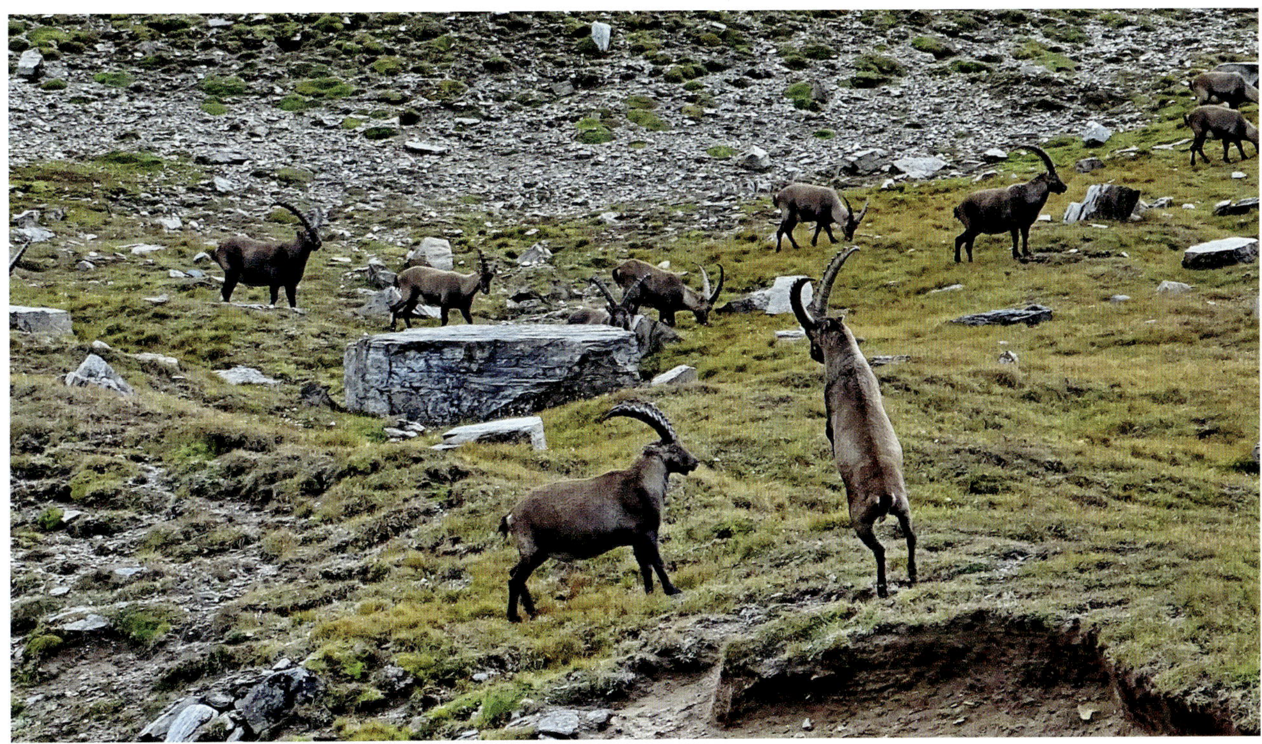

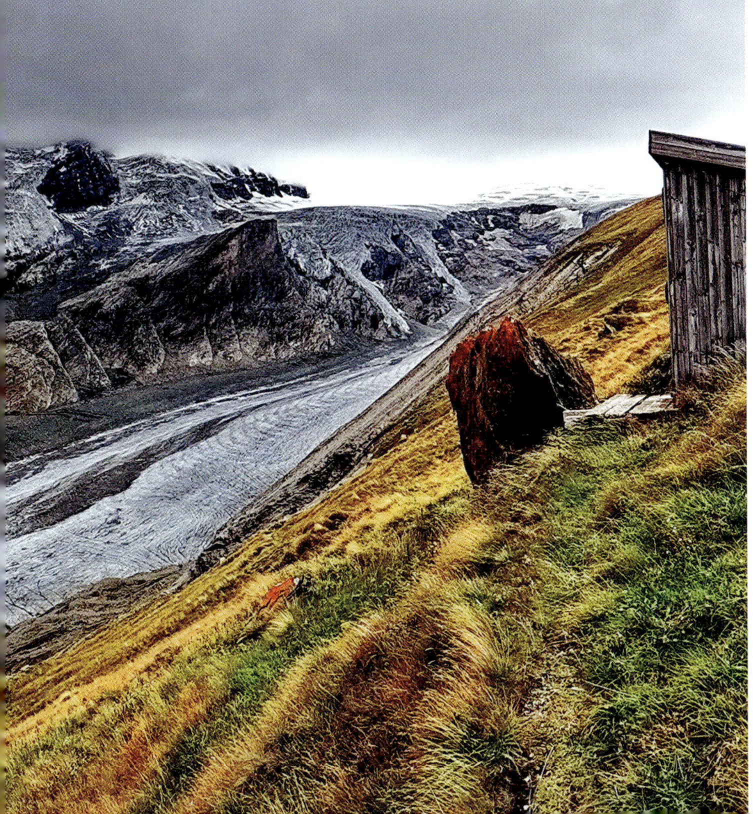

In den Bockrudeln besteht eine klare soziale Rangordnung, die von diversen Faktoren wie Alter oder Stärke abhängt. Ist die Situation zwischen etwa gleichrangigen Böcken nicht geklärt, kommt es zu sogenannten Kommentkämpfen, die nach festen Regeln ablaufen und die Kontrahenten in der Regel nicht verletzen oder gar töten. Diese faszinierenden Kämpfe durfte ich bei meinem zweiten Besuch im Herbst oberhalb des Gamsgrubenwegs aus unmittelbarer Nähe beobachten und miterleben.

Bereits die Anfahrt über die Großglockner Hochalpenstraße ist ein wunderbares Erlebnis. In endlosen Serpentinen windet sich die Straße durch

Bei den Kommentkämpfen geht es zwischen den Böcken richtig zur Sache ... (o)
Blick auf die Pasterze, der längste Gletscher der Ostalpen

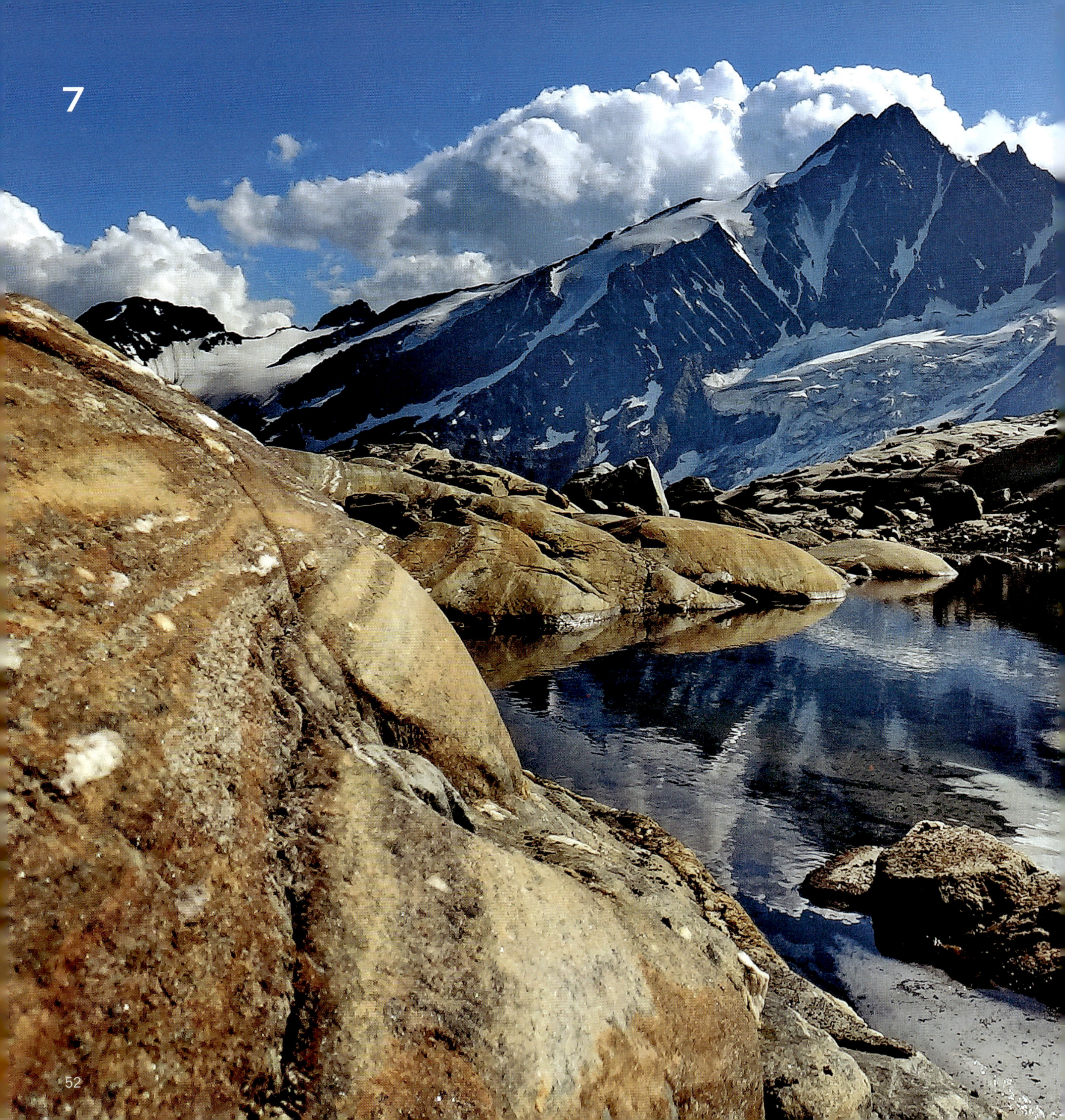
7

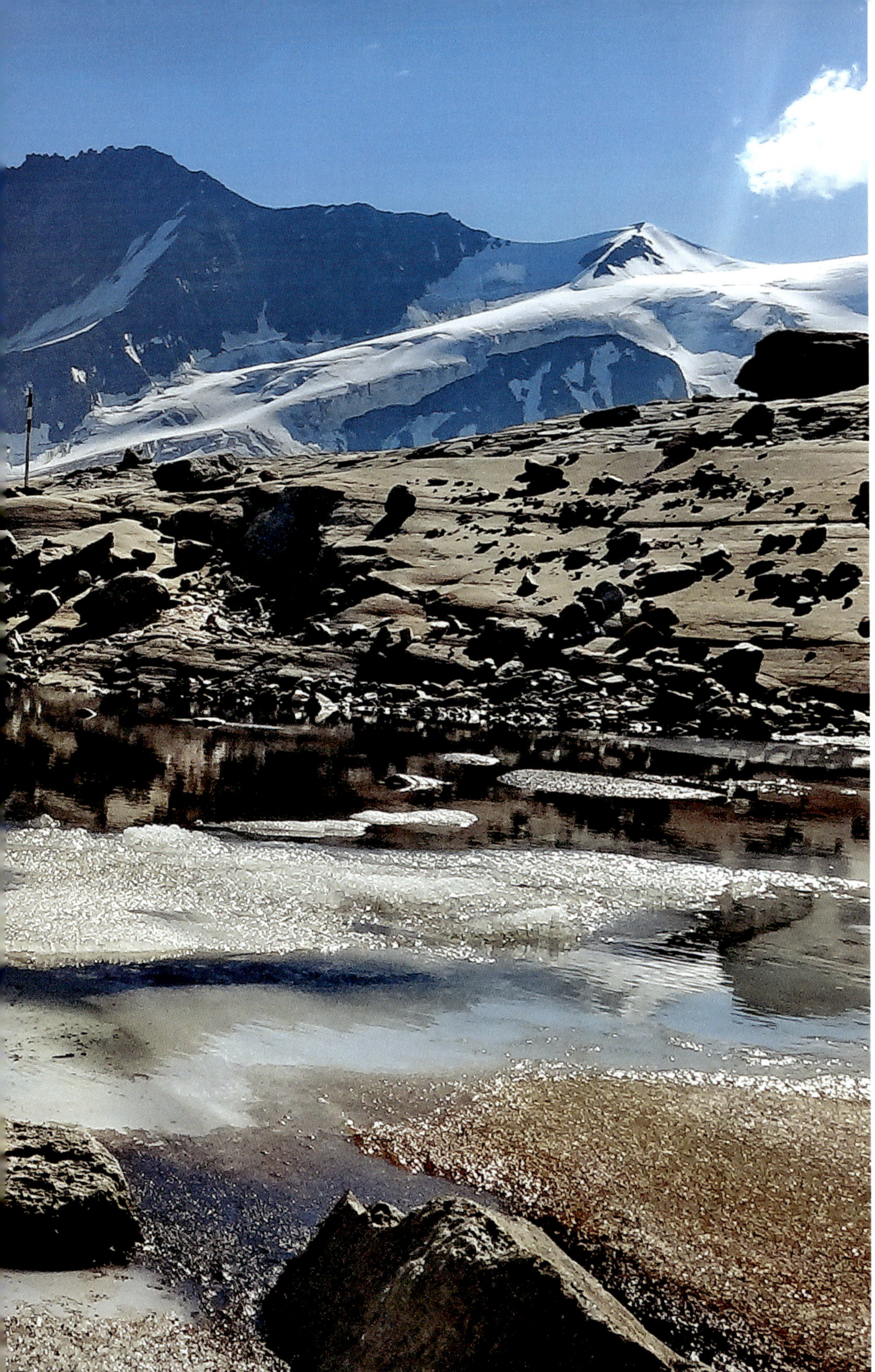

7

Großartiger Blick auf den Großglockner vom Weg zur Oberwalderhütte

7

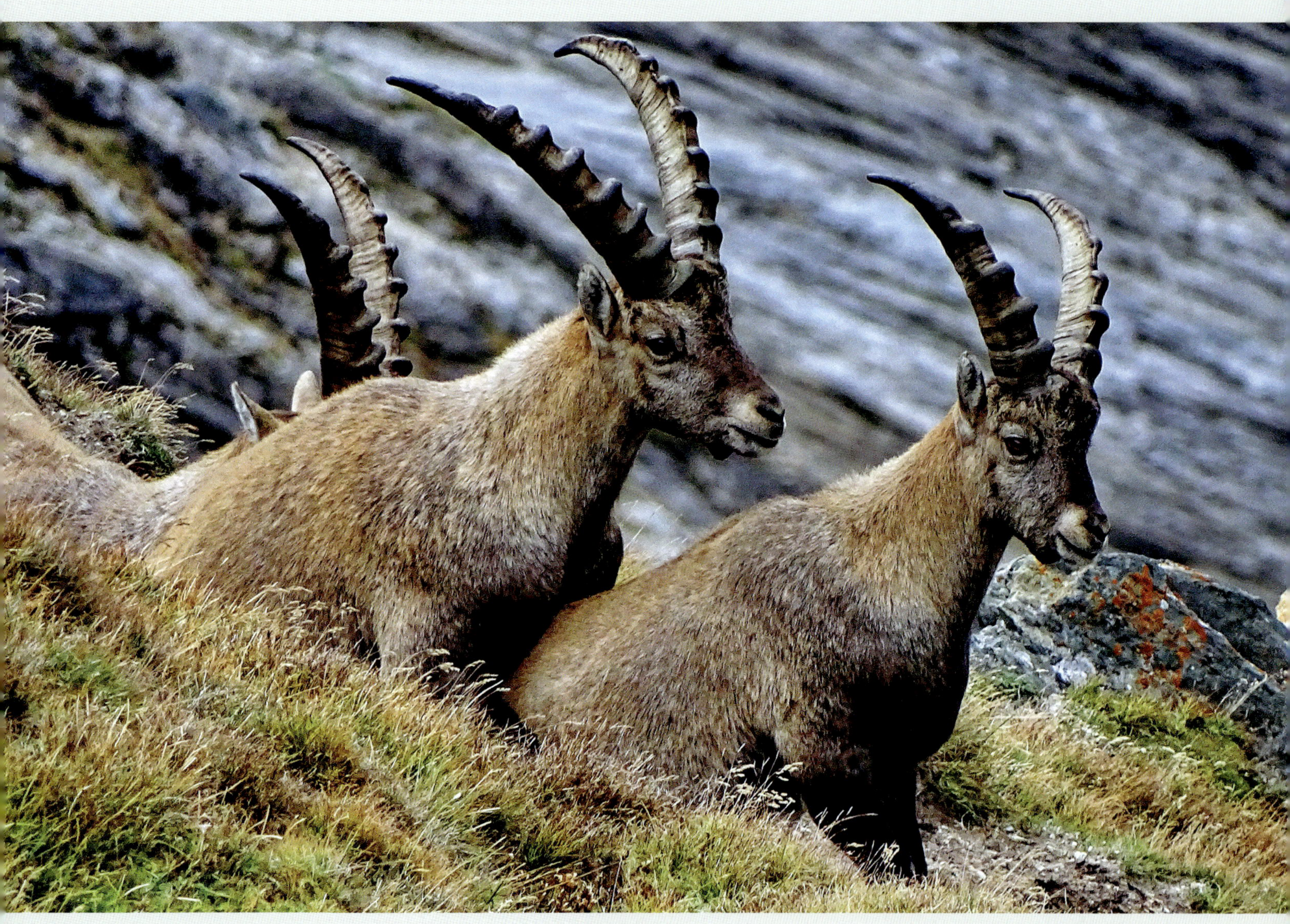

Mit etwas Glück sieht man die Steinböcke direkt am Gamsgrubenweg.

die herrliche Gletscherwelt bis zur Franz-Josefs-Höhe (2369 m) empor, die mit ihrem mehrstöckigen Parkhaus einen sehr ungewöhnlichen Ausgangspunkt für eine Bergtour darstellt. Noch beeindruckender ist die Wanderung zur herrlich auf der Felskuppe des Hohen Burgstalls gelegenen Oberwalderhütte mitten in der atemberaubenden Gletscherwelt mit großartigem Blick auf Österreichs höchsten Berg, den Großglockner (3798 m).

Der erste Wegabschnitt von der Passhöhe durch die Gamsgrube zum Wasserfallwinkel ist mit dem Naturlehrweg identisch. Täglich um elf Uhr findet hier im Hochsommer eine kostenlose Führung statt, Dauer zweieinhalb Stunden. In den beleuchteten Tunnels informieren Schautafeln über die Geschichte und Besonderheiten des Nationalparks, auch Sagen und Legenden werden erzählt. Besonders eindrucksvoll ist der Blick auf die Pasterze, den mit acht Kilometern längsten Gletscher der Ostalpen, der jährlich jedoch rund zehn Meter an Länge einbüßt.

Am Wasserfallwinkel endet mit dem Lehrpfad der breite Wanderweg, nach den Tunnels betreten wir Steinbockgebiet. An den Berghängen sind die Steinböcke den ganzen Sommer über zuhause, bei Schönwetter meist in den Gipfelregionen, bei schlechten Bedingungen auch mal unterhalb des Weges. Der gut markierte Wanderweg führt über teils glatte Felsen bis zur Schneegrenze. Erste Blicke zur Oberwalderhütte am Hohen Burgstall werden frei. Die letzten Höhenmeter geht es über ein riesiges Schneefeld bis zur Felskuppe des Hohen Burgstalls, auf der die Oberwalderhütte (2973 m) steht; kleine Steighilfen (Snowlines) können hier bei eisigen Bedingungen sehr wichtig sein. In den Abhängen unterhalb des Gipfelplateaus verweilen oft Steinböcke; der Hüttenwirt weiß meist Bescheid, wo man die Tiere am ehesten beobachten kann.

Bei meinem ersten Besuch war ich im Sommer unterwegs. Ursprünglich wollte ich nach der Arbeit nur noch schnell zur Oberwalderhütte hochlaufen,

Geführte Steinbock-Wanderungen

In der Umgebung der Franz-Josefs-Höhe ist mit etwa 200 Tieren die größte Steinbockkolonie der Hohen Tauern beheimatet. Wer ohne großen Eigenaufwand mit sehr hoher Wahrscheinlichkeit Steinböcke in freier Wildbahn erleben möchte, der kann sich Stand 2016 vom 24. Juni bis 9. September freitags der geführten Steinbock-Beobachtungstour „Könige der Alpen“ anschließen. Treffpunkt ist das Alpincenter Glocknerhaus in Heiligenblut. Bereits um sieben Uhr fährt man mit dem Wanderbus auf der Großglockner Hochalpenstraße zur Franz-Josefs-Höhe hinauf. Die Exkursion dauert insgesamt etwa zweieinhalb Stunden (Kosten inklusive Fernglasverleih Erwachsene 15 EUR, Kinder 9 EUR), etwa eineinhalb Stunden geht es auf leichten Wanderwegen in das Steinbockrevier, das der Wildhüter wie seine Westentasche kennt; er weiß auch über den Lebensraum und die Gewohnheiten der edlen Tiere viel zu erzählen. Die Steinbockwanderung ist auch für Kinder ab sieben Jahren gut geeignet. Festes Schuhwerk, wetterfeste Kleidung und ein Tagesrucksack mit Getränk sind in dem hochalpinen Gelände unabdinglich.

Mehr Infos und Anmeldung: Alpincenter Hohe Tauern, Hof 4, Heiligenblut, Tel. +43-4825-6161, nationalpark@ktn.gv.at, www.nationalparkerlebnis.at

7

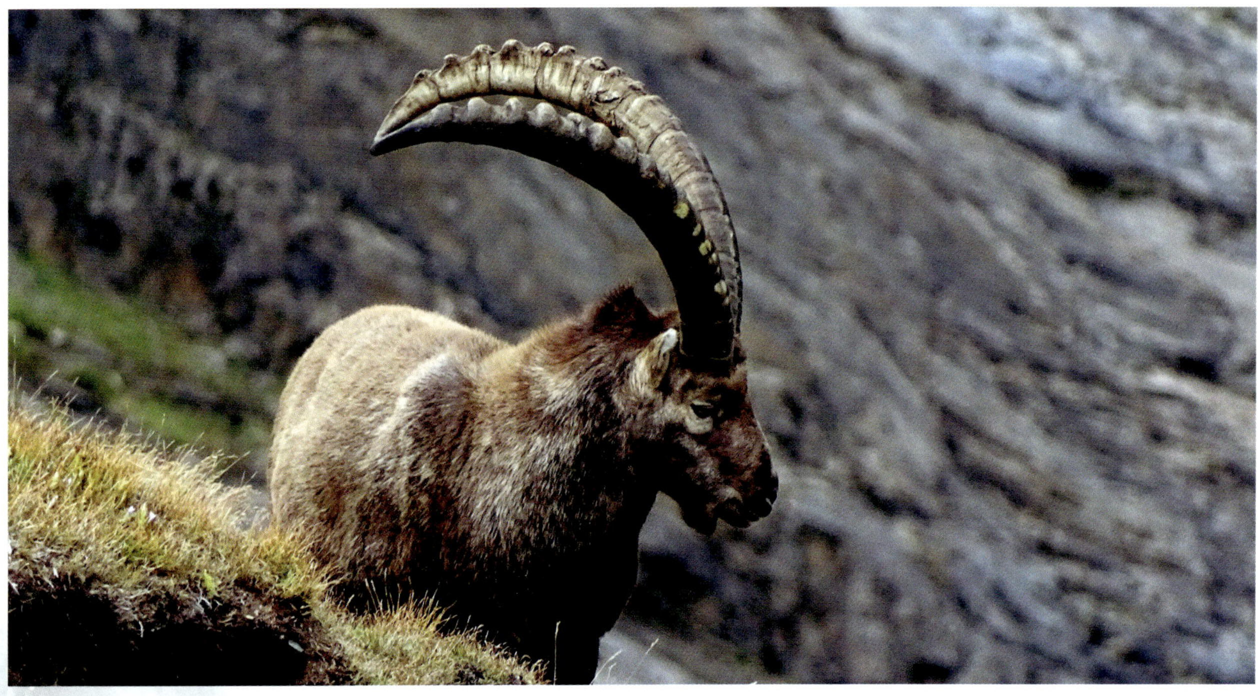

Einer der beiden edlen Böcke unterhalb des Hohen Burgstalls

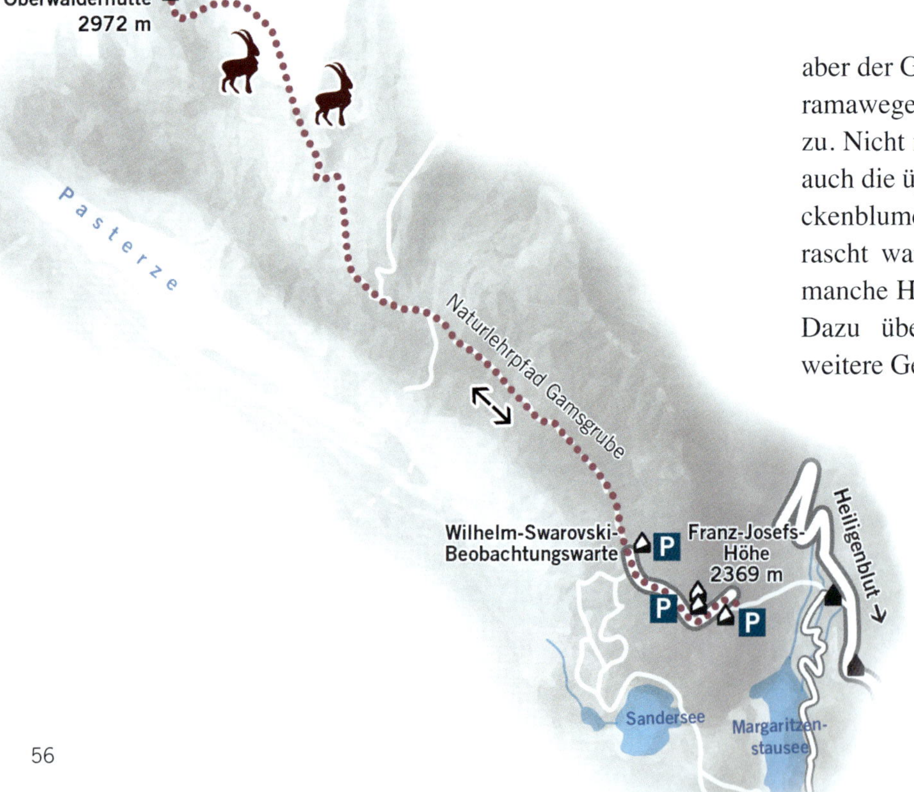

aber der Gamsgrubenweg, einer der schönsten Panoramawege der Alpen, lässt das Laufen einfach nicht zu. Nicht nur die faszinierende Bergkulisse, sondern auch die üppige Blütenpracht aus Enzianen und Glockenblumen am Wegesrand begeistert. Gscheit überrascht war ich vom Blütenmeer des Silberwurzes, manche Hänge waren vollkommen weiß! Voi schee! Dazu überall spielende Murmeltiere und somit weitere Gelegenheiten, gute Fotos zu machen.

Franz-Josefs-Höhe → Wasserfallwinkel → Oberwalderhütte (Hoher Burgstall) und zurück

Von der Franz-Josefs-Höhe dem Gamsgrubenweg durch mehrere Tunnels bis zum Wasserfallwinkel folgen → fortan auf gut markiertem Wanderweg zur Schneegrenze → die letzten Höhenmeter zur Oberwalderhütte verlaufen in etwas steilerem Schneegelände

Weglänge	10 km
Gehzeit	4 ½ Std.
Höhenmeter	680
Schwierigkeit	▲ im letzten Teil ▲▲

Anfahrt Von Zell am See B 311 nach Bruck bei Fusch und B 107 nach Ferleiten zur Mautstelle der Großglockner Hochalpenstraße (von Lienz in Osttirol B 100 nach Dölsach und B 107 nach Heiligenblut zur Mautstelle), der gebührenpflichtigen Straße bis zur Franz-Josefs-Höhe folgen (nur von Nov. bis April)

Ausgangspunkt Parkhaus Franz-Josefs-Höhe (2369 m), B:47°04`31,55“ L: 12°45`04,92“

Charakter Bis zum Wasserfallwinkel breiter, nur leicht ansteigender Panoramaweg; dann gut markierter und ausgebauter Wanderweg mit großartigem Gletscherpanorama; eine der schönsten und einfachsten Touren im Nationalpark Hohe Tauern!

Wegweiser Gamsgrubenweg, ab Wasserfallwinkel Oberwalderhütte

Steinbock-Sichtungen Vor und unterhalb der Oberwalderhütte in Sichtweite des Gamsgrubenwegs

Einkehr Restaurant an der Franz-Josefs-Höhe

Übernachtung Oberwalderhütte, Tel. +43-4824-2546, Mitte Mai bis Mitte September (anfangs nur an den Wochenenden), www.oberwalderhuette.at

Karte Kompass Wk Nr. 46 Großglockner, 1:50.000

Bei meiner Ankunft noch vor Sonnenuntergang am Hohen Burgstall entdecke ich Edelweiß; sie am Abgrund auf der Johannisberg-Seite zu fotografieren, ist eine Herausforderung. Fokussiert auf den Bildausschnitt bemerke ich dann plötzlich Bewegung am Display des Fotoapparats: Wahnsinn, zwei kapitale Steinböcke! Direkt unter mir! Mist, ich habe nur eine Laufkamera mit Weitwinkel ohne Zoom dabei! Mist hoch drei! Ich beobachte die edlen Tiere, bis ich sie aus den Augen verliere.

Beeindruckt von der überraschenden Sichtung trinke ich meinen Dosenkaffee aus und möchte mich gerade auf den Weg zur 100 Meter entfernten Hütte machen, als einer der beiden Steinböcke – ich trau meinen Augen nicht! – in aller Seelenruhe zwischen mir und der voll besetzten Hüttenterrasse durchspaziert! Voi scheeee! Mit diesen und vielen anderen Bildern und Eindrücken bin i dann irre glücklich runterglaufen. Sicher ist jedem Wanderer, dem ich begegnet bin, mein breiter Grinser aufgefallen…

Der Rückweg erfolgt über den Anstiegsweg zurück zur Franz-Josefs-Höhe. Nun sollten wir nochmals aufmerksam sein, denn meist sieht man die beeindruckenden Tiere am späteren Nachmittag.

8 Tipp vom Steinbock-Experten

Tourenziel: Stüdlhütte 2802 m
Weglänge: 9 km | Gehzeit: 5 ½ Std. | Höhenmeter: 900 | ▲▲

Ende Oktober 2015 fand die internationale Steinbocktagung erstmals in den Ostalpen statt, und ich nahm mit all den namhaften Steinbock-Experten des Alpenraums im Osttiroler Kals daran teil. Während der zwei Tage wurden meine inhaltlichen Erwartungen bei weitem übertroffen: Mein Wissen über das Leben und Verhalten der Steinböcke hat sich durch den Austausch an Forschungsergebnissen und Erfahrungen auch bezüglich der Bestände deutlich erweitert. Bei der Tagung bin ich auch dem einen oder anderen einheimischen Steinbock-Experten in die Arme gelaufen. Vor allem bei Gunther mecht i mi recht herzlich für die vülen Tipps bedanken. Auch der Jägerschaft schulde ich meinen herzlichsten Dank. Aufgrund deren Hinweise entstanden zwoa voi schene Touren im Ködnitztal, dem stoabockreichsten Tal Osttirols.

Nach dem Ende des Steinbockkongresses packe ich gleich meinen Rucksack und fahre über die Kalser Großglocknerstraße zum Lucknerhaus (1927 m) hoch. Fantastisch, denke ich mir am Parkplatz, allein der Blick ist es schon wert, die kurvenreiche Anfahrt auf sich zu nehmen. Unmittelbar vor mir baut sich der mächtige Großglockner in dem von Herbstwiese und Lärchen goldgelb gefärbtem Ködnitztal auf. Nach flachem Auftakt auf dem Forstweg wird das Gelände oberhalb der idyllisch gelegenen Jörgenalm dann steiler. Jetzt könnte man links und rechts des Weges in den oberen Hanglagen schon Steinböcke entdecken, doch noch sehe ich keine.

Nach Passieren der Lucknerhütte (2241 m) laufe ich, den Großglockner stets vor Augen, auf dem wunderschönen Adlerweg Richtung Stüdlhütte. Der unterhalb des Glockners gelegene Ködnitzkees erstrahlt durch den ersten Schnee in gleißendem Licht. In mehreren steilen Geländestufen geht es aufwärts. Auf 2600 Meter Höhe entdecke ich die ersten halbwegs frischen Verdauungsreste der majestätischen Tiere. Die letzte Passage zur Stüdlhütte (2801 m) bewältige ich auf gespurter Schneetrasse. Zwar hat die moderne Unterkunft bereits geschlossen, aber der Winterraum ist angesichts der guten Wetterbedingungen von Bergsteigern überbelegt. Die Hütte ist der ideale Ausgangspunkt für Besteigungen des Großglockners auf dem Normalweg und über den Stüdlgrat.

Mit dem Fernglas sondiere ich die nähere Umgebung, und bereits nach wenigen Augenblicken registriere ich Bewegung am Fanotkogel: Mehrere

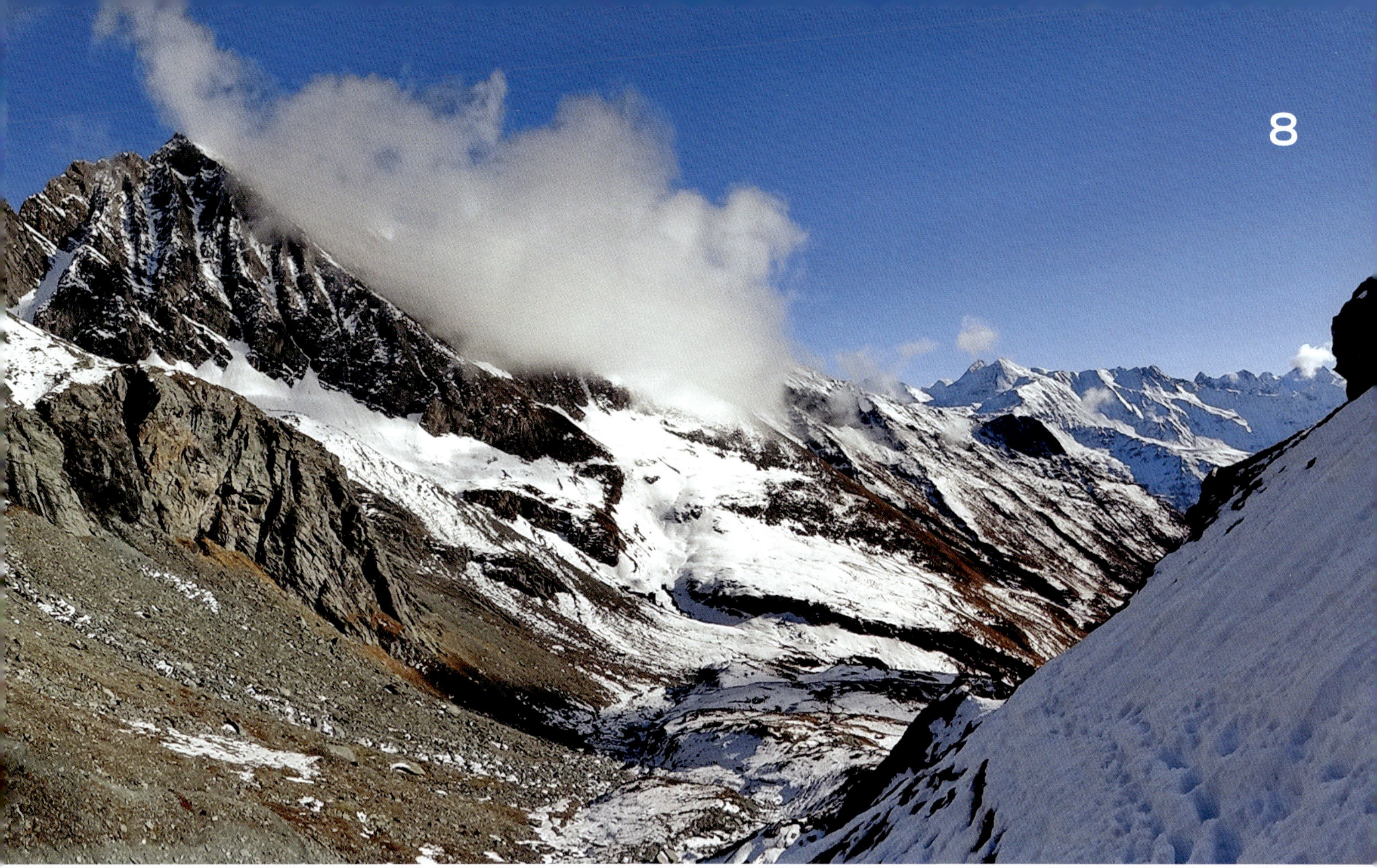

Welch Kontraste: Verschneite Berglandschaft kurz vor Ankunft an der Stüdlhütte, sich abhebende Steinböcke am Felsgrat und goldener Lärchenwald im Ködnitztal

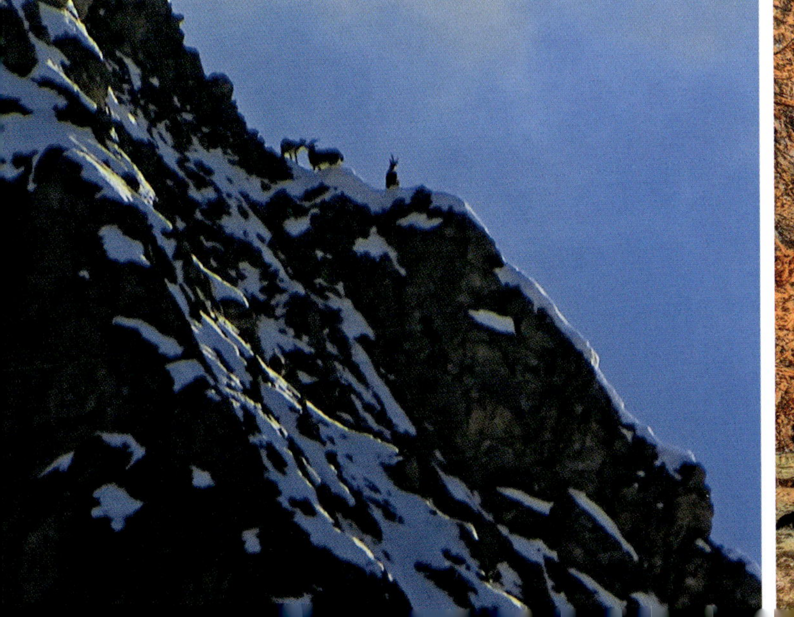

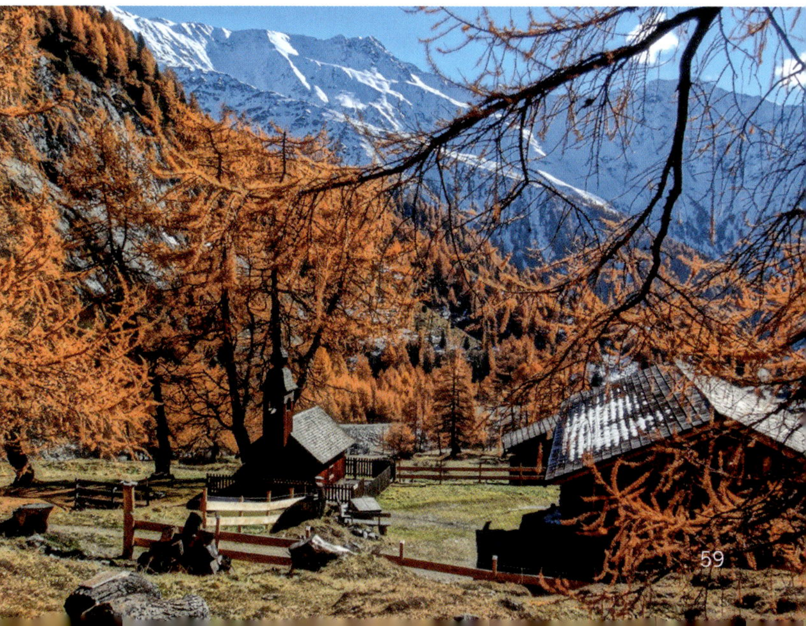

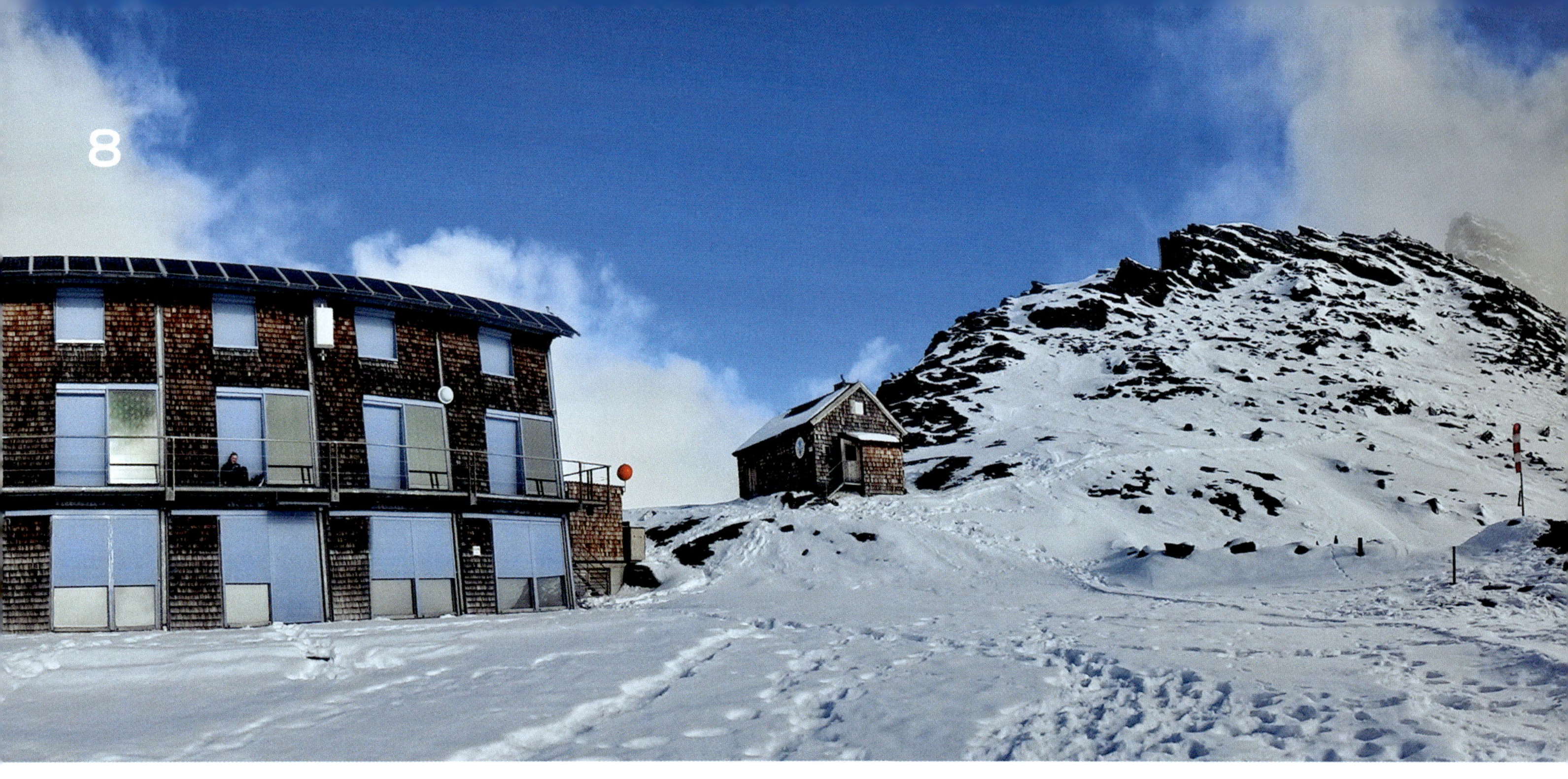

Die moderne Stüdlhütte ist der Stützpunkt für die Glocknerbesteigung.

Steinböcke und Geißen mit Kitzen tollen und wandern am Gipfelgrat herum. Ohne Fernglas sind sie trotz genauer Ortung jedoch kaum mehr zu sehen. Bei Kaffee und Kuchen beobachte ich die Kolonie beim Spielen und Rasten in Ruhe aus der Ferne. Nicht ahnend, dass ich beim Abstieg noch einem kapitalen Steinbock direkt in Wegnähe begegnen werde …

Angesichts der fortgeschrittenen Tageszeit ist rascher Aufbruch angesagt. Um die Wanderung im oberen Bereich als Rundtour abzuschließen, folge ich dem Johann-Stüdl-Weg zunächst leicht bergauf durch den tiefen Schnee, bis mein Weg nach rechts abzweigt. Aus dem Schnee lugt noch ein zitronengelb blühender Fetthennen-Steinbrech hervor. Der Steig quert unterhalb der Blauen Köpfe und der Langen Wand in leichtem Auf und Ab, dann erschrecke ich aufgrund eines plötzlichen Steinschlags. Abrupt drehe ich mich um und stehe direkt einem alten Steinbock gegenüber. Mit vorsichtiger Annäherung duldet er meine Gesellschaft, und nach einigen gelungenen Schnappschüssen entferne ich mich wieder voller Respekt. Später wird ein Steinbock-Experte anhand meiner Fotos auf Facebook feststellen, dass dieser Steinbock normalerweise erst später das Ködnitztal zur Brunft besucht. So habe auch ich einen minimalen Beitrag zu den Zugstrecken der Könige der Alpen leisten dürfen – die nächste Steinbocktagung kommt bestimmt, ha, ha …

Nach dieser gleichermaßen überraschenden wie großartigen Begegnung treibt mich die aufkommende Dunkelheit zur Eile. An der Lucknerhütte stoße ich wieder auf die Aufstiegsroute und gelange von hier problemlos zum Parkplatz zurück.

8

Lucknerhaus → Lucknerhütte → Stüdlhütte → Lucknerhütte → Lucknerhaus

Vom Lucknerhaus wahlweise auf schmalem Weg rechts des Baches oder auf dem Fahrweg anfangs flach, später steiler zur Lucknerhütte → Adlerweg mit prächtigem Glocknerblick zur Stüdlhütte → Weg Nr. 713 B Richtung Salmhütte → am Abzweig Abstieg zur Lucknerhütte → im Talboden zum Parkplatz Lucknerhaus zurück

Weglänge	12 km
Gehzeit	5 ½ Std.
Höhenmeter	900
Schwierigkeit	▲▲

Anfahrt B 108 durch den Felbertauerntunnel nach Osttirol, in Huben links aufwärts nach Kals am Großglockner, kurz nach dem Ortszentrum rechts auf der mautpflichtigen Kalser Glocknerstraße zum Lucknerhaus

Ausgangspunkt Parkplatz Lucknerhaus, B: 47°01`21,21“ L: 12°41`21,72“

Charakter Landschaftlich großartige Tour in der grandiosen Bergwelt des Nationalparks Hohe Tauern, die bei trockenen Bedingungen keinerlei Schwierigkeiten bietet.

Wegweiser Lucknerhütte, Stüdlhütte

Steinbock-Sichtungen Im Sommer und Herbst an der Freiwandspitze, am Fanotkogel und an der Pfortscharte, im Frühling und Spätherbst sind Sichtungen bereits im unteren Talboden möglich.

Einkehr und Übernachtung

- Lucknerhaus, Tel. +43-4876-8555, Anfang Februar bis Mitte Oktober, www.lucknerhaus.at
- Lucknerhütte, Tel. +43-4876-8455, Mitte Juni bis Ende September, www.lucknerhuette.at
- Stüdlhütte, Tel. +43-4876-8209, Mitte Juni bis Mitte Oktober, www.stuedlhuette.at

Karte Kompass Wk Nr. 39 Glocknergruppe Nationalpark Hohe Tauern, 1:50.000

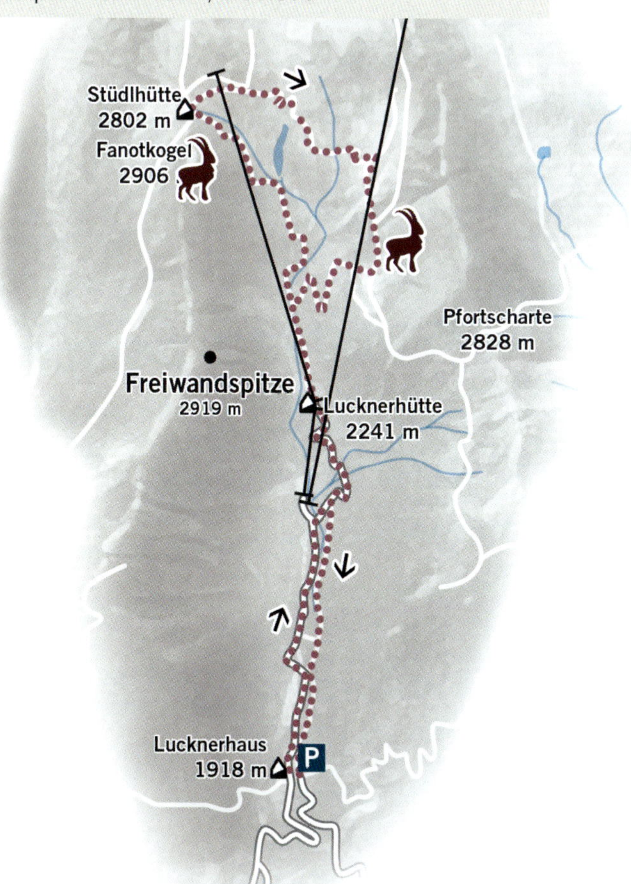

9 Traumbild mit Großglockner

Tourenziel: Pfortscharte 2828 m
Weglänge: 15 km | Gehzeit: 6½ Std. | Höhenmeter: 1150 | ▲▲

Gut drei Monate vor dem Steinbockkongress in Kals hatte ich beim Großglockner Ultralauf teilgenommen, der mit 110 Kilometern Strecke und 7000 Höhenmetern höchste Anforderungen stellt – mein erster Aufenthalt im Nationalpark Hohe Tauern! Als ich bereits im Scheinwerferkegel meiner Lampe die Salmhütte passierte, waren bei zwei Grad und Nebel nur noch wenige Läufer und Bergretter wach. Wenig später wurde mir heiß und kalt: „I glaub, i hab de Bronchitis und kriag Fieber." Nach der Hälfte der Strecke brach ich erschöpft an der Glorer Hütte ab. Glücklicherweise war der Hüttenwirt noch wach und wies mich in mein Krankenbett ein. Zuvor empfahl er mir, das Fieber no mit am Weißbier aussazuschwitzen. Dabei fragte ich ihn, ob es an der Hütte Steinböcke gäbe. Von seiner Antwort war ich dann gscheit überrascht: „Ja, heit fria hams nur knapp über der Hüttn gfressen, da sans meist im Frühling und Spätsommer, aber wenn Du im Sommer zur Salmhüttn und übers Pfortjoch gehst, findest sicher oa!!" Klar, dass ich mir das mal in Ruhe bei Tageslicht anschauen musste. Bis zum Traumfoto mit Großglockner im Hintergrund braucht man manchmal Ausdauer und Geduld.

Mit einer Übernachtung auf der Glorer oder Salmhütte gewinnen wir viel Zeit bei der Steinbocksuche und genießen zudem bei gutem Wetter den wunderschönen Sonnenauf- und -untergang! Bei meinem zweiten Besuch ist jedoch bereits Oktober und die Hütten sind bereits geschlossen.

Der Anstieg zur Glorer Hütte (2642 m) verläuft bei blauem Himmel und einigem Restschnee in den oberen Gefilden erst gemütlich auf einem Forstweg, dann direkt auf einem mäßig ansteigenden Steig. Im oberen Bereich könnte man mit ein bisschen Glück mit Blickrichtung Berg die Steinböcke beim Äsen sehen. Auch ich stoße im Altschnee auf die ersten Spuren. Doch auch mit Fernglas entdecke ich weit und breit keine Steinböcke. Morgens und abends ist die beste Zeit für eine etwaige Beobachtung. Die Hütte liegt am Berger Törl und ist für ihre gute Küche bekannt. Traumhaft ist von hier der Blick von den Dolomiten bis zum Hohen Sonnblick, und der Großglockner steht ja quasi direkt vor der Tür.

Das perfekte Fotomotiv: kapitaler Steinbock vor dem mächtigen Großglockner

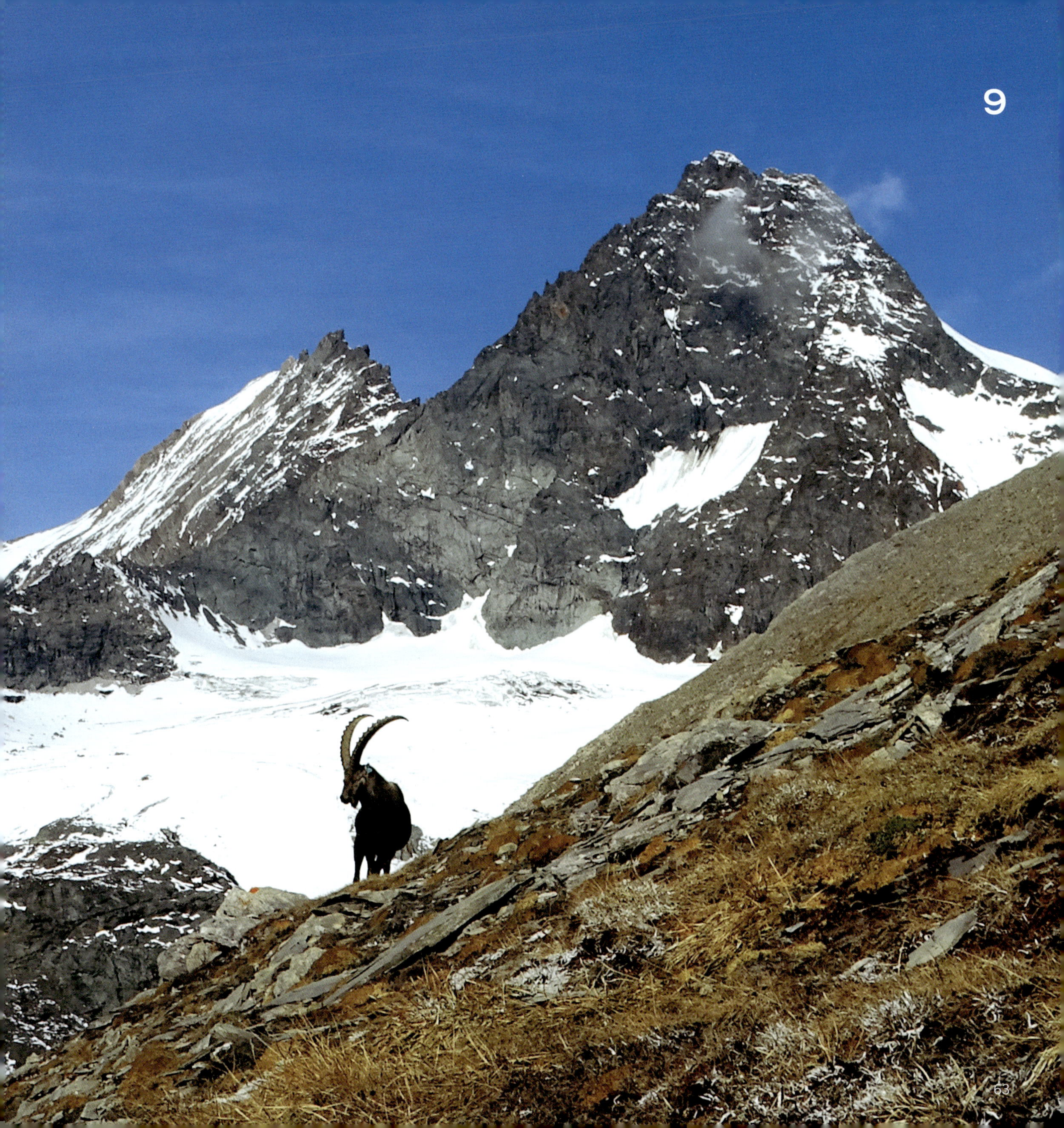

9

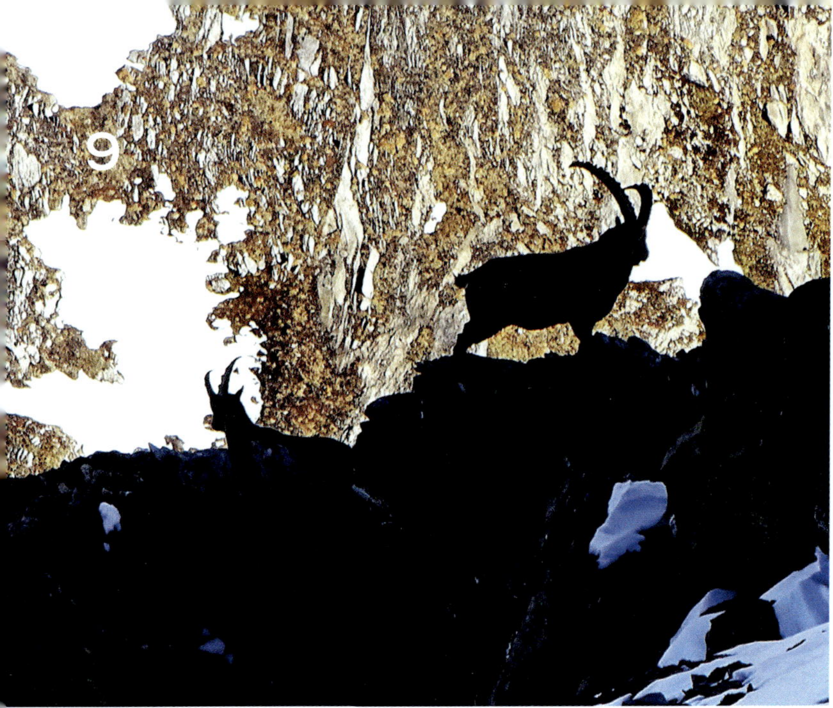

Schattenriss vom Steinbock

Der Übergang von der Glorer Hütte zur Salmhütte ist mit dem Wiener Höhenweg identisch, dessen letzte Etappe am Glocknerhaus endet. Am Wegrand entdecke ich zu meiner Überraschung eine Trollblume, eine Seltenheit zu dieser Jahreszeit. Der Weg ist teilweise mit Schnee bedeckt, weshalb ich die vereinzelten Sicherungsseile dankend annehme. Der Steig führt zuletzt mit einem Gegenanstieg zur Salmhütte (2638 m) hinauf. Bei Ankunft an der Hütte denke ich mir: „Jetzt bei Tag is des voi schee! Vü besser als in der Nacht!"

Von der Salmhütte geht es zunächst leicht bergab über die vielen kleinen Bäche des weiten Gletscherschliffs und die Urlandschaft des Tales querend durch Schutt und Geröll zunehmend steil zur Pfortscharte (2828 m) empor. Steinbockspuren sehe ich jetzt überall, aber die Tiere haben sich offenbar sehr gut versteckt. Das nächste Ziel, die Lucknerhütte, ist knapp 600 Höhenmeter tiefer bereits zu erkennen. Steil geht es in der teils seilgesicherten Schuttrinne bergab und durch eine Geröllmulde hindurch.

Plötzlich entdecke ich am Gegenhang einen einzelnen alten Steinbock, der in der Geröllwüste rastet. Ich steige den langen Schuttgrad etwa hundert Höhenmeter hinauf. Normalerweise soll man die Wege ja nicht verlassen, aber ich brauche – ausnahmsweise! – noch ein gutes Steinbockfoto. Nach der Steigung kann ich das Tier in Ruhe beobachten. Ich lasse mich nieder, um eine Kaffeepause, einige Fotos und einen kurzen Film zu machen. Meine Anwesenheit stört den Steinbock nicht, aber er schaut immer wieder zu mir auf. Dann höre ich oberhalb von mir verdächtige Geräusche: Ein Rudel von

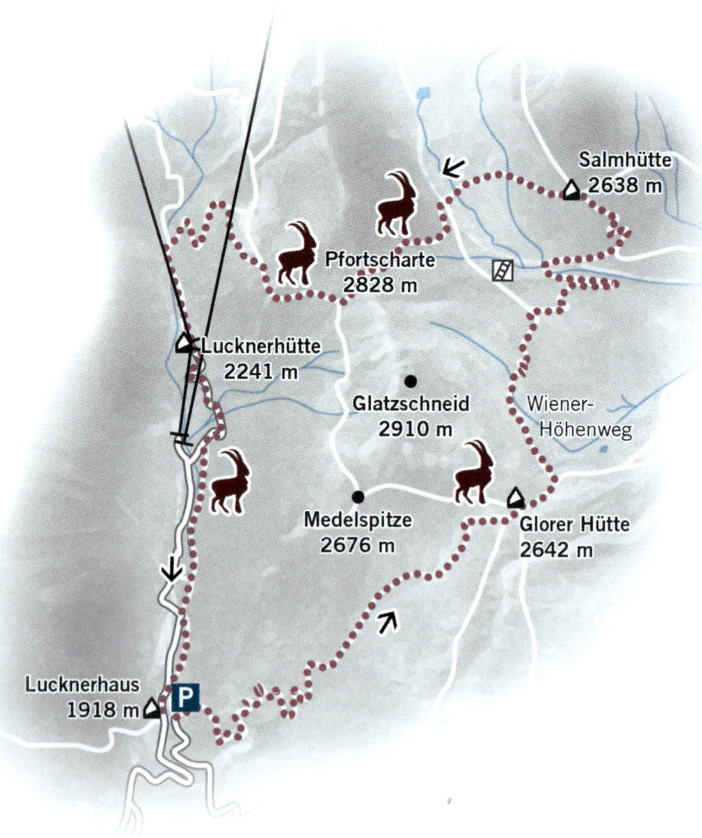

Lucknerhaus → Glorer Hütte → Salmhütte → Pfortscharte → Lucknerhütte → Lucknerhaus

Vom Lucknerhaus erst dem Fahrweg, dann dem Steig auf die Glorer Hütte folgen → Abstieg in das Leitertal und Gegenaufstieg zur Salmhütte → kurz absteigen, den Talboden queren und steil zur Pfortscharte empor → über teilweise seilgesicherte Felsbänder und später weniger steil auf dem Johann-Stückl-Weg zur Lucknerhütte absteigen → auf dem bequemen Fahrweg zum Parkplatz am Lucknerhaus

Weglänge	15 km
Gehzeit	6 ½ Std.
Höhenmeter	1150
Schwierigkeit	▲▲

Anfahrt B 108 Felbertauernstraße nach Osttirol, in Huben links aufwärts nach Kals am Großglockner, kurz nach dem Ortszentrum rechts auf der mautpflichtigen Kalser Glocknerstraße zum Lucknerhaus

Ausgangspunkt Parkplatz Lucknerhaus, B: 47°01`21,21" L: 12°41`21,72"

Charakter Landschaftlich großartige und aussichtsreiche Tour im Nationalpark Hohe Tauern am Fuß des Großglockners. Beim Übergang zur Salmhütte und an der Pfortscharte teils steiles und abschüssiges Gelände (Seilsicherungen)!

Wegweiser Glorer Hütte, Salmhütte, Pfortscharte, Lucknerhütte, Lucknerhaus

Steinbock-Sichtungen Im Frühjahr und Spätherbst im unteren Talboden des Ködnitztals, in der Umgebung der Glorer Hütte im Frühjahr, Spätsommer und Herbst, an der Salmhütte und den umliegenden Gipfeln meist im Sommer und Herbst, im Frühjahr eher in den sonnigen Südhängen des Schwertecks, an der Pfortscharte im Sommer und Herbst

Einkehr und Übernachtung

- Lucknerhaus, Tel. +43-4876-8555, Anfang Februar bis Mitte Oktober, www.lucknerhaus.at
- Glorer Hütte, Tel. +43-664-3032200, www.glorerhuette.at
- Lucknerhütte, Tel. +43-4876-8455, www.lucknerhuette.at (alle Mitte Juni bis Ende September)

Karte Kompass Wk Nr. 39 Glocknergruppe Nationalpark Hohe Tauern, 1:50.000

drei Geißen mit vier Kitzen zieht in zwanzig Metern Entfernung äsend an mir vorbei. Scho gscheit beeindruckend, als wär i ned da! Leider verwackeln die Fotos im schlechten Schattenlicht etwas. Als ich diesen Standort gerade verlassen will, begibt sich der alte Steinbock in beste Fotopose: Er steht direkt vor dem Großglockner! Welch Glück i da hab! Schnell drück i auf den Auslöser. Gibt's bestimmt ned oft, mi gfreits voi!

Anschließend geht es wieder abwärts zum Steig, der über Steilwiesen und teils gesicherte Felsbänder hinab zur Lucknerhütte (2241 m) führt. Von hier geht es gemütlich über einen Forstweg zum Lucknerhaus zurück.

10 Vom Winde verweht

Tourenziel: Kürsingerhütte 2558 m / Keeskogel 3291 m
Weglänge: 14 km | Gehzeit: 6 Std. | Höhenmeter: 1300 | ▲▲

Auf diese Traumtour im Großvenediger-Gebiet mit seiner irre schönen Gletscherwelt habe ich mich besonders gefreut. Drei Ziele habe ich mir für diesen Tag vorgenommen: die Kürsingerhütte, den Keeskogel und Steinböckerl finden. Letzteres scheint am schwierigsten, denn es ist bereits Mitte September, ein kalter Föhnsturm bläst über die Gipfel und die aus 15 bis 25 Tieren bestehende Steinbock-Kolonie ist zu dieser Jahreszeit meist schon über den Tauern-Hauptkamm Richtung Süden entschwunden. Und tatsächlich werde ich zwar den Gipfel schaffen, aber vergeblich nach dem König der Tiere Ausschau halten. Schade, aber wenn ihr im Sommer unterwegs seid, habt ihr vor allem oberhalb der Kürsingerhütte gute Sichtungs-Chancen. Voi vü Spaß und Erfolg wünsch ich Euch dabei!

Für mich ist Lauftraining angesagt, also starte ich morgens um 6.30 Uhr am gebührenpflichtigen Parkplatz Hopfeldboden. Ich bereu meinen Entschluss aber jedes Mal, wenn das Taxi wieder an mir vorbeifährt. Denn die Wanderer legen die elf Kilometer lange Strecke über den Almgasthof Berndlalm (1514 m) und den Gasthof Postalm (1699 m) eben mit dem Shuttle-Service (siehe Info) oder Mountainbike zurück und sparen sich somit fast 900 Höhenmeter Aufstieg. Im Almboden des Obersulzbachtales weht mir ein sehr kalter Wind entgegen, ich kann den Gletscher, der am Talende im gleißenden Licht erstrahlt, bereits an der wachsenden Gänsehaut spüren. An der Materialseilbahn der Kürsingerhütte (1919 m) steigen die Wanderer frisch aus dem Taxi raus, manche lassen sich für 4,50 Euro den Rucksack auf die Hütte transportieren. Die Kühe genießen noch die letzten Tage, bevor sie reich geschmückt als Hauptdarsteller beim Almabtrieb bewundert werden. Im satten Wiesengrün blühen der Raue Enzian und die Halbkugelige Teufelskralle. Auch entlang des zur Hütte führenden Steigerls entdecke ich zahlreiche Blüten in der zunehmend grandiosen Landschaft. Das sogenannte Klamml ist kurz seilgesichert, dann geht es mit traumhaftem Hohe-Tauern-Panoramablick am Rand des Keeskares nach oben. Fortan heißt es wachsam sein, denn ich befinde mich bereits im Steinbockgebiet! Im Frühling und Herbst weiden die Steinböcke manchmal auch unterhalb der Hütte im steilen Wiesengelände.

In der majestätisch gelegenen Kürsingerhütte (2548 m) kehre ich kurz ein und informiere mich beim ortskundigen Hüttenwirt Emil über die Wetterlage. Und noch wichtiger: Er beantwortet auch

10

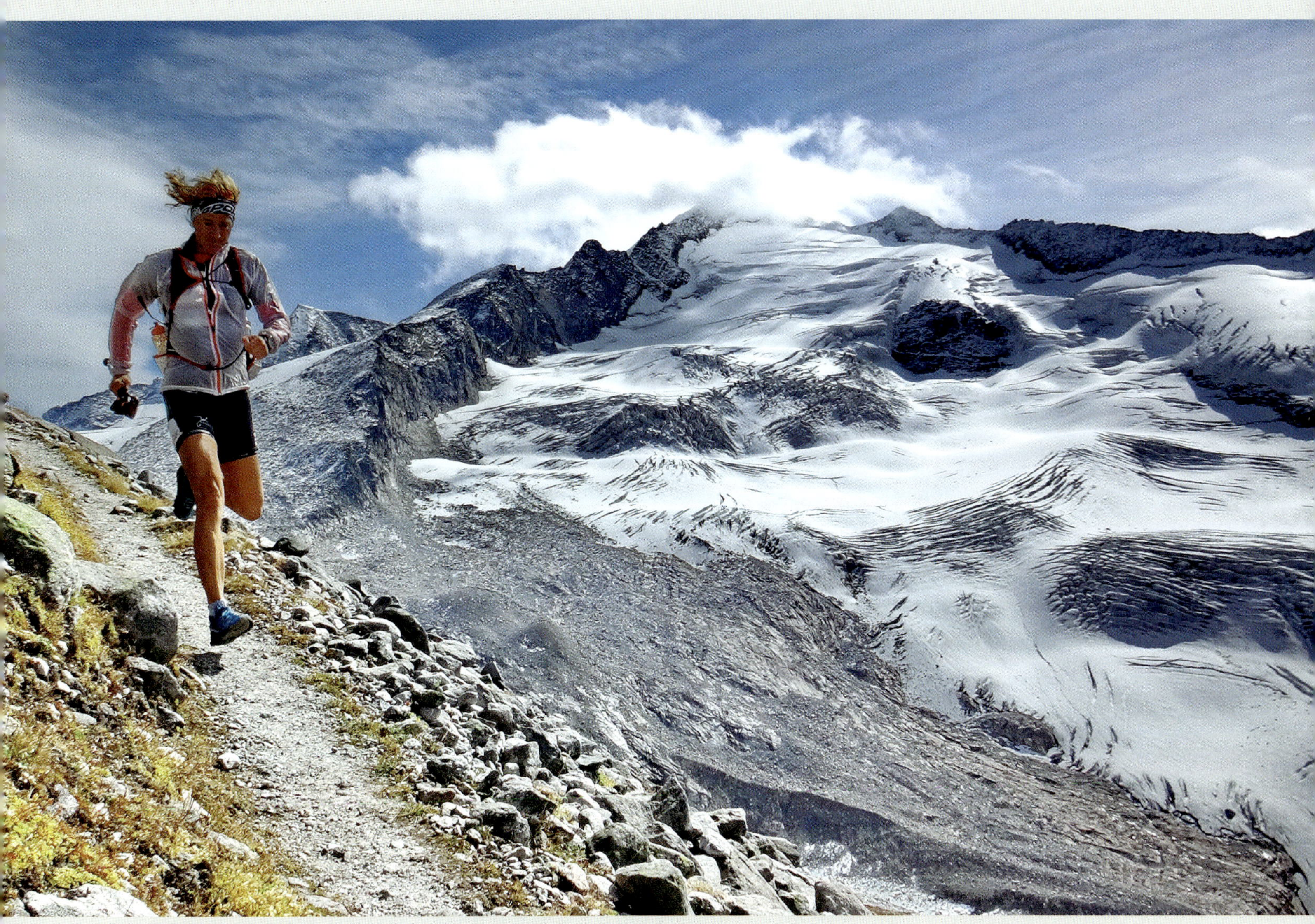

Andi rennt vom Großvenediger davon, wird aber wiederkommen, so viel ist sicher ...

10

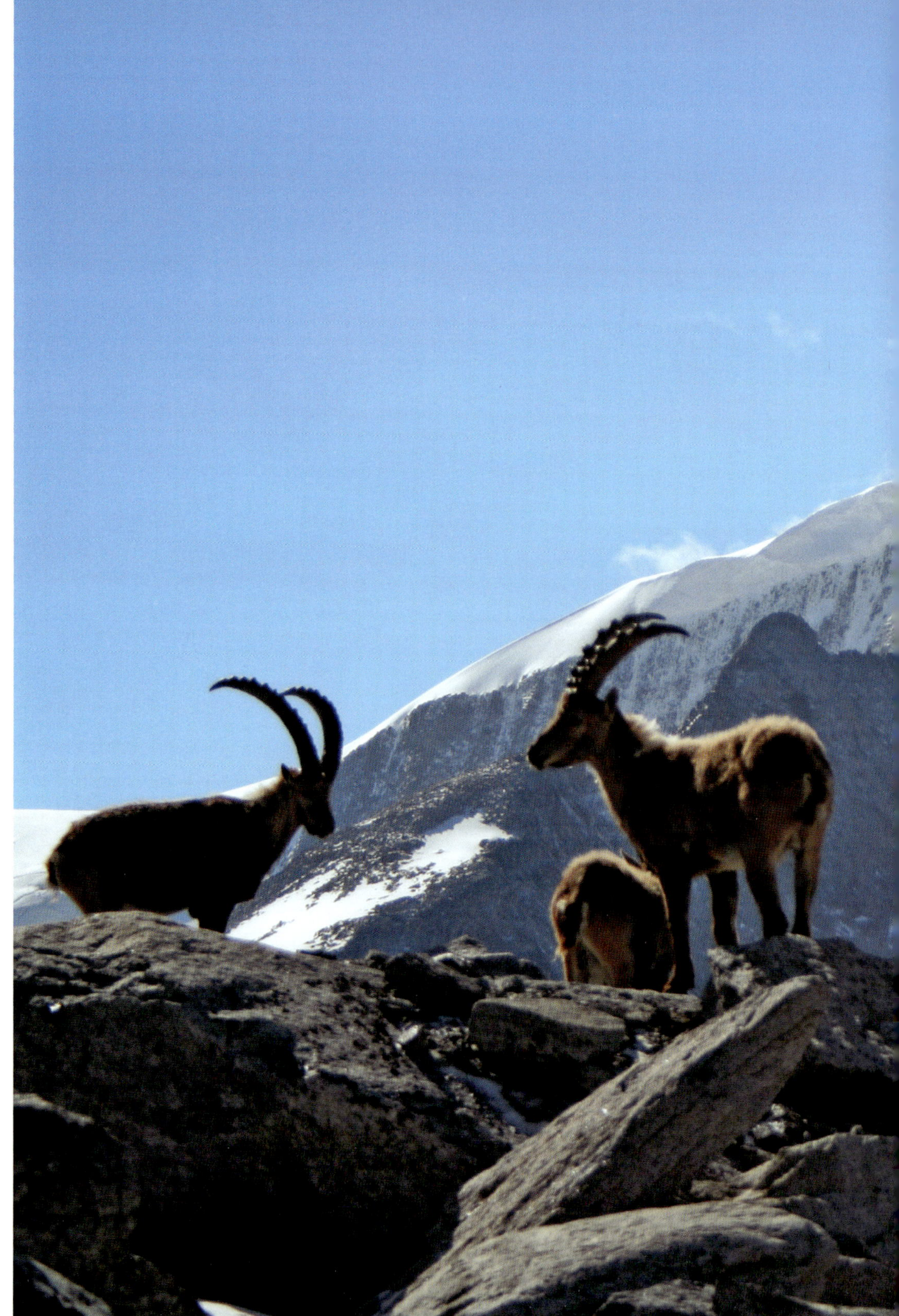

Dieses Steinbockpanorama mit Großvenediger hat der fachkundige Hüttenwirt Emil im Frühsommer fotografiert.

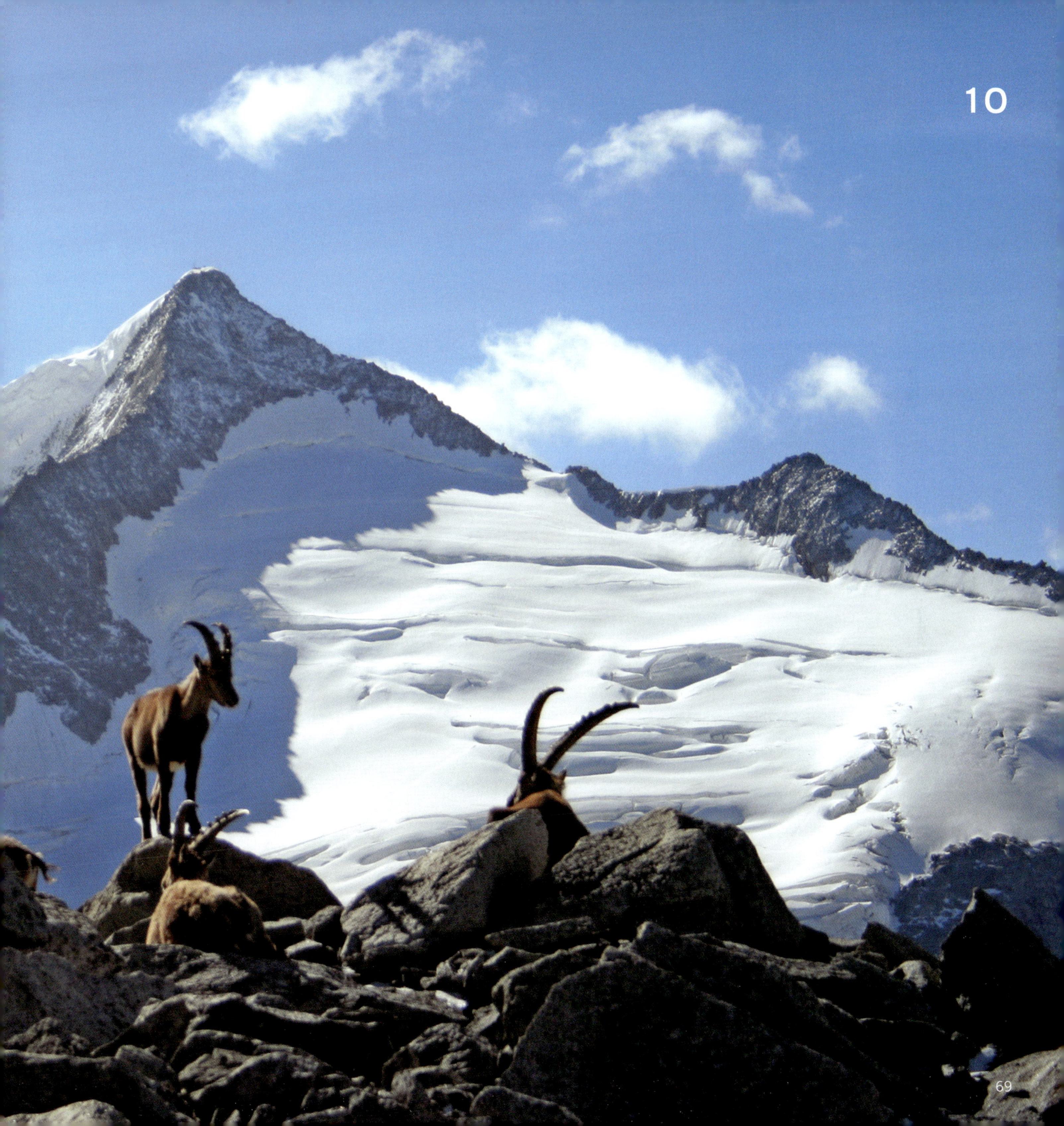
10

meine Fragen zu den Steinböcken. Nach seiner Aussage kann man sie in den Sommermonaten häufig in der Südwestflanke des Keeskogels beobachten, auch in Sichtweite der Hütte tauchen sie gelegentlich auf. Doch bei dem Sturm ist sicher weit und breit kein Steinbock zu finden, da die Tiere den Wind nach Möglichkeit meiden. Außerdem sinkt die Schneefallgrenze an diesem Tag auf unter 3000 Meter ab, denkbar ungünstige Voraussetzungen also für eine Sichtung.

Doch wenn schon kein Steinbock, dann wenigstens noch die Gipfelbesteigung. Gleich hinter der Hütte leitet ein Wegweiser zum Großvenediger, zum Obersulzbachtörl und zum Keeskogel (3291 m). Der traumhafte Panoramasteig ist dank zahlreicher roter Markierungen und Steinmännchen nicht zu verfehlen. Nach dem Abzweig nach links geht es über drei größere Geländeabsätze auf plattigem Gestein empor, jeder a bisserl steiler. Der letzte Wegabschnitt ist teilweise drahtseilgesichert. Das Seil nutze ich gern, weil die Blockstufen manchmal ganz schön hoch und die Beine nach dem langen Marsch a scho gscheit müd sind! Die Schwierigkeiten lassen sich aber mit a bisserl Vorsicht gut meistern.

Im 30 Zentimeter hohen Schnee stehe ich bei minus zwei Grad auf einem der schönsten Aussichtsberge, die ich kenne! Der morgendliche Wind hat sich in der Zwischenzeit zu einem Föhnsturm entwickelt. Über das Untersulzbachtörl ziehen die ersten dunklen Wolken herüber, kurz darauf verschwindet der Großvenediger hinter der aufziehenden Föhnwalze, in der die Wolken wie ein Wasserfall herabstürzen. An klaren Tagen könnte man die Dolomiten im Süden, das Tote Gebirge im Osten sowie die

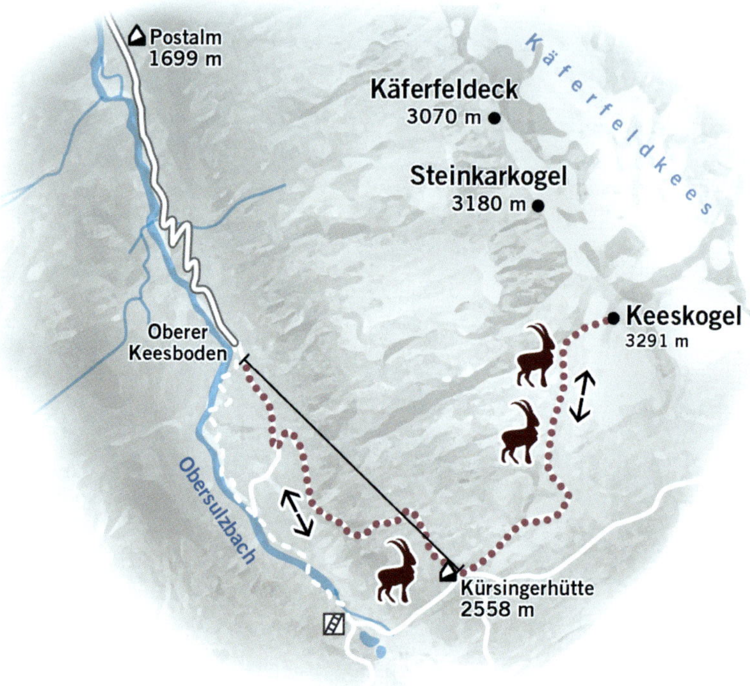

Bayerischen Voralpen im Norden bis zu Karwendel und Wetterstein im Westen erkennen. Schade, dass es bereits zugezogen hat. Direkt gegenüber streckt sich gerade noch der Großglockner als kühne Zinne aus einem Meer von Wolken empor.

Bei diesem Wetter kann diese Traumgegend schnell zu einem Alptraum werden. Aus diesem Grund rasch die Schneeketten (Snowlines) aufziehen und nix wie runter von dem inzwischen vereisten Grad. Zuletzt geht es laufend zur Hütte runter. Dort folgt nochmals a gscheite Rast und a Plauscherl mit

Station Materialseilbahn → Kürsingerhütte → Keeskogel und zurück

Vom Parkplatz Hopffeldboden bis zur Materialseilbahn der Kürsingerhütte mit dem Venedigerbus oder Mountainbike → gut markierter Wanderweg zur Kürsingerhütte (im Klamml kurze Seilsicherung) → von der Hütte erst Richtung Venediger-Gletscher, dann links abzweigend über drei Höhenstufen auf den Keeskogel (am SW-Grat recht steil und etwas ausgesetzt; kurze Fixseilsicherungen) → Abstieg auf der selben Route

Weglänge	14 km
Gehzeit	6 Std.
Höhenmeter	1300 (2200 mit dem Bike bis zur Materialseilbahn)
Schwierigkeit	▲▲

Anfahrt B 165 nach Neukirchen am Großvenediger, nach Sulzbach bzw. der Beschilderung Sulzbachtäler folgen, den Ortsteil Sulzau passieren und in das Obersulzbachtal bis zum Straßenende. Hier mit dem Venedigerbus (siehe Info) oder mit dem Bike bis zur Materialseilbahn am Oberen Keesboden

Ausgangspunkt Parkplatz Hopffeldboden im Obersulzbachtal, B: 47°12'20,41" L: 12°15'08,91"

Hüttenwirt Emil. Den Kaiserschmarrn haben sie voi guat gemacht, aufgewärmt und gestärkt mache ich mich an den langen Rückweg. Im Obersulzbachtal blicke ich dem Taxi mehrmals wehleidig nach, doch heute ist halt ein Trainingstag!

Klatschnass, stolz und zufrieden erreiche ich wieder den Parkplatz. Ein Traumtag in der so schönen hochalpinen Gegend mit hartem Training und Wettersturz bleibt nun in Erinnerung! Wenngleich ohne Steinbock-Sichtung, aber bei weniger Wind und früher im Jahr sind ganz bestimmt welche da …

Charakter Bis zur Hütte relativ einfacher Steig über Blockwerk und Wiesen mit kurzen gesicherten Stellen. Oberhalb der Hütte steilt das Gelände auf, zuletzt auf dem mit Seilen gesicherten Grat zum Gipfel

Wegweiser Kürsingerhütte bzw. Keeskogel

Steinbock-Sichtungen Bevorzugt im Blockwerk und auf den Wiesen zwischen der Hütte und bis auf 3100 m Höhe westlich des Keeskogels; ab Sommer meist in Begleitung von Kitzen

Einkehr und Übernachtung Kürsingerhütte, März bis Ende September, Tel. +43-6565-6450, www.kuersingerhuette.at

Info Der Venedigerbus verkehrt von April bis September vier Mal täglich vom Bergführerbüro in Neukirchen über den Parkplatz Hopffeldboden bis zur Materialseilbahn und hält im Oberen Sulzbachtal an mehreren Stationen. Anmeldung Tel. +43-6565-6243 (Bergführerbüro) oder -6450 (Kürsingerhütte)

Karte Kompass Wk Nr. 38 Venedigergruppe Oberpinzgau, 1:50.000

11 Auf Steinbocksuche am Hausberg

Tourenziel: Seebergspitze 2085 m und Seekarspitze 2053 m
Weglänge: 19 km | Gehzeit: 8 Std. | Höhenmeter: 1680 | ▲▲

Mein Freund Franz war früher einmal Förster und kennt die Achensee-Region wie seine Westentasche. Natürlich auch all die Plätze, an denen sich die Steinböcke am liebsten aufhalten. Klar, dass er auch bei meiner ersten großen Achensee-Runde vor 15 Jahren dabei war. Aber als wir bei unserer Wanderung über den langen Verbindungsgrat zwischen Seeberg- und Seekarspitze vom Bergmolch über Gämsen bis zum Adler alle möglichen Tiere gesehen haben, nur keinen Steinbock, meint sogar der Experte leicht verzweifelt: „Links unterm Seekarspitz sans ollawei, so a Mist!" Zwar genießen wir den eigentlich perfekten Tag mit der traumhaften Aussicht trotzdem, doch beim Abstieg nach der Gipfeljause kann ich meine Enttäuschung nicht verbergen: „Ja schad, i hab mi scho so drauf gfreit!" Der Franz sagt nichts: Ob er beleidigt ist? Stattessen deutet er mit dem Finger auf mich. I frag mi, was los is: De Hosen hab i no an, des Leiberl hat scho Flecken, aber warum sagt er koa Wort? Dann legt er die Hände über seine Augen und schüttelt den Kopf. „War in der Jausen was Unverträgliches drin?" frage ich ihn. Es nießt hinter mir, ich drehe mich um und ein riesiger alter Steinbock steht nicht gerade entzückt keine fünf Meter hinter mir! I hab des Herz no heit in der Hosn, wia er no amal gscheit schnauft und dann aber glei davorennt! Ja, und anschließend hat der Franz aa wieder mit mir gsprochen …

Inzwischen ist diese Route für mich eine der schönsten Trainings- und Genusstouren, die ich kenne. Eine Traumtour direkt in meiner Heimat, eine der schönsten Überschreitungen zweier Gipfel direkt über dem Achensee. Das Panorama ist einzigartig: die bayerischen Vorberge, das Rofan-, Karwendel- und Kaisergebirge, tief unter uns der Achensee und am südlichen Horizont die hohen Gletscherberge der Zillertaler. Da stört mich auch nicht, dass die Steinbock-Kolonie hier sehr beweglich ist und überraschend häufig ihren Standort wechselt. Wem die Tour zu lange ist, der kann übrigens von Achenkirch mit dem Schiff nach Pertisau zurückfahren.

Von Pertisau führt der Steig durch einen schönen Buchen-Mischwald und in zahlreichen, teilweise steilen Kehren zum Hochriedkopf hinauf. Im weiteren Verlauf habe ich bei meinen Besuchen häufig Eichhörnchen beim Sammeln von Nahrung

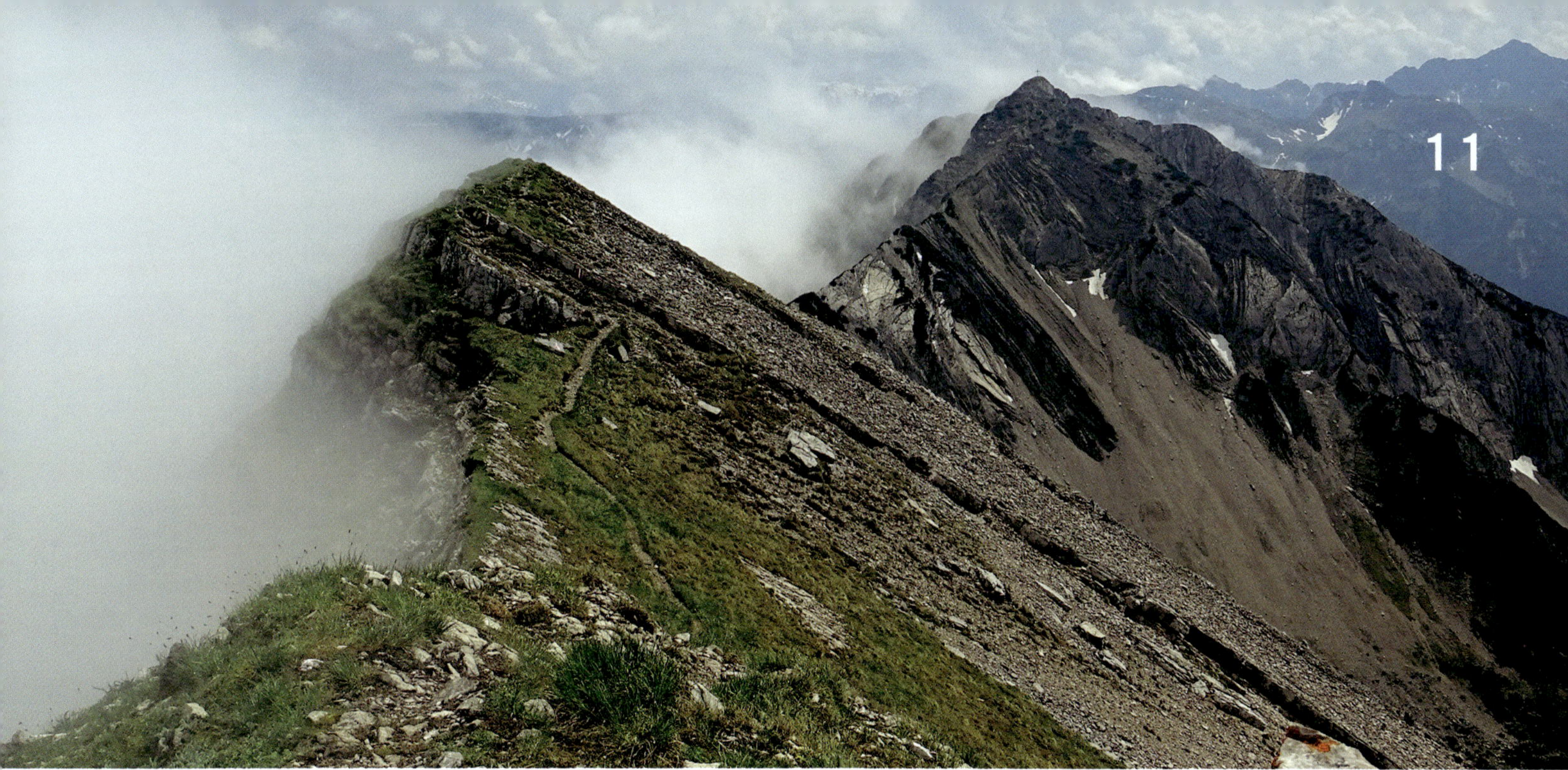

Nebelschwaden auf dem Verbindungsgrat zwischen Seebergspitze (im Hintergrund) und Seekarspitze

entdeckt und auch ein Grünspecht gibt sich immer wieder die Ehre. Mal flacher, mal etwas steiler und rutschiger geht es im Bergwald hinauf. In einer Höhe von etwa 1600 Metern lichtet sich der Wald, die Latschen dominieren nun eindeutig. Die Tiefblicke auf den Achensee mit dem Rofan im Hintergrund werden immer eindrucksvoller. Im Juni blühen hier die Bergblumen um die Wette. Hinter einem Geländeeinschnitt erfolgt der Schlussanstieg über die Gratschneide zuletzt steil auf die Seebergspitze (2085 m). Im Herbst liegen oft fotogene Talnebel über dem Achensee, erhebend ist dann das Gefühl, über den Wolken zu sein, und die Inversionswetterlage erlaubt einen fulminanten Fernblick.

Nach rund drei Stunden Aufstieg folgt die wohlverdiente Gipfelrast, dann geht es nordwärts mitten hinein in das Steinbockgebiet. Aber Vorsicht, der Abstieg ist steil, ausgesetzt, teils rutschig und erfordert absolute Trittsicherheit. Bei Schnee sollte man besser abbrechen. Teilweise müssen auch kurze Felsrinnen überwunden werden. In der Einsattelung (1920 m) könnte man bei schwierigen Bedingungen auch zur Pasillalm absteigen. Das wäre schade, denn nun steht der genussreichste und aussichtsreichste Abschnitt der Tour bevor. Das Gelände am Grat flacht ab, der Pfad führt meist an der östlichen Seite zunehmend bequemer zur weithin sichtbaren Seekarspitze (2053 m). Unterwegs lohnt es sich, auf etwaige Verdauungsreste der Steinböcke zu achten, denn auf eine Seite des Grates ziehen sich die edlen Tiere mit hoher Wahrscheinlichkeit zurück. Doch heute leider nicht.

Vom Gipfelkreuz aus empfehle ich, in nordwestlicher Richtung die abschüssige Geröllhalde etwas genauer zu inspizieren. Denn hier halten sich

11

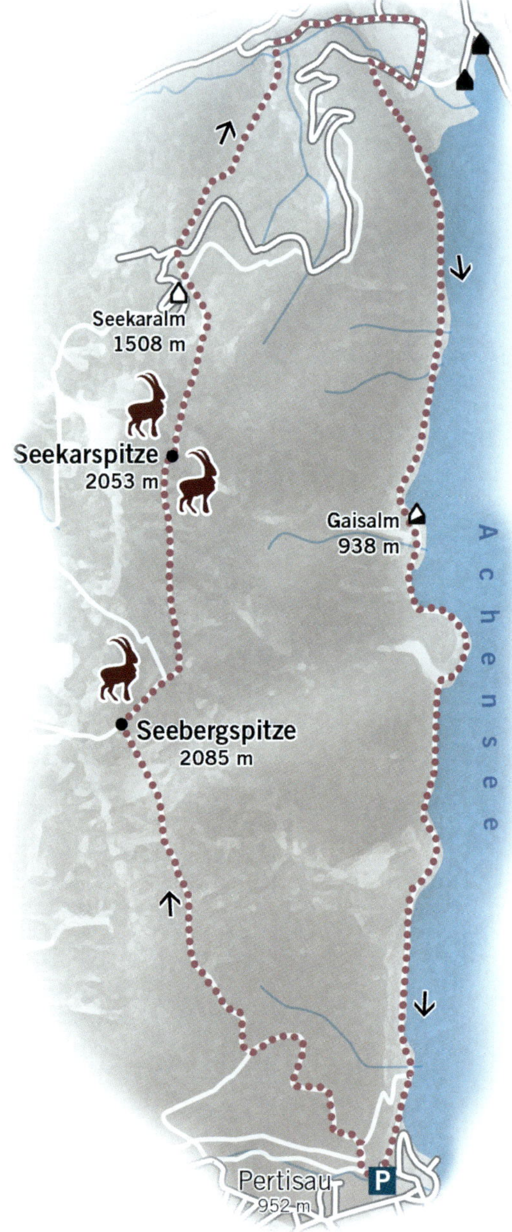

die Tiere im Sommer mit Vorliebe auf. Und tatsächlich: Zwei Hörner ragen hinter einem kleinen Felsen hervor, beinahe hätte ich sie übersehen. Ich steige etwas hinunter, die Steine rutschen hangabwärts und

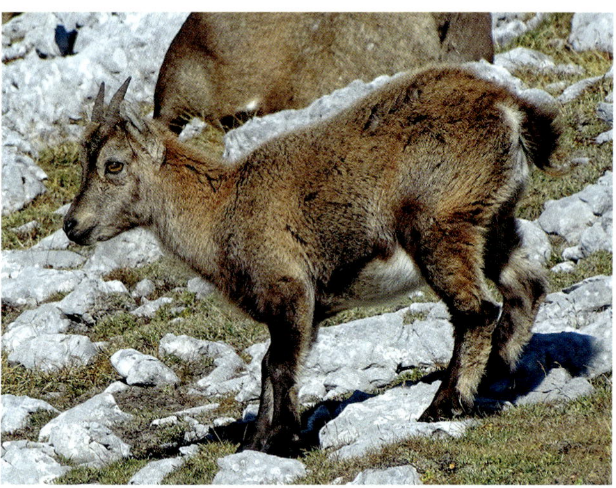

Steinbock-Kitz bereits mit Winterpelz

nicht weit vor mir entdecke ich weitere Hörner vom König der Berge. Ich steige auf einen kleinen Felsen, um das Gelände besser überblicken zu können, und dann bleibt mir das Herz fast stehen: Direkt unter mir schläft im Schatten des Gesteins ein alter Steinbock mit riesigen Hörnern. Ganz vorsichtig steige ich wieder ein paar Meter zurück, mache Rast, schieße scharf, jedoch nur Bilder, trinke meinen Kaffee und beobachte glücklich die Geißen und Böcke im Geröll. Der große Bock ist wegen mir Gott sei Dank nicht aufgewacht. „Hätt ihm wohl ned so gfalln, wenn ein so komischer Typ wie ich fast auf ihm steht, ha, ha!“, denke ich mir.

Anschließend Rückzug zum Nordostgrat und Abstieg in die steile Nordseite der Seekarspitze. Über Felsstufen und Schotterflächen geht es etwas rutschig auf dem Steig hinunter in die Latschenregion. Hier blüht im Juni der Almrausch. Nach einer Stunde erreichen wir die Almböden der Seekaralm (1508 m), die erste Möglichkeit auf der Tour, unseren Flüssigkeitsbedarf aufzufüllen. Etwas unterhalb zweigt unser schöner Steig von der Forststraße in den

Pertisau → Hochriedkopf → Seebergspitze → Seekarspitze → Seekaralm → Seeboden → Gaisalm → Pertisau

11

Vom Strandbad westwärts an den Fuß des Berges → an der Weggabelung oberhalb von Pertisau rechts den steileren Weg nehmen (missverständlicher Wegweiser) → Anstieg durch den Wald und über den latschenbewachsenen Südrücken zur Seebergspitze → steil in die Scharte hinab und stets auf oder knapp unterhalb des Grates zur Seekarspitze → Abstieg über die Seekar-Alm nach Achenkirch wahlweise auf dem Fahrweg oder direkt auf dem schönen Waldpfad → am Westufer des Achensees in stetem Auf und Ab zur Gaisalm und ab hier flacher zum Ausgangspunkt zurück

Weglänge	19 km
Gehzeit	8 Std.
Höhenmeter	1680
Schwierigkeit	▲▲

Anfahrt Inntalautobahn A 12 Ausfahrt Achensee-Zillertal, B 181 nach Maurach am Achensee, links Abzweig durch den Ort und L 220 nach Pertisau; aus Bayern B 307 über den Tegernsee und L 181 zum Achensee

Ausgangspunkt Gebührenpflichtiger Parkplatz am Strandbad hinter dem Hotel Fürstenhof, B:47°26`31,32“ L:11°42`09,72“

Charakter Technisch leichte, aber sehr viel Ausdauer erfordernde Tour auf gut markierten Steigen. Die großartige Gratbegehung (hier alpine Erfahrung und Trittsicherheit erforderlich) zwischen Seeberg- und Seekarspitze zählt dank der überragenden Aussicht zu den schönsten im ganzen Ostalpenraum! An heißen Sommertagen früh starten und viel Wasser mitnehmen!

Wegweiser Sebergspitze, Seekarspitze, Gaisalm, Seekaralm, Achenkirch, Gaisalm, Mariensteig, Pertisau

Steinbock-Sichtungen Ab der Seebergspitze beidseitig des Gratverlaufs. Im Sommer meist unterhalb der Seekarspitze in den Geröllfeldern Richtung Karwendel, im Frühjahr und Herbst in den Latschenzonen aufwärts bis zum Gipfel. Häufiger Standortwechsel!

Einkehr

- Seekaralm, geöffnet bis zum ersten Schnee
- Gaisalm, Tel. +43-5246-20062, Mitte Mai bis September

Info Von der Anlegestelle Achenkirch/Scholastika ist die Rückfahrt mit dem Schiff möglich (Achenseeschifffahrt, Tel. +43-5243-52530, www.tirol-schiffahrt.at)

Karte Kompass WK Nr. 27 Achensee, 1:35.000

Seebergwald ab. Im Talboden des Oberautals halten wir uns am Bach rechts (Ww. See) und stoßen bald auf den von der Seekaralm herabführenden Fahrweg. In Achenkirch haben wir bei rechtzeitiger Ankunft die Möglichkeit, die Tour abzubrechen und von der Schiffsanlegestelle Scholastika mit dem Schiff zum Ausgangsort zurückzukehren. Das letzte Schiff fährt in der Hauptsaison um 16.55 Uhr ab. Wer sich noch fit fühlt, wandert am Westufer des Achensees auf dem Gaisalmsteig, der von Wanderern häufig unterschätzt wird, über das beliebte Ausflugsgasthaus Gaisalm (938 m) zurück. Der Steig führt durch Felsen und mitunter über zahlreiche Stufen in stetem Auf- und Ab nach Pertisau.

12 Weihnachtsüberraschung am Gipfelkreuz

Tourenziel: Mondscheinspitze 2106 m
Weglänge: 9 km | Gehzeit: 5 ½ Std. | Höhenmeter: 1200 | ▲▲▲

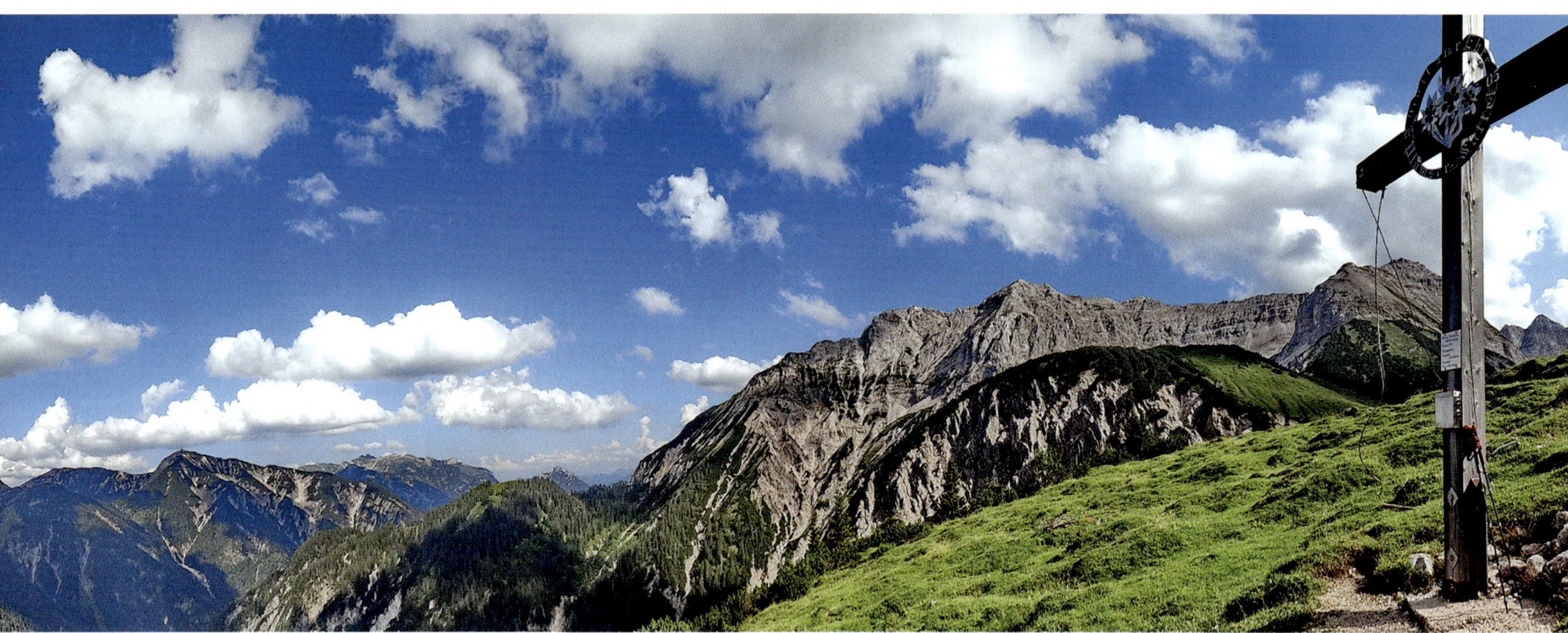

Nach meiner Sommerbesteigung habe ich die Mondscheinspitze gleich zwei Mal in der schneearmen Weihnachtszeit 2015 erklommen. Beide Male a Traum! Beim ersten Mal habe ich zwei Stunden lang bestimmt 30 Steinböcke beobachten dürfen. I war voi begeistert, wie die liaben Kitze auf den Graten herumtollten und bis in den Sonnenuntergang hinein waghalsig spielten. Beeindruckend und ein besonderes Schauspiel! Beim zweiten Mal war es echt schwer, der Schnee eisig und rutschig, kein Steinbock weit und breit. Dafür aber habe ich die ganze Zeit ein leises Bimmeln im Ohr. Voi komisch, i hab scho gmeint, i hab an Vogel! Dann kurz vor dem Gipfelkreuz bimmelt es wieder, ich traue meinen Augen nicht: Eine Hausziege und ein Ziegenbock stehen am 27. Dezember am Gipfelkreuz! Ich denke, die sind unten auf der Alm abgehauen. Leider kann ich sie nicht mit nach unten nehmen, zu gefährlich ist der Weg …

Die Mondscheinspitze liegt im Naturpark Karwendel westlich vom Achensee, eine herrliche Landschaft fast vor meiner Haustür. Dass es in den gipfelnahen Steilflanken Steinböcke – die Kolonie besteht aus etwa 40 Tieren – gibt, habe ich von meinen Freunden Barbara und Franz erfahren. Auch meine Tochter Laura hatte mich schon gefragt: „Papa, warst du schon mal auf der Mondscheinspitze?“ Ja, da lauf ich nach der Arbeit noch schnell rauf, dachte ich mir. An einem heißen Julitag war es dann so weit. Auf zur Steinbocksuche! Franz hatte mir noch ein paar Tipps gegeben, aber die schönen Tiere dann auch zu finden, ist eine andere Sache. Vor allem, wenn es finster wird, ist die Tour mit mehreren Kletterstellen im ersten Schwierigkeitsgrad im Auf- und Abstieg doch recht anspruchsvoll. Belohnt wird man auf alle Fälle mit einer grandiosen Aussicht. Und hoffentlich auch mit der einen oder anderen Steinbockbegegnung oder -sichtung!

Startpunkt ist der Alpengasthof Gern Alm (1172 m), erreichbar auf der mautpflichtigen Straße von Pertisau. An den vollen Eisbechern der Gern-Alm-Gäste vorbei geht es Richtung Talschluss, einen kleinen Wildpark mit zutraulichem Rotwild passierend. Auf den Wiesen und in den Felsritzen entlang der steilen Forststraße blühen verbreitet Arnika, Knabenkraut, Enzian und Pippau; Letzterer hat eine hellgelbe Blüte und ähnelt dem Löwenzahn. Am Plumsjoch (1669 m) noch schnell ein Foto mit Kreuz, dann geht es rechts haltend über die Wiese zurück zum Sattel. Wer ausreichend Zeit hat, sollte noch den kurzen Abstecher zur urigen Plumsjochhütte unternehmen.

Blick vom Plumsjoch zu Schaufelspitze und Sonnjoch

Vom Joch führt ein abwechslungsreicher Steig an weidenden Kühen und Pferden vorbei in meist angenehmer Steigung zur Plumsjochspitze (1921 m) hinauf. Ab dem zweiten Gipfelkreuz ist mit Steinböcken zu rechnen. Spuren habe ich hier allerdings noch keine entdeckt. Der Abstieg in die Mondscheinsenke (1800 m) ist teilweise rutschig und erfordert Trittsicherheit. Anschließend höre ich schon beim Queren des Hanges immer wieder Steine fallen, eine Gämse oder ein Steinbock muss in der Nähe sein. Ein Stein kullert vor mir runter, ein Holzstück knackt, und vor mir steht der Steinbock, nur drei Meter von mir entfernt! Voi schee is er, i weich gleich zurück, mei Herzerl pocht wie verrückt vor Glück, Überraschung und vor allem Respekt. In sicherer Entfernung beobachte ich, wie ruhig und gelassen er mich aus kurzer Entfernung ignoriert. Beim Fotografieren taucht ein zweiter Bock lautlos am Wegesrand auf. Er wandert tatsächlich genau den markierten Steig entlang. Die steile Rinne nimmt er mit ein paar kurzen Sprüngen, ich kraxel auf allen Vieren und brauch dabei drei Mal so lang! Das grazile Tier spaziert gemächlich über das ausgesetzte Steilgelände zur zweiten Rinne hinauf – ein paar Sprünge und weg ist es.

Vorsichtig stemme ich mich auch mit Armkraft die Kletterstellen hoch: Am kleinen Joch unter dem Gipfel liegt der Steinbock in der warmen Abendsonne. Er hat seinen Schlafplatz schon gefunden, und ich habe noch nicht mal die Hälfte meiner Tour geschafft. Jetzt aber flott zum Gipfel, mit fantastischer Aussicht auf das Karwendel- und Rofangebirge sowie die Venedigergruppe und die Zillertaler Alpen.

12

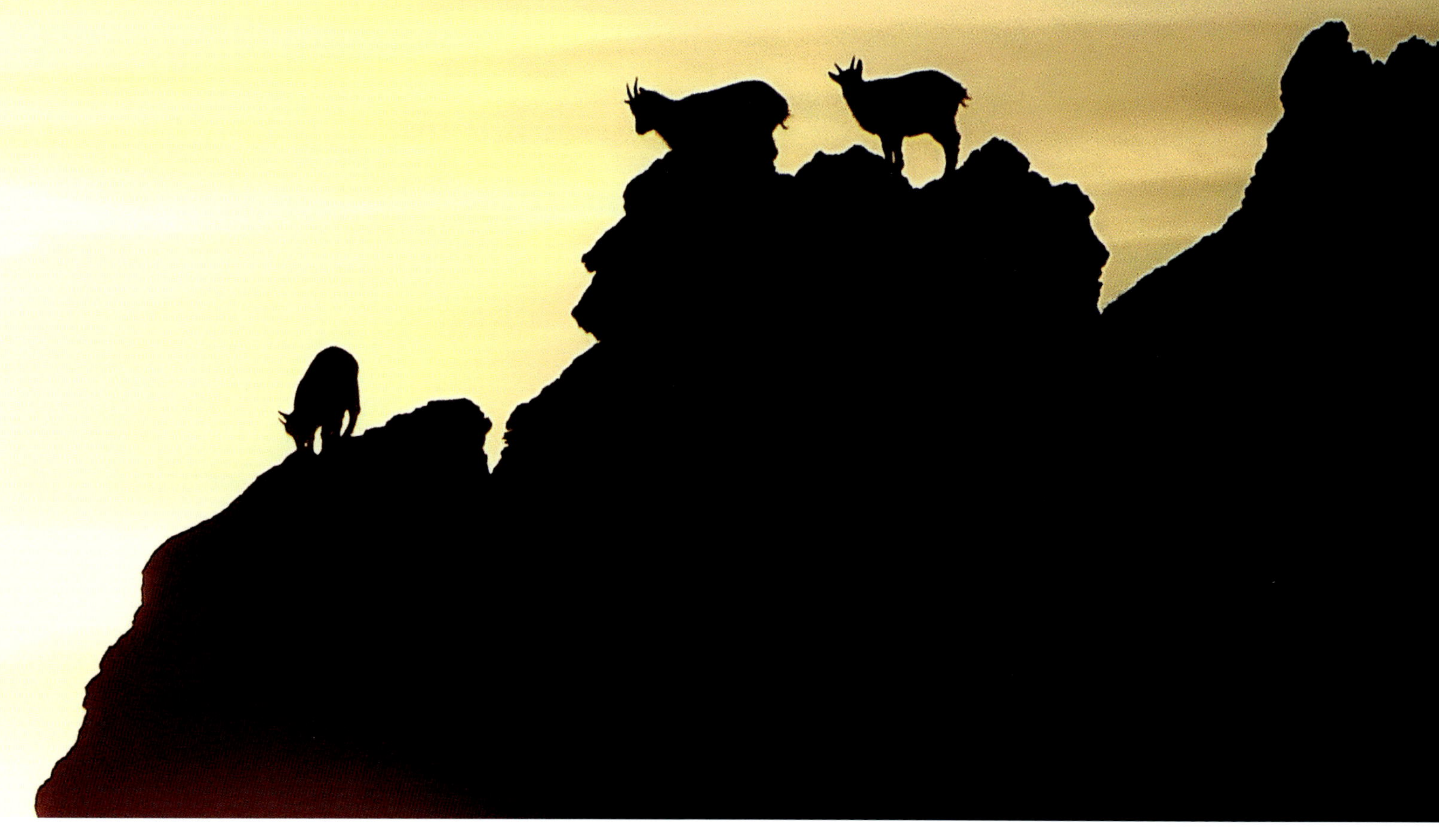

Weihnachtsstimmung an der Mondscheinspitze bei für die Jahreszeit rekordverdächtig milden Temperaturen und wenig Schnee

Im Sommer blühen in Gipfelnähe Edelweiß und unzählige Enziane. Nach ein paar Fotos geht es für die Überschreitung auf der Ostseite wieder runter. Steil zieht sich der Steig durch das teilweise ausgesetzte Gelände hinab, Schwindelfreiheit und Trittsicherheit sind hier unabdingbar.

100 Meter unterhalb des Gipfels treffe ich noch auf ein Steinbockmäderl, ganz vorsichtig und in weitem Bogen umgehe ich ihren Schlafplatz. Das schöne Tier beobachtet mich und bleibt liegen: Also habe ich alles richtig gemacht. Ich wandere den steilen Grasrücken in die Senke hinab und erblicke durch den lichten romantischen Lärchenwald den Forstweg, der in leichtem Gegenanstieg zum Schleimsattel (1555 m) führt. Ein Kuhglockenkonzert erwartet mich, ein Traum, welch beeindruckende Klangkulisse zum Sonnenuntergang! Von hier ist der Restabstieg in das Gerntal nur noch Formsache.

12

Gern Alm → Plumsjoch → (Plumsjochhütte) → Plumsjochspitze → Mondscheinsenke → Mondscheinspitze → Schleimsattel → Gern Alm

Von der Gern Alm den beschilderten Fahrweg zum Plumsjoch empor → in nördlicher Richtung Steig über die Plumsjochspitze in die Mondscheinsenke hinab (Ww. Mondscheinspitze) → steil die teils ausgesetzte Flanke querend zum Grat und Gipfel hinauf → Abstieg über die anfangs steile und ausgesetzte Ostseite zum Schleimsattel → auf Serpentinen die steile Forststraße in das Gerntal hinab → im Talboden rechts halten

Weglänge	15 km
Gehzeit	5–6 Std.
Höhenmeter	1200
Schwierigkeit	▲▲▲

Anfahrt A 12 Inntalautobahn Ausfahrt Achensee/Wiesing und B 181 zum Achensee. In Maurach links nach Pertisau, am großen Parkplatz der Karwendeltäler Mautstraße zur Gern Alm. Von Norden über den Tegernsee und Achenpass zum Achensee

Ausgangspunkt Parkplatz an der Gernalm, B:47°27`08,12“ L:11°38`06,25“

Charakter Das steile felsdurchsetzte Gelände im Gipfelbereich erfordert sowohl im Auf- als auch im Abstieg alpine Erfahrung, Trittsicherheit und Schwindelfreiheit. Eine abwechslungsreiche, spannende und aussichtsreiche Tour!

Wegweiser Im Aufstieg Plumsjoch/Mondscheinspitze, im Abstieg Schleimsattel/Gern Alm

Steinbock-Sichtungen Bei der Geländequerung im Gipfelanstieg zwischen den beiden Kletterstellen, am Gipfelkamm sowie auf der Ostseite im Abstieg

Einkehr und Übernachtung

- Alpengasthof Gern Alm, Tel. +43-5243-5579, www.gernalm.at
- Plumsjochhütte, Tel. +43-5243-43111 oder 5243-43299

Karte Kompass Wk Achensee Nr. 27, 1:35.000

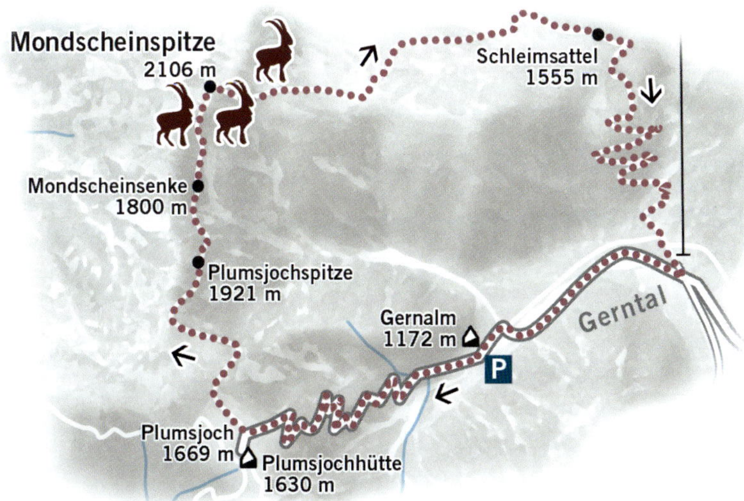

13 Mehrere Anläufe am Hausberg

Tourenziel: Sonnjoch 2457 m
Weglänge: 11,5 km | Gehzeit: 5 ½ Std. | Höhenmeter: 1200 | ▲▲

Direkt an meiner Winter-Trainings-Laufstrecke, quasi fast vor meiner Haustür, liegt mein Lieblingssteinbockgebiet. Vom Falzthurntal ragt das Sonnjoch anziehend und beeindruckend wie a riesige Zwergenmütze aus purem Fels empor – doch wie kumt ma da bloß rauf? Mein Freund Franz hat schon immer gesagt, da san ganz vü Stoaböck oben. Ich habe es anfangs nicht so recht geglaubt, weil immer, wenn ich oben war, waren die Steinböcke nicht zu entdecken. Selbst bei einer abendlichen Überschreitung habe ich außer Gämsen nichts gesehen. I hab echt gmeint, die Stoaböck möchten mi verschaukeln! Ein Jahr später im Frühling habe ich sie dann tatsächlich am Wandfuß mit vier Kitzen gesehen! Wenn noch viel Schnee liegt, fressen die mystischen Tiere auf den Almen schon den ersten grünen Klee.

Wer das Sonnjoch googelt, stößt auf einige Steinbock-Einträge. „Unterwegs haben wir Steinböcke gesehen, die sich von uns überhaupt nicht stören haben lassen", vermeldet etwa Michaela im Juli 2015; „16 Steinböcke in der Herde gesehen", schreibt Marco im Juni 2014; ferner findet man Kommentare wie „Fast garantiert sieht man am Weg Steinböcke, die alles andere als scheu sind", „Vom Vorgipfel geht es mit tollen Tiefblicken mit in der Sonne sitzenden Steinböcken im Vordergrund über eine Felsplatte zum Gipfelkreuz" oder „Wenn man genauer aufpasst, sieht man mit hoher Wahrscheinlichkeit Steinböcke." Andererseits schlafen und rasten die Tiere tagsüber viel, bewegen sich kaum, sind meist gut versteckt und werden daher manchmal nur schwer entdeckt. Auch gibt es hier viele Gämsen, die vom Steinbock gemieden werden.

Von der Südwestseite ist das Sonnjoch leichter zu besteigen, als es bei der Anfahrt den Anschein hat. Ein steiler Serpentinenweg führt uns in einer guten Stunde zum Gramaialm-Hochleger (1756 m). Es handelt sich um eine der blumenreichsten Almen, die ich kenne! Im Frühling etwa ist alles gelb von den Goaßbliamalen (Alpen-Aurikel), lila von den Glockenblumen, blau vom Bayrischen, Schnee- und Breitblättrigen Enzian und weiß vom Silberwurz; die ebenfalls weiße Alpenküchenschelle ist hingegen deutlich seltener.

Am Stall vorbei wandern wir dem Tagesziel entgegen. Eine kurze Latschenzone führt uns auf die breite Südwestschulter vom Sonnjoch hoch. Das Panorama weitet sich von Höhenmeter zu Höhenmeter, der Blick in die Nordwand der Lamsenspitze etwa ist sehr beeindruckend. Mit Erreichen

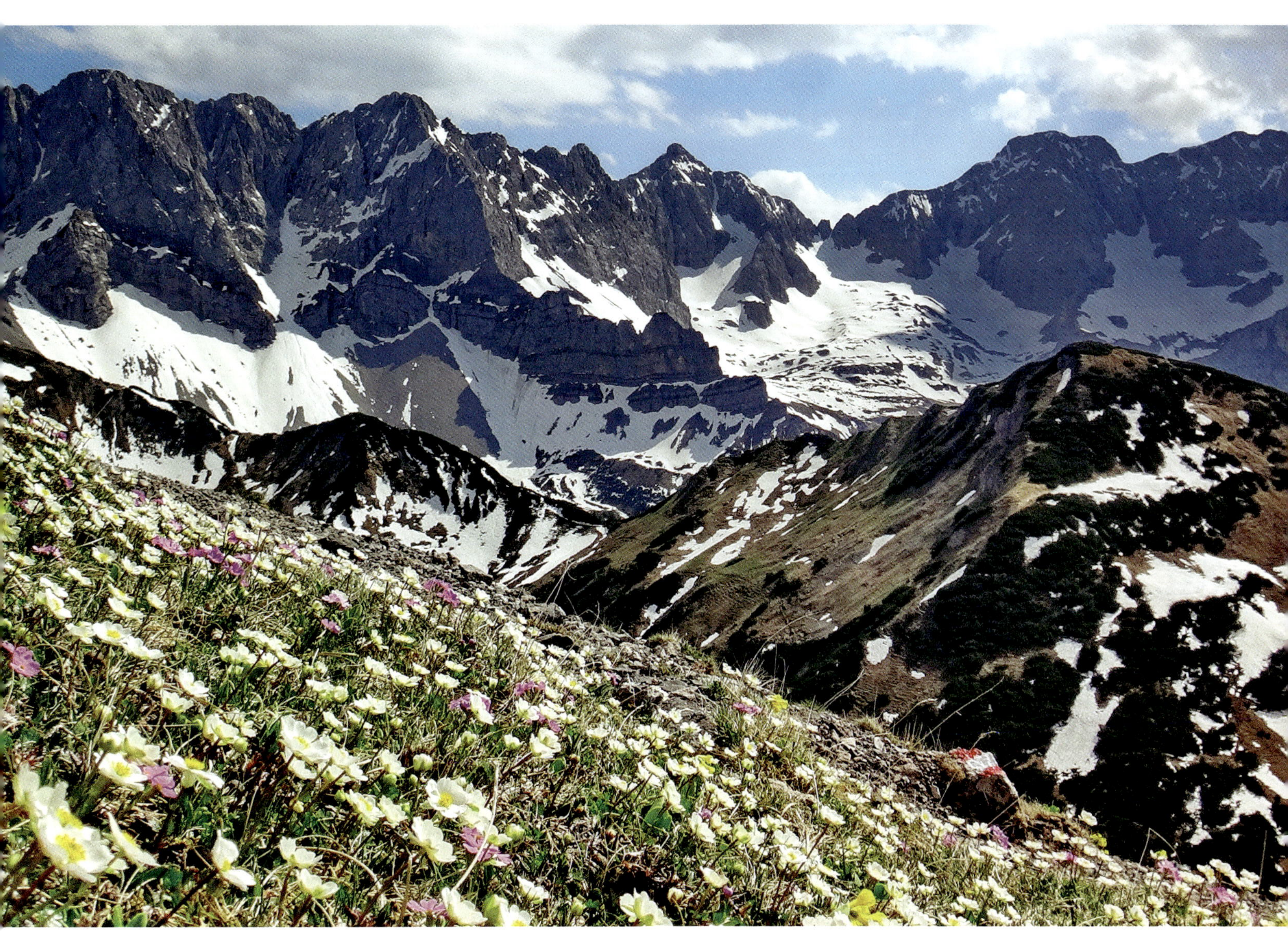

Bergfrühling Anfang Mai wie aus dem Bilderbuch, passend zu meiner Stimmung mit dem Hochglück im Hintergrund!

13

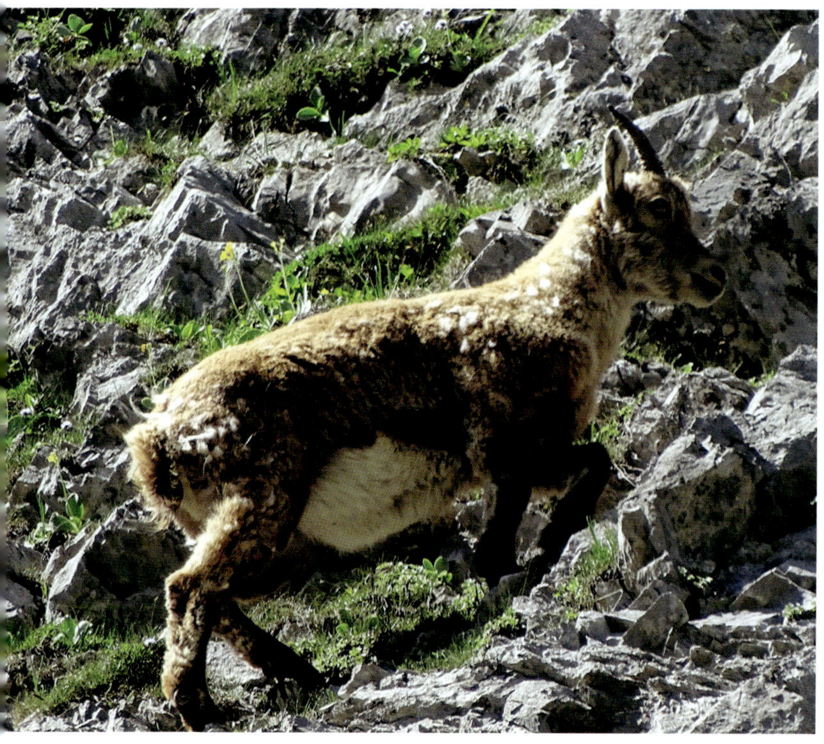

Das ausgefranste Fell ist typisch für den Frühling.

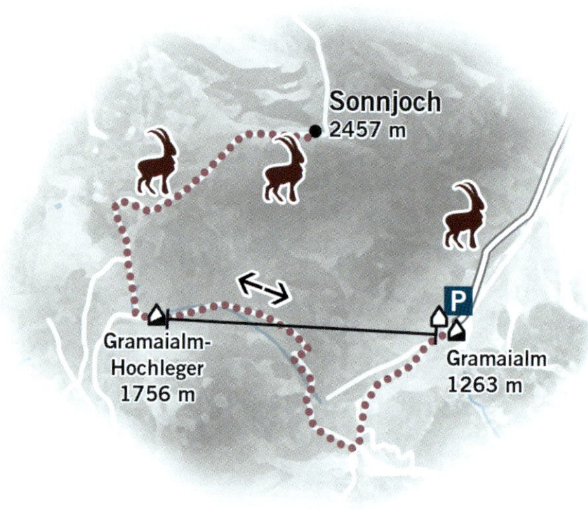

der ersten Geröllfelder tauchen unter Umständen bereits die ersten Steinböcke auf, insbesondere in den linken Geröllfeldern und in den Steinwüsten rechts unterhalb des Gipfelgrats kann man die edlen Tiere vielleicht schon beim Wiederkäuen und Rasten entdecken. Steil und mühsam geht es in zahlreichen Serpentinen zum flachen Gipfelgrat hinauf.

Kurz vor dem Gipfelgrat habe ich die Steinböcke in der Geröllhalde äsen gesehen, zwei Steingeißen mit drei Kitzen! Da waren wohl ganz seltene Zwillingskitze dabei! Das Bockrudel selbst blieb mir leider verwehrt. Aber mit Sicherheit halten sie sich irgendwo am sonnigen Grat, womöglich versteckt hinter Felsen, im kühlenden Wind auf. Obwohl dort fast nichts mehr gedeiht, finden die Tiere noch immer irgendein Gewächs zum Fressen. Gegen Abend wandern die bescheidenen Akrobaten dann von den Graten zu üppigeren Äsungsflächen manchmal hunderte Meter hinab. Einen jungen Steinbock habe ich später tatsächlich noch entdeckt. Insgesamt dürften sich 20 bis 30 Tiere am Sonnjoch aufhalten.

Am Vorgipfel stehen die Chancen abermals nicht schlecht, auf Steinböcke zu treffen. Von hier geht es zwar flach, aber teils etwas ausgesetzt

Gramaialm → Gramaialm-Hochleger → Sonnjoch und zurück

Vom Parkplatz der Gramaialm am Streichelzoo vorbei in den Talboden → an der Betonbrücke links talein (nicht zum Wasserfall) und über steile Serpentinen zum Gramaialm-Hochleger → über die schottrige Südwestschulter teils mühsam empor → vom Vorgipfel Querung über eine kurze plattige Rampe zum Hauptgipfel → Rückweg auf derselben Route

Weglänge	11,5 km
Gehzeit	5 ½ Std.
Höhenmeter	1200
Schwierigkeit	▲▲

Anfahrt B 181 nach Maurach am Achensee, im Ortszentrum Abzweig nach Pertisau, dort links an der Bergbahn Zwölferkopf vorbei und die Mautstraße bis zum Falzthurn-Talschluss

Ausgangspunkt Parkplatz Gramaialm, B:47°27`08,52“ L: 11°38`06,56“

Charakter Bis zum Gramaialm-Hochleger auf solidem Weg, dann zunehmend steil über rutschige Schotterpfade empor. Am Gipfel fantastische Blicke in das Rofan und Karwendel. An heißen Tagen früher Aufbruch zu empfehlen, Trittsicherheit erforderlich

Wegweiser Gramaialm-Hochleger, Sonnjoch

Steinbock-Sichtungen Im Frühling und Spätherbst auf den Steilwiesen oberhalb des kleinen Jochs kurz vor dem Gramaialm-Hochleger, im Sommer beidseitig des Gipfelgrates in den nahen Geröllfeldern oder am Vorgipfel

Einkehr und Übernachtung

- Gramaialm-Hochleger, Tel. +43-5243-5284, Anfang Juni bis Mitte Oktober
- Gramaialm, Tel. +43-5243-5166, www.gramaialm.at

Karte Kompass Wk Nr. 26 Karwendelgebirge, 1:50.000

zum Gipfelkreuz des Sonnjochs (2457 m) hinüber. Herrlich der Blick in die Zillertaler Alpen, in das Karwendel, Rofan und Zugspitzgebiet sowie bis in das bayerische Flachland hinaus.

Der Abstieg verläuft auf der selben Route, wobei es bergab durch den feinen Schotter etwas rutschiger ist. Der Stiegenaufgang des Gramaialm-Hochlegers ist mit den Blumen der Saison geschmückt, was bei der Blütenpracht in den umliegenden Wiesen nicht verwundert. Abends kann man hier oft die Gämsen beim Äsen beobachten. Wer auf die Jause hier verzichtet, der sollte spätestens an der Gramaialm am Ausgangsort einkehren; hier gibt es den besten Hirschbraten weit und breit.

Wer absolut schwindelfrei und trittsicher ist, kann als Variante den Sonnjoch-Gipfel (Einstieg schwer zu finden!) überschreiten und über den Bärenlahnersattel (1994 m) und das Gramaikar in das Falzthurntal absteigen. Eine äußerst abwechslungsreiche, ja spannende Tour in hochalpinem Gelände!

14 Franz, der Hütten-Steinbock

Tourenziel: Lamsenjochhütte mit Schafjöchl 2157 m
Weglänge: 11 km | Gehzeit: 4½ Std. | Höhenmeter: 900 | ▲–▲▲

Eine meiner liebsten Trainingslaufstrecken ist der Weg zur Lamsenjochhütte. Eines Tages renne ich wieder mal rauf und sehe kurz vor der Hütte ein Tier im Nebel stehen. Ich war mir nicht ganz sicher: Gams oder Steinbock? Aber de Stoaböck san doch da ned, oder doch? Hüttenwirt Christian erzählt mir dann: Ja, des is da Franz, der kummt jedes Jahr im Sommer mit de Geißen, manchmal sogar fast bis zur Hütte. Wirklich scheu ist der Franz nicht mehr, die Geißen hingegen schon. Ich bin verblüfft: So lang renn i da scho auffa, aber gsehn hab ich sie no nie! Die Moral von dieser Geschichte: Wer nicht genau auf die wunderschöne Umgebung achtet, wird die Steinböcke wohl nie zu Gesicht bekommen …

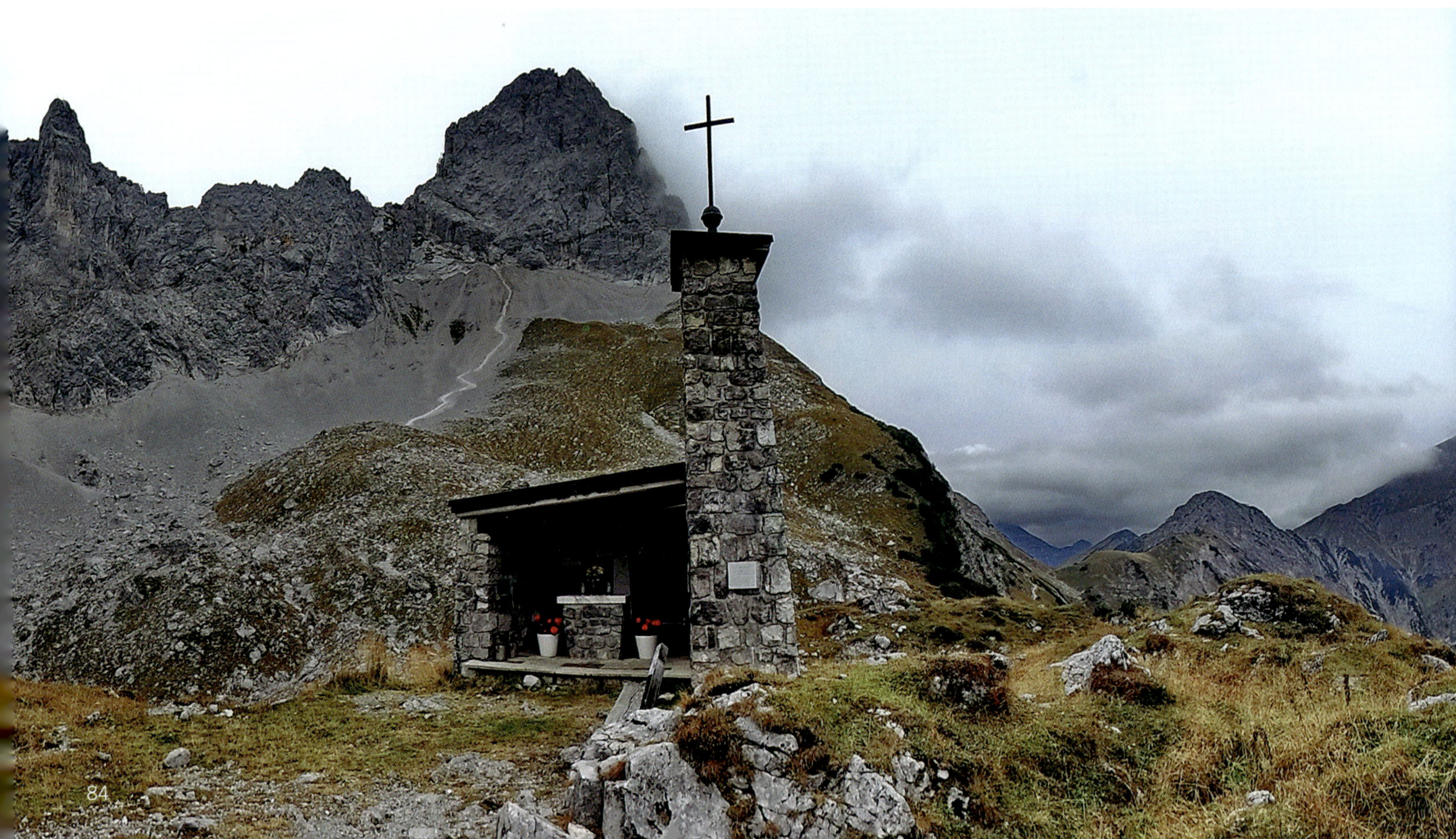

Von der Gramaialm geht es an der Kashütte der Alm vorbei Richtung Süden in den Gramaier Grund. Ab Juni bis manchmal in den August hinein blüht hier der Almrausch, auch Bewimperte Alpenrose genannt. Der breite Weg wird bald zu einem Steigerl und führt durch Latschen und Birken Richtung Talschluss. Der Schlussanstieg zum Lamsenjoch (1900 m) mit seinen vielen Kehren ist von hier bereits klar erkennbar. Zuvor queren wir jedoch noch die schuttreichen Nordwestflanken von Rauhem Knöll und Schafjöchl Richtung Süden. Unterhalb des Jochs halten sich oft bis Juni Altschneefelder vom Winter. Auf der Strecke zur nahen Lamsenjochhütte (1953 m)

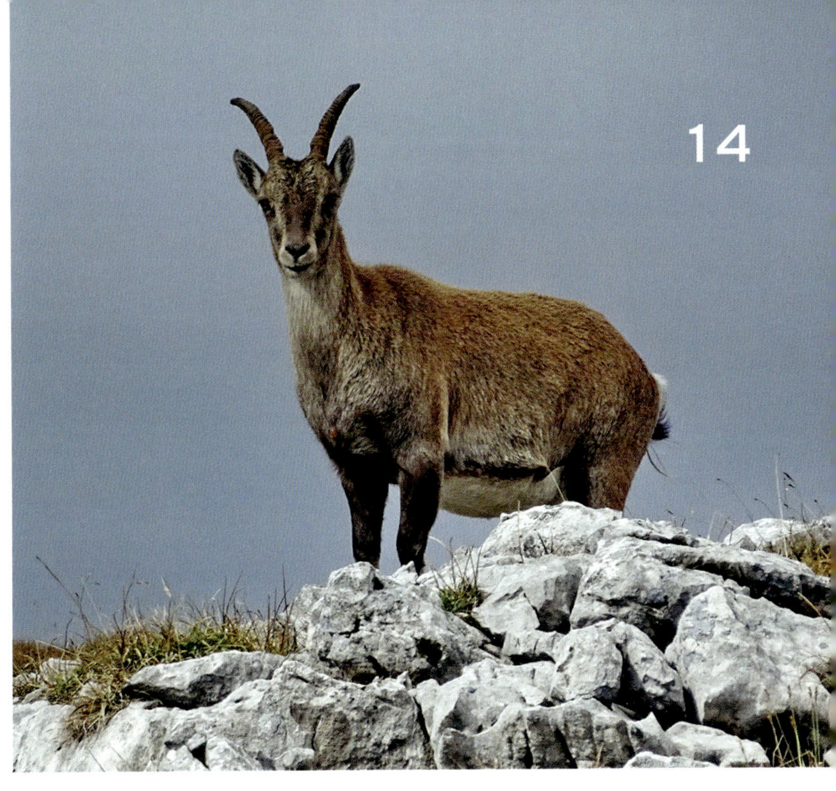

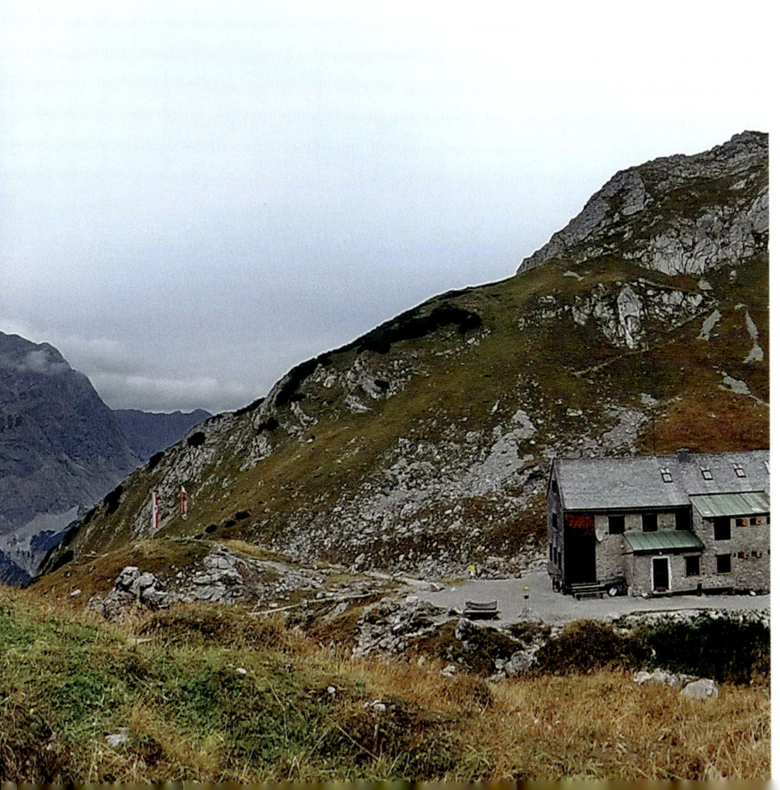

entdecken wir im Sommer fast alle Enzianarten und mit etwas Glück auch das eine oder andere Edelweiß in den steilen Wiesenkämmen. Im Hintergrund ragen die Felswände von Lamsenspitze und Hochnissl spektakulär in die Höhe.

Gegenüber der Hütte erkennt man bereits den nicht markierten Aufstiegsweg zum Schafjöchl (2157 m), dem ich bis zum Gipfelkamm folge. Ich bin nun mitten im Sommerquartier von Franz. Die besten Chancen, ihn im steilen Grashang zu erblicken, habe ich zu Sonnenaufgang und in der Abenddämmerung. Zur Mittagszeit zieht er sich mit seinen Geißen meist auf die luftigen Sonnengrate oder in schattige

Hüttenkreuz der Lamsenjochhütte vor der imposanten Lamsenspitze-Ostwand

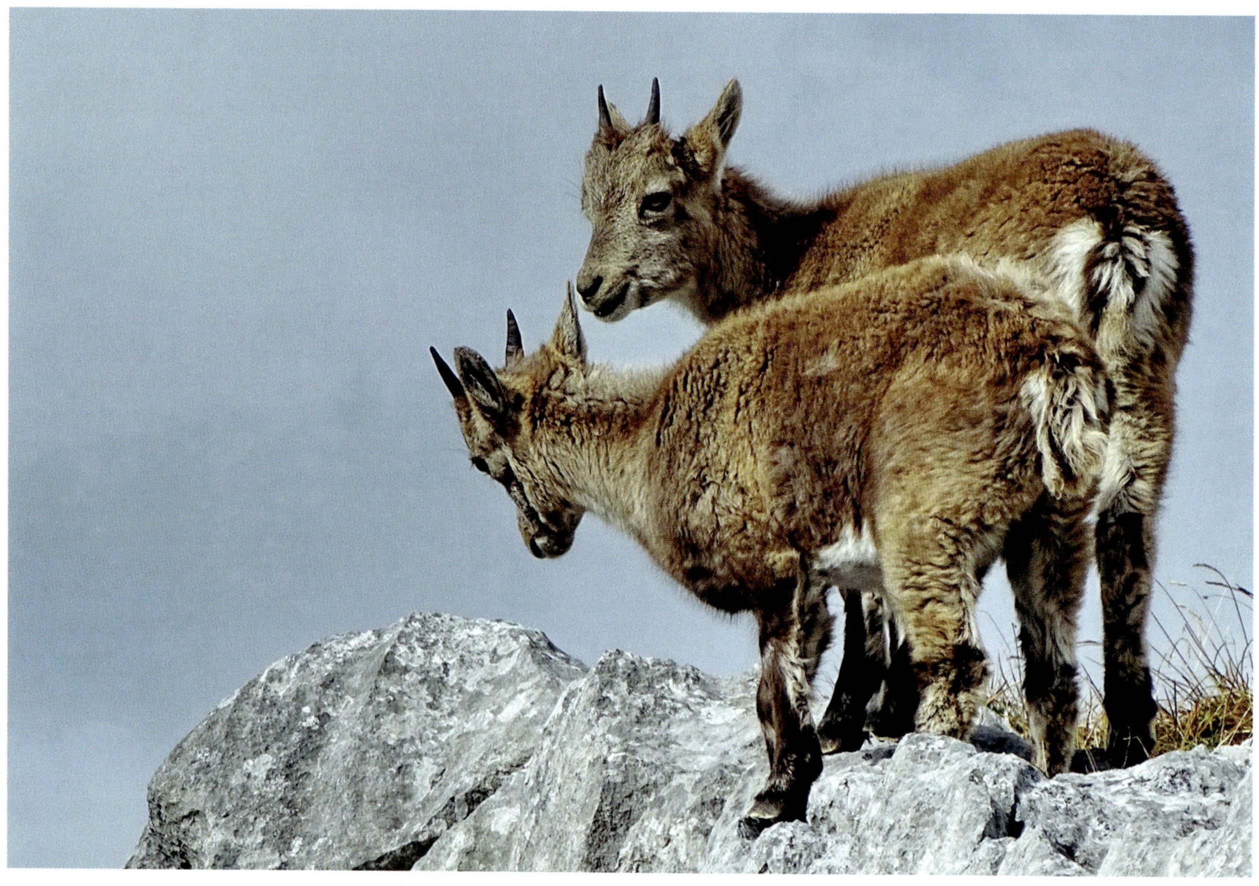

Spielende Kitze am Schafjöchl

Gipfelbereiche zurück. Da Steinböcke nicht schwitzen können, benötigen sie insbesondere an heißen Tagen permanente Kühlung. Am Abend äsen die Tiere meist wieder in den steilen Wiesen des Schafjöchls oder in den angrenzenden Regionen unweit der Hütte. Ich habe heute die zwei Geißen mit ihren beiden Kitzen beim Spielen am Grasgrat des Schafjöchls beobachten dürfen. Voi lustig, wenn sie sich gegenseitig jagen und die ersten großen Sprünge im Gelände üben. Die Geißen schauen da meist nur gelassen zu. Steinbock Franz habe ich leider nicht entdeckt, der hat sich wohl ein besonders ruhiges Schlafplätzchen ausgesucht.

Nach der schönen Begegnung wandere ich wieder auf gleichem Weg zur Hütte hinab und stärke mich noch ein wenig. Die schmackhaften Tiroler

Gramaialm → Lamsenjochhütte → Schafjöchl und zurück

Vom Wanderparkplatz auf bequemen Weg südwärts in den Gramaier Grund → auf gut markiertem Steig zuletzt etwas steiler auf das Lamsenjoch empor und weiter zur nahen Lamsenjochhütte → ostwärts der Hütte auf klar erkennbarem, aber nicht markiertem Steig zum Graskamm des Schafjöchls → Rückweg auf der selben Route

Weglänge	11 km
Gehzeit	4 ½ Std.
Höhenmeter	900
Schwierigkeit	▲–▲▲

Anfahrt B 181 nach Maurach am Achensee, im Ortszentrum Abzweig nach Pertisau, dort links an der Bergbahn Zwölferkopf vorbei und die Mautstraße bis zum Falzthurn-Talschluss

Ausgangspunkt Parkplatz Gramaialm, B:47°27`08,52“ L: 11°38`06,56“

Charakter Unschwierige Wanderung inmitten der spektakulären Felskulisse des Karwendelgebirges. Im Gegensatz zum Hüttenanstieg ist der Weg auf das Schafjöchl nicht markiert.

Wegweiser Lamsenjochhütte, ab der Hütte keine

Steinbock-Sichtungen Je nach Jahres- und Tageszeit zwischen der Lamsenjochhütte und dem Schafjöchl-Gipfelkamm

Einkehr und Übernachtung

- Lamsenjochhütte, Anfang Juni bis Mitte Oktober (2016 wg. Bauarbeiten erst ab Mitte Juli), Tel. +43-5244-62063
- Gramaialm, Tel. +43-5243-5166, www.gramaialm.at, Übernachtung nach Voranmeldung möglich

Karte Kompass Wk Nr. 26 Karwendelgebirge, 1:50.000

Spezialitäten auf der Sonnenterrasse zu genießen, macht die Tour für mich perfekt. Noch ein kurzer Abstecher zur nahen Gedenkkapelle am Fuß der Lamsenjochspitze, dann erfolgt der Rückweg in das Falzthurntal. Alternativ könnte man vom Lamsenjoch auf leicht ausgesetztem Wanderweg über das Hahnkampl (2080 m) und den Gramaialm-Hochleger (siehe Tour 13) den Tag als Rundtour abschließen.

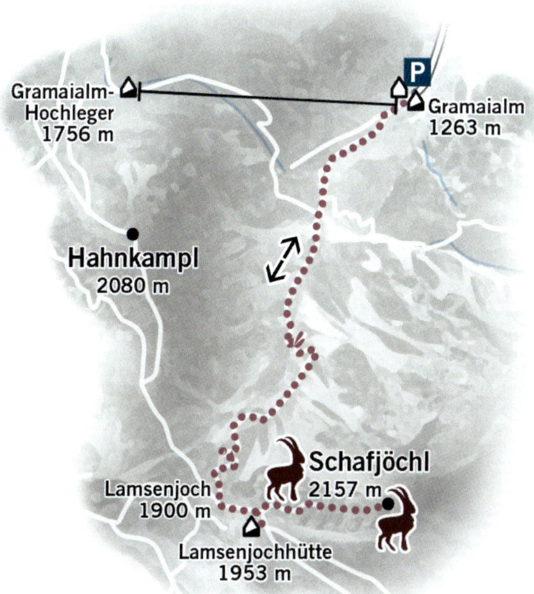

15 Flucht vor dem Handy

Tourenziel: Gamsjoch 2452 m
Weglänge: 13 km | Gehzeit: 6 Std. | Höhenmeter: 1350 | ▲▲

Am Gamsjoch stehen die Chancen gut, auf Steinböcke zu treffen. Doch beim langen Aufstieg wächst mangels Sichtungen langsam meine Skepsis, bis in der steilen Gipfelwiese doch endlich ein Paar Hörner zum Vorschein kommt. A Wanderer kommt ganz entzückt und voller Freid von oben dahergfetzt und packt in Windeseile sein Handy aus. Ich krieg gscheit Angst, der werd ma doch ned de Stoabockerl verjagen? Schon klingelt sein Telefon in den schrillsten Tönen und in voller Lautstärke! Oh Mann, so vü Feingfühl! Der älteste Steinbock niest erschrocken, und der Wanderer, inzwischen nur noch zehn Meter von der kleinen Herde entfernt, rennt vor Angst davon. Dann folgt auch noch geräuschvoll eine SMS. Jetzt sind die Steinböcke endgültig verschreckt und ergreifen die Flucht. Ich bin richtig sauer vor so wenig Respekt! Auch andere Wanderer möchten die Ruhe und die schöne Natur genießen. Da hab ich dann scho a paar Verhaltenstipps geben müssen.

Normalerweise wähle ich für den Auf- und Abstieg die steile direkte Route, aber bei einer Rundtour ist die Wahrscheinlichkeit höher, auf Steinböcke zu treffen. Also wandere ich vom Alpengasthof Eng (1203 m) über den hinteren Ahornboden entlang des stark frequentierten Naturlehrpfads zu den Engalmen (1227 m). Im Mai ist hier der Kontrast zwischen den saftigen Wiesen mit Tausenden von gelb blühenden Löwenzähnen und Trollblumen zu den noch verschneiten Bergkämmen, den dunklen Felswänden und zum hoffentlich blauen Himmel einzigartig. An einigen knorrigen Ahornbäumen vorbei führt das Steigerl in angenehmer Steigung zum Hohljoch (1794 m) hinauf. Hoch über dem Engtal bilden Spritzkar-, Platten- und Grubenkarspitze mit ihren schier unüberwindbaren Nordwänden eine großartige Kulisse. Und Richtung Westen ist die Falkenhütte am Fuß der Laliderer Wände auszumachen.

Unsere Route macht am Hohljoch eine scharfe Kurve; auf einem Karrenweg geht es fast eben ostwärts zu den Hütten des Lalidersalm-Hochlegers. Bei der Querung unterhalb der Gumpenspitze können wir jederzeit auf Steinböcke treffen. Im April hingegen manchmal noch weiter unten und in den Sommermonaten eher im Gipfelbereich. Wir wandern direkt auf das Gamsjoch zu, bevor der Schlussanstieg zum Gumpenjöchl (1974 m) erfolgt. Unterwegs entdecke

Das Steinbock-Rudel rastet schamlos direkt am Wegesrand.
Was juckt da wohl im dicken Fell: Hoffentlich keine Parasiten?
Purer Genuss: das Sonnenbad in der Nachmittagssonne

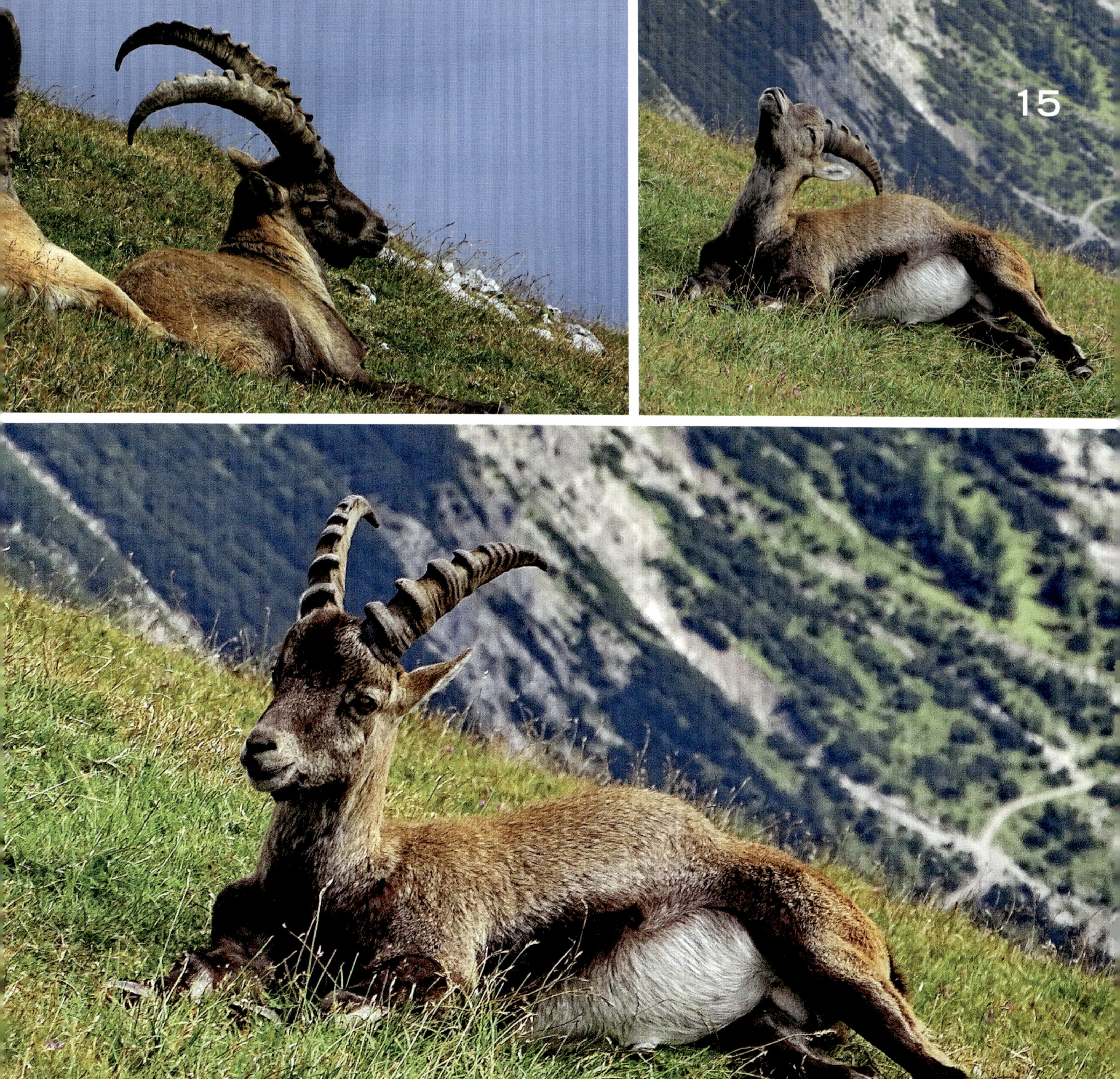
15

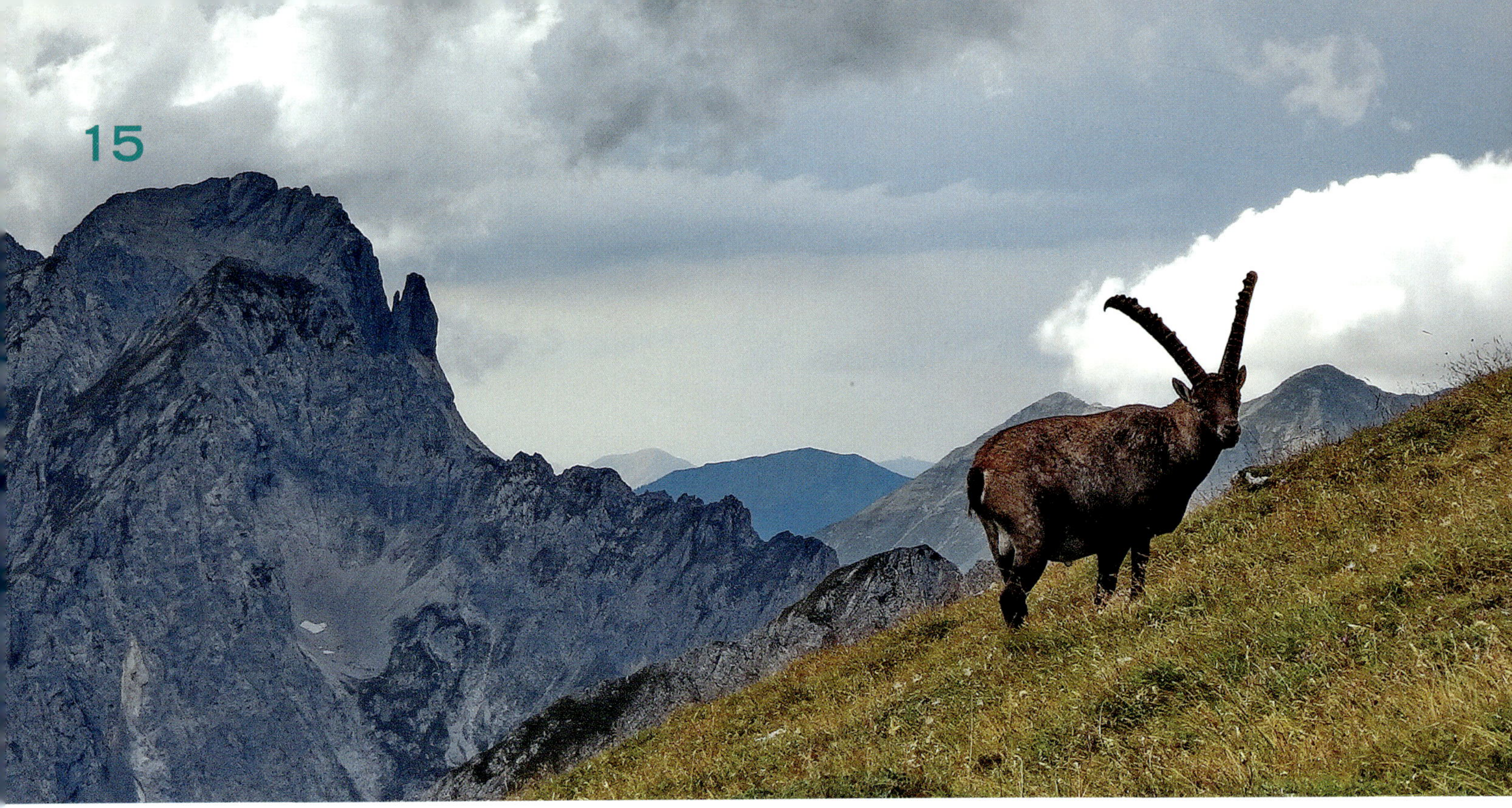

Einer der ältesten Böcke im Gamsjoch-Rudel – auf seine Erfahrung verlassen sich die jungen Böcke im Winter.

ich ältere Steinbockspuren. Oberhalb vom Joch wird das Gelände deutlich steiler und auch felsiger, wer die Augen offenhält, erblickt in der Ferne mit etwas Glück den einen oder anderen Steinbock. Meist hält sich in der steilen Südflanke ein Gamsrudel von mindestens zwanzig Tieren auf; der Berg hat seinen Namen nicht umsonst erhalten. Auch junge Murmeltiere kann man hier beim Spielen beobachten; der schrille Pfiff des „Aufsehers" verrät oft ihren Standort. Zwischen Juli und September blüht hier das Edelweiß.

Über Serpentinen erreiche ich in leicht ausgesetztem Gelände den Westgipfel, der im Sommer mit Vorliebe von den Steinböcken belagert wird. Wenn nicht wie oben beschrieben rücksichtslose Wanderer die edlen Tiere in die Flucht schlagen. Glücklicherweise darf ich sie dann nach einer halbstündigen Rast am Gamsjoch-Hauptgipfel (2452 m) auf dem Rückweg an fast der selben Stelle nochmals beobachten. Dieses Mal ohne Störenfriede! In Ruhe und mit dem nötigen Respekt mache ich dann meine Fotos.

Als Abstieg wähle ich dann die steile Variante durch das Gumpenkar. Häufig halten sich hier bis in den Juni hinein noch Altschneefelder, auf denen geübte Wanderer bequem „abfahren" können. Dabei muss man jedoch aufpassen, dass keine Schneebrücke bricht und man in den wasserreichen Bach hineinfällt. Ohne Schnee gleitet man bequem über die

Alpengasthof Eng → Engalm → Hohljoch → Lalidersalm Hochleger → Gumpenjöchl → Gamsjoch → Alpengasthof Eng

Vom Parkplatz fast eben zu den Engalmen → auf mäßig ansteigendem Steig zum Hohljoch → scharf rechts eben zum Lalidersalm-Hochleger und an der Ostseite der Gumpenspitze auf das Gumpenjöchl → teils steil über Schrofen zum Westgipfel und über den Grat zum Gamsjoch-Hauptgipfel → auf dem Anstiegsweg zurück bis zur Abzweigung in das Gumpenkar auf ca. 1750 m → schmaler Pfad zurück in die Eng

Weglänge	13 km
Gehzeit	6 Std.
Höhenmeter	1350
Schwierigkeit	▲▲

Anfahrt

ÖVM Bayerische Oberlandbahn nach Lenggries, Bus 9569 in die hintere Eng (Ahornboden, Mitte Juni bis Mitte Sept.)

Auto Ab Bad Tölz B 13 über den Sylvenstein-Stausee nach Vorderriß und auf der mautpflichtigen Straße durch das Rißtal in den Großen Ahornboden (Eng); alternativ B 177 bzw. B 2/B 11 über Seefeld und Scharnitz nach Wallgau und Mautstraße nach Vorderriß

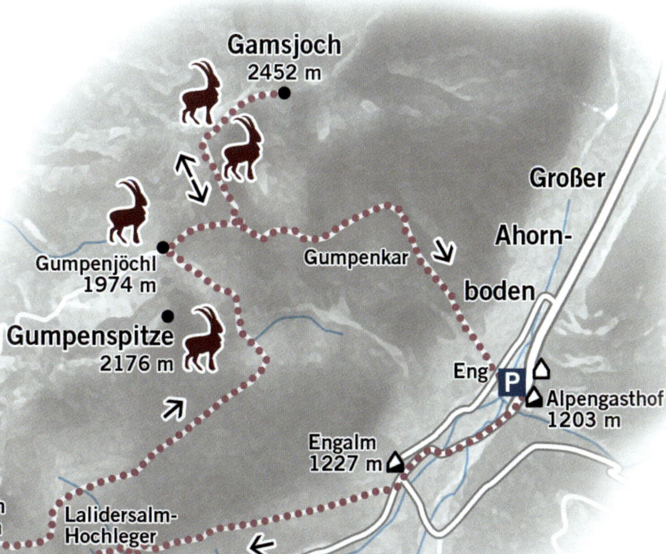

Ausgangspunkt Großer Wanderparkplatz am Alpengasthof Eng, B: 47°24`10,89" L:11°33`59,51"

Charakter Der Anstieg zum Hohljoch verläuft in prächtiger Karwendel-Kulisse auf solidem Bergsteig, die Querung vom Hohljoch zum Gumpenjöchl bietet Panorama pur und erst der Anstieg zum Gipfel ist teils deutlich steiler. Trittsicherheit im oberen Bereich und Orientierungssinn im Abstieg (Gumpenkar) sind von Vorteil.

Wegweiser Falkenhütte, Gamsjoch

Steinbock-Sichtungen m Frühling und Spätherbst oft im Bereich Gumpenspitze und Gumpenjöchl, im Hochsommer meist in Nähe des Gamsjoch-Westgipfels

Einkehr
- Alpengasthof Eng, Tel. +43-5245-231, www.eng.at
- Engalm, Tel. +43-5245-226, www.engalm.at

Karte Wk Nr. 26 Karwendelgebirge, 1:50.000

Geröllfelder hinab. Der Pfad ist nur schwach rot markiert und zwischen den Latschen mit aufmerksamem Blick immer wieder erkennbar. Nach einer letzten Bachüberquerung führt der Steig steil in den Talboden hinab. Am reißenden Rißbach gelangen wir talaufwärts zum Ausgangsort zurück.

16 Im zehnten Anlauf an der Nordkette

Tourenziel: Hafelekarspitze 2334 m
Weglänge: 12 km | Gehzeit: 7 Std. | Höhenmeter: 1480 | ▲▲

Die Seegrube und das Hafelekar sind weithin für Steinbockbegegnungen der einfachsten Art bekannt. Häufig sitzen die Tiere mitten in der Einfahrtsschneise der Bergstation. Also, es is gscheit oafach, sie zu dawischen und a Foto von eana zu machen. Einmal lagen drei alte Böcke so dicht an der Ausgangstür der Seilbahn, dass sich eine Gruppe von Japanern nicht mehr an die frische Luft gewagt hat. Ha,ha, i bin gstorben vor Lachen, als i des vom Seilbahner ghört hab. Deshalb dachte ich mir, die Tour mal eben nach der Arbeit machen zu können – nicht ahnend, dass de Stoaböck am Kar es faustdick hinter de Ohren ham und mi hörnen, wo sie nur können …

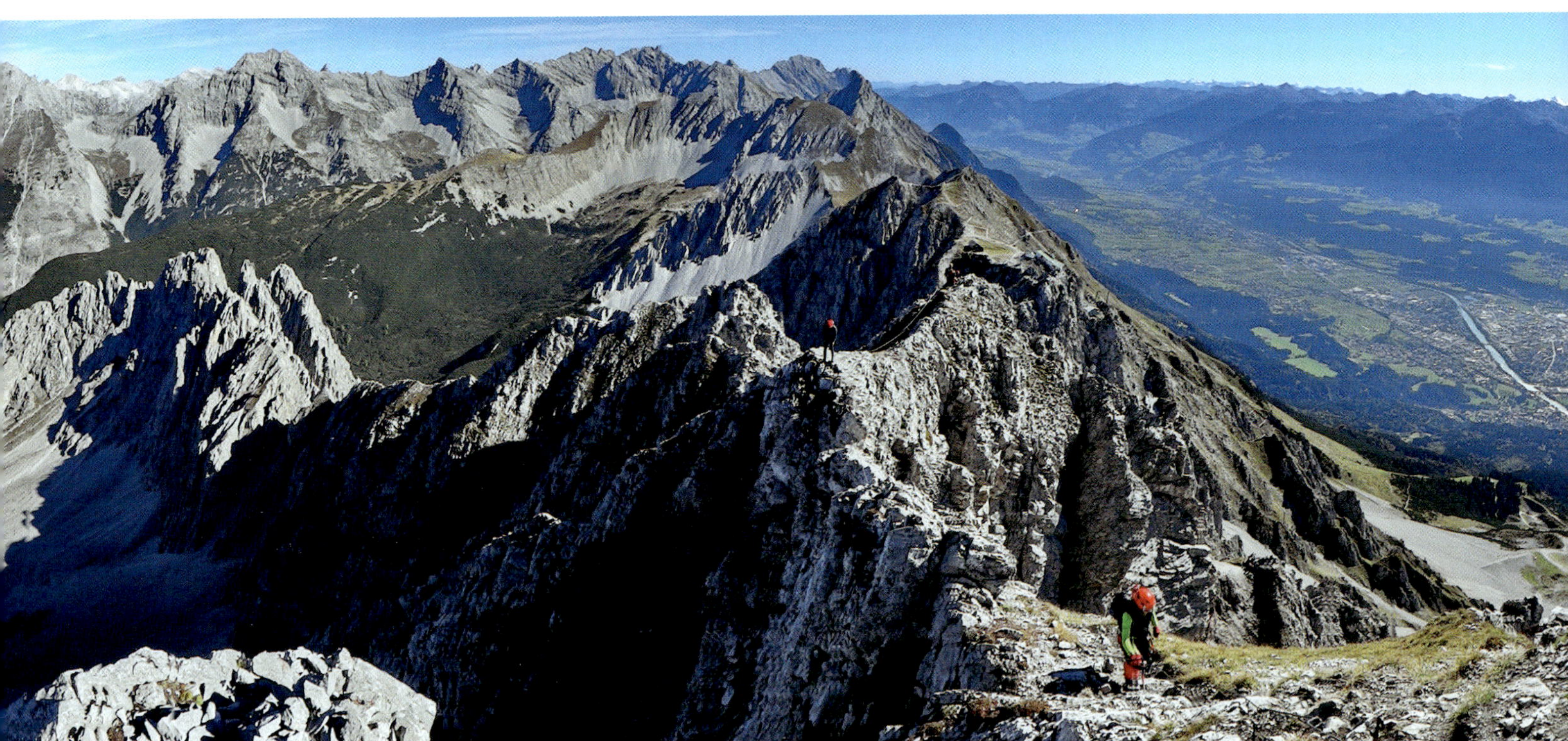

Beim ersten Mal zieht ein Gewitter am Kar auf, alle Tiere san versteckt. Beim zweiten Mal ist es zu heiß, koa Stoabock weit und breit. Beim dritten Mal bin ich vor sechs Uhr früh oben, aber de Stoaböck schlafen wohl noch und i kann wegen der Arbeit ned warten. Beim vierten Mal gehe ich voll ein und es wird finster, bis ich oben bin. Beim fünften Mal renne ich von der Brandjochspitze bis zur Stempeljochspitze die ganze Kette ab, nur die Rumer Spitze lasse ich aus; aber genau da warn se gwesen, wie ich später auf Facebook gsehn hab. Beim sechsten Mal sehe ich überall Gämsen, aber koan Stoabock ned. Beim siebten Mal frage ich den Seilbahner, ob i an Vogel hab oder ob de Stoaböck wirklich grad ned umma san? Er habe sie aa scho länger nimma gsehn und i an dem Tag aa wieder ned! Beim achten Mal mache ich halbherzig ein paar Fotos von den vielen Gämsen, bis i daham seh, dass des koane Gämsen, sondern Stoaböck warn! Beim neunten Mal erzählt mir ein Wanderer, dass sie gleich hinter der Wegbiegung lägen. Doch als ich um die Ecke biege, sehe ich, dass ein frischer Schneerutsch sie wohl gerade verjagt hat … ganz unten im Tal laufen sie davon. I kannt rearn – jeder Japaner stolpert über sie und i find sie nie, da krieg i scho a Phobie und hab scho kaum mehr Energie. Beim zehnten Mal nehme ich mir extra einen Tag Urlaub. Die Seilbahn ist bereits in Revision, und tatsächlich entdecke ich am Grat der Rumer Spitze einen in der Sonne liegenden alten Steinbock. Und später liegen gleich mehrere Steinböcke direkt am Goetheweg, wie wenn sie nie woanders gwesen wärn! War i an dem Tag glücklich, als i endlich die Fotos im Kasten hatte …

Der Innsbrucker Klettersteig mit seinen zweifüßigen Böcken, aber auch vierfüßige könnten hier bei frühem Aufbruch auftauchen …

Dieser letzte Versuch zwingt mich dazu, vom Tal aus aufzusteigen, da die Seilbahn wie erwähnt in Revision ist. Wer die Bahn bis zur Seegrube oder gar bis zur Hafelekar-Bergstation nutzt, kann die Tour erheblich abkürzen oder bei etwas größerem Pensum den gesamten Goetheweg an der Rumer Spitze vorbei zur Pfeishütte und wieder zurückwandern (Gehzeit 4 ½ Std., 740 Hm).

Von der Talstation führt der Steig anfangs noch recht flach an der Seilbahn- Schneise entlang. Alleine ist man hier auf Grund der sportlichen Innsbrucker Stadtbewohner nie. Langsam wird es steiler, bei Hitze oder Föhn kann der Aufstieg ganz schön schweißtreibend sein. Manchmal kreuze oder streife ich die bekannte Mountainbike-Downhill–Strecke, wo man mutige Fahrer jeden Alters beobachten kann. Ich verlasse die Seilbahntrasse und quere in das Taubental, wo der Steig in engen Kehren durch den Latschengürtel und lichten Wald zur Bodensteinalm (1661 m) hochzieht. Die urige Hütte liegt bereits in sonniger Lage hoch über dem Inntal. Meine kulinarischen Favoriten sind die Kasknödelsuppe und der Kuchen; der Kaiserschmarren kommt nur bei bester Laune der Hüttenwirtin auf den Tisch.

Oberhalb der Hütte weiden im Frühjahr häufig Steinböcke. Weiterhin steil geht es durch die Latschen das Taubental hinauf. Auf Höhe der Seegrube könnte man zur Seegrube queren, ich nehme die letzten 400 Höhenmeter auf die Hafelekarspitze aber lieber direkt in Angriff. In einem freien Schotterfeld mache ich kurz Rast und sehe mit dem Fernglas nach, ob ich Steinböcke entdecke. Gämsen sind bereits auf den steilen Wiesen unterhalb des Goetheswegs auszumachen, doch die Steinböcke halten sich noch gut versteckt. Im Sommer sind an diesem Steilhang seltene alpine Pflanzen zu bewundern, darunter das fast pink leuchtende Dolomiten-Fingerkraut. Nach Passieren der Lawinensicherungen erreiche ich die Bergstation der Hafelekarbahn (2269 m), wo die Steinböcke häufig direkt vor dem Ausgang in der Sonne dösen. Heute leider nicht.

Der kurze Weg von der Bergstation auf die Hafelekarspitze (2334 m) ist sehr gut ausgebaut und daher auch für Familien mit kleineren Kindern eine Option. Die Aussicht auf die Zillertaler Alpen mit dem Olperer, auf die Tuxer Alpen und auf die Stubaier Alpen mit dem Zuckerhütl, die Ötztaler Alpen, das Zugspitzgebiet und das Karwendel ist phänomenal, und direkt unter mir liegt die Tiroler Hauptstadt Innsbruck genial in das Inntal eingebettet. Ich beschließe, die Steinböcke am Goetheweg zu suchen, und steige hierfür an der Nordseite des Gipfels rechts ab. Erst bewältige ich den steilen Gipfelhang in einigen Kehren, dann münde ich an Felsen vorbei in den Gleirschsattel.

Am Joch führt unsere Route wieder zur Seegrube zurück. Wer jedoch mit der Bahn hochgefahren ist und noch über ausreichend Zeit- und Kraftreserven verfügt, der sollte dem gut ausgebauten Goetheweg noch ein gutes Stück weit in Richtung Pfeishütte folgen. Der herrliche Panoramaweg ist einer der schönsten Höhenwege im Innsbrucker Raum. Auch ich mache heute mangels bisheriger Steinbock-Begegnungen noch einen Abstecher zur Rumer Spitze. Nach einer erfolgreichen Sichtung – ein Steinbock sitzt unmittelbar auf dem Grat und wärmt sich in der Sonne – kehre ich wieder zur Abzweigung am Gleirschsattel zurück. Doch auch auf dem Rückweg zur Seegrube habe ich Erfolg: In den steilen Wänden über mir sitzen doch glatt zwei Steinböcke, ein Kitz spielt direkt daneben, aber eine Geiß ist weit und breit nicht zu sehen. Ein Kitz ohne Mutterschutz, das ist wirklich eine Seltenheit! Ich genieße den Augenblick, beobachte die Steinböcke noch lange und fotografiere dabei. Dann ziehe ich glücklich weiter.

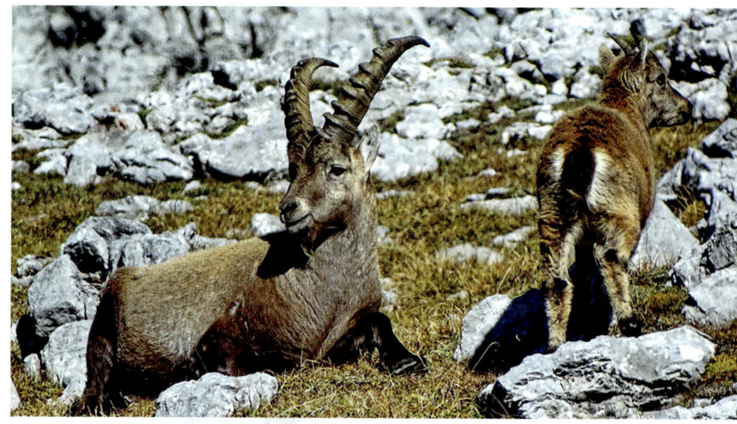

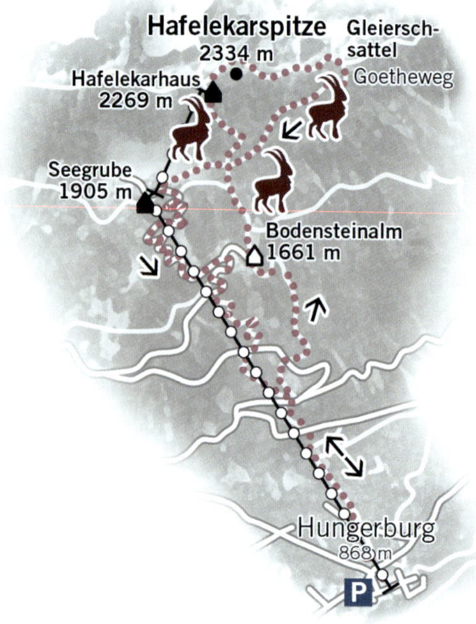

Hungerburg → Bodensteinalm → Bergstation Hafelekar → Hafelekarspitze → Gleierschsattel → Seegrube → Hungerburg

16

In zahlreichen Kehren unterhalb der Seilbahntrasse empor → Abzweig rechts in das Taubental zur Bodensteinalm → zunehmend steiles Latschen- und Schuttgelände zur Bergstation Hafelekar → bequemer Steig auf die nahe Hafelekarspitze → steiler Abstieg in den Gleierschsattel und rechts auf dem Goetheweg zur Bergbahnstation Seegrube → langer Abstieg auf dem Mountainbike-Parcours sowie Forstwegen und Steigen nach Hungerburg

Weglänge	12 km
Gehzeit	7 Std.
Höhenmeter	1480
Schwierigkeit	▲▲

Anfahrt

ÖVM Mit der Bahn nach Innsbruck, Bus Linie J zu den Nordkettenbahnen im Stadtteil Hungerburg

Auto A 12 Inntalautobahn Ausfahrt Innsbruck West, nordwärts über den Inn zum Stadtteil Hötting und über die Höhenstraße nach Hungerburg

Ausgangspunkt Gebührenpflichtiger Parkplatz oberhalb der Nordkettenbahn, B: 47°17`13,21" L:11°23`54,35"

Charakter Relativ steiler südseitiger Anstieg mit großartigem Innsbruck- und Bergpanorama. Wer sich den steilen und langen Anstieg zum Hafelekar spart (Bergbahn), kann die Wanderung auf dem landschaftlich großartigen Goetheweg bis zur Rumer Spitze oder Pfeishütte ausdehnen.

Wegweiser Seegrube Seilbahnsteig, Bodensteinalm, Hafelekar, Seegrube, Hungerburg

Steinbock-Sichtungen m Frühjahr bereits oberhalb der Bodensteinalm in den freien steilen Wiesenhängen. Im Sommer an den Gipfelgraten und -hängen der Hafelekarspitze, an heißen Tagen auch nordseitig oder an kühlen Bergflanken. Mitunter sitzen sie gar hinter der Tür der Bergstation Hafelekar oder in der Einfahrt der Bahn. Die Tiere wandern bei starkem Andrang auch gerne Richtung Rumer Spitze und Stempeljoch. Seilbahnnutzer sollten sich beim Gondelführer erkundigen.

Einkehr

- Bodensteinalm, Tel. +43-664-1043945, Mai bis Anfang November
- Bergrestaurant Seegrube, Tel. +43-664-8844 7817, www.seegrube.info
- Karstube Hafelekar, Tel. +43-664-4440783, jeweils während der Betriebszeiten der Bahn

Variante Mit der Nordkettenbahn auf die Bergstation Seegrube (Spielplatz, daher kindertauglich) oder bis zur Bergstation Hafelekar, von dort Aufstieg auf die Hafelekarspitze und auf dem Goetheweg zurück

Info Nordkettenbahnen Innsbruck, Tel. +43-512-293344, www.nordkette.com

Karte Wk Nr. 26 Karwendelgebirge, 1:50.000

Der Goetheweg quert über steilen Wiesen- und Felsgelände etwas ausgesetzt bis zur Bergstation Seegrube (1906 m) hinab. Mit ein bisschen Glück trifft man hier noch auf Gämsen und weitere Steinböcke.

Ein Kitz im Bockrudel ist ungewöhnlich, aber weit und breit keine Geiß in der Nähe ...

17 Aufregende Gipfelbegegnung

Tourenziel: Großer Solstein 2541m und Kleiner Solstein 2637 m
Weglänge: 24 km | Gehzeit: 9 Std. | Höhenmeter: 1800 | ▲▲–▲▲▲

Meine erste Steinbockbegegnung hatte ich am Kleinen Solstein, ein Erlebnis, dass ich nie vergessen werde. Nach dem langen Aufstieg von Zirl war ich am ausgesetzten Gipfelgrat schon richtig müde. An der etwa zwei Meter langen Schlüsselstelle geht es beidseitig hunderte von Metern in den Abgrund. Ausgerechnet hier seh i, no voi auf den Weg konzentriert, im Blickwinkel a Tier. Beim nochmaligen Hinsehen erschreck i gscheit, denn da sitzt doch glatt a oider Stoabock auf da andern Gratseitn und schaut mi recht komisch an. Hmmm, i muss aber da rüber, nur 100 Meter no zum Kreiz, trau mi da aber ned vorbei. I red mit eam, koane drei Meter entfernt, doch der rührt se ned, als tät er mi ignorieren! Voi bled, i hust amoi voi laut, er niest zruck, hat ihn wohl a erschreckt. Er steht auf, gscheit groß is er jetzt, no dazua de Hörner, das macht mir scho a wenig Angst! I kann aber ned so recht zruck, und er geht auf mi zua. Der werd mi doch ned owi bocken wolln? I weich zrück, schnaubend geht er an mir vorbei. Mir fällt des Herz fast in de Hosn, aber da Weg zum Gipfelkreiz is wieda frei.

Auch bei einer weiteren Tour auf die Solsteine habe ich Steinböcke gesichtet. Auf Grund der Länge der Tour empfehle ich auf einer der beiden Alpenvereinshütten eine Übernachtung einzulegen. Vor allem das am Erlsattel gelegene Solsteinhaus bietet eine phänomenale Aussicht auf die Kalkkögel und die Sellrainer Berge. Der Anstieg vom Hochzirler Bahnhof (920 m) führt im unteren Abschnitt etwas monoton auf dem Fahrweg durch den Wald (Weg-Nr. 213). Nach Passieren der Materialseilbahn mündet der Weg in einen Steig, der anregend durch lichten Wald, Schuttgräben und über die schön gelegene Solnalm (1643 m) zum Solsteinhaus (1806 m) führt.

Ein alkoholfreies Weißbier an diesem heißen Tag, dann geht es mit frischen Kräften auf zum Gipfelsturm. Der Anstieg durch die mäßig steile Westflanke ist von der Hütte bereits gut einsehbar. Nach kurzem Abstieg in den Graben zieht der Steig durch den ausgedehnten Latschengürtel empor. In der Sommerhitze herrschen hier saunaähnliche Temperaturen. Oberhalb der Latschenzone könnten wir vor allem im Frühjahr bereits auf die ersten Steinböcke treffen. Bis zum Almauftrieb im Frühsommer sind sie häufig rund um den Großen Solstein zu finden, einzelne Verdauungsspuren kann ich teilweise noch sehen. Es gibt in diesem Gebiet jedoch auch große

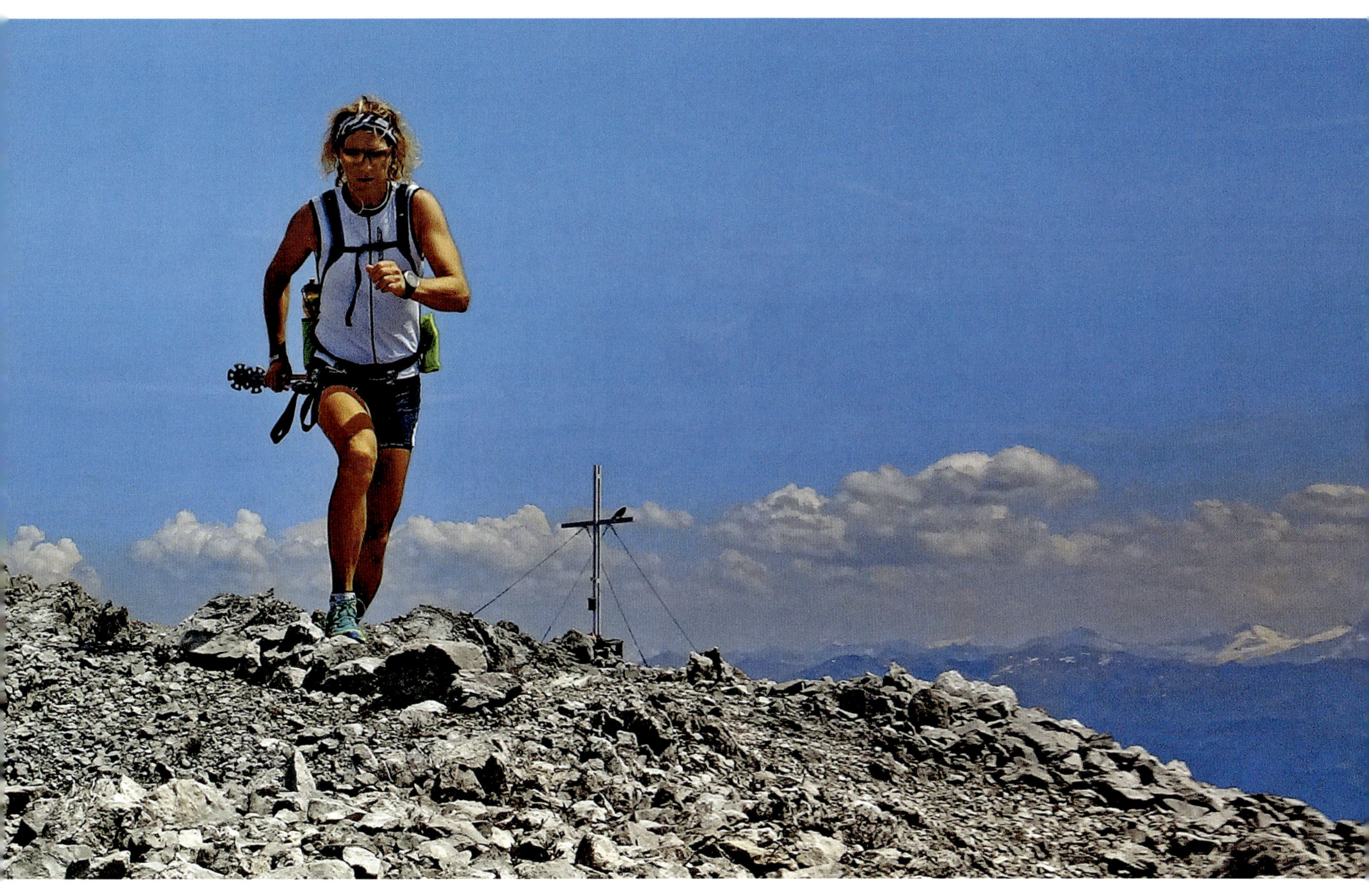

Der breite Gipfelbereich des Kleinen Solsteins täuscht über den hochalpinen Anstieg hinweg.

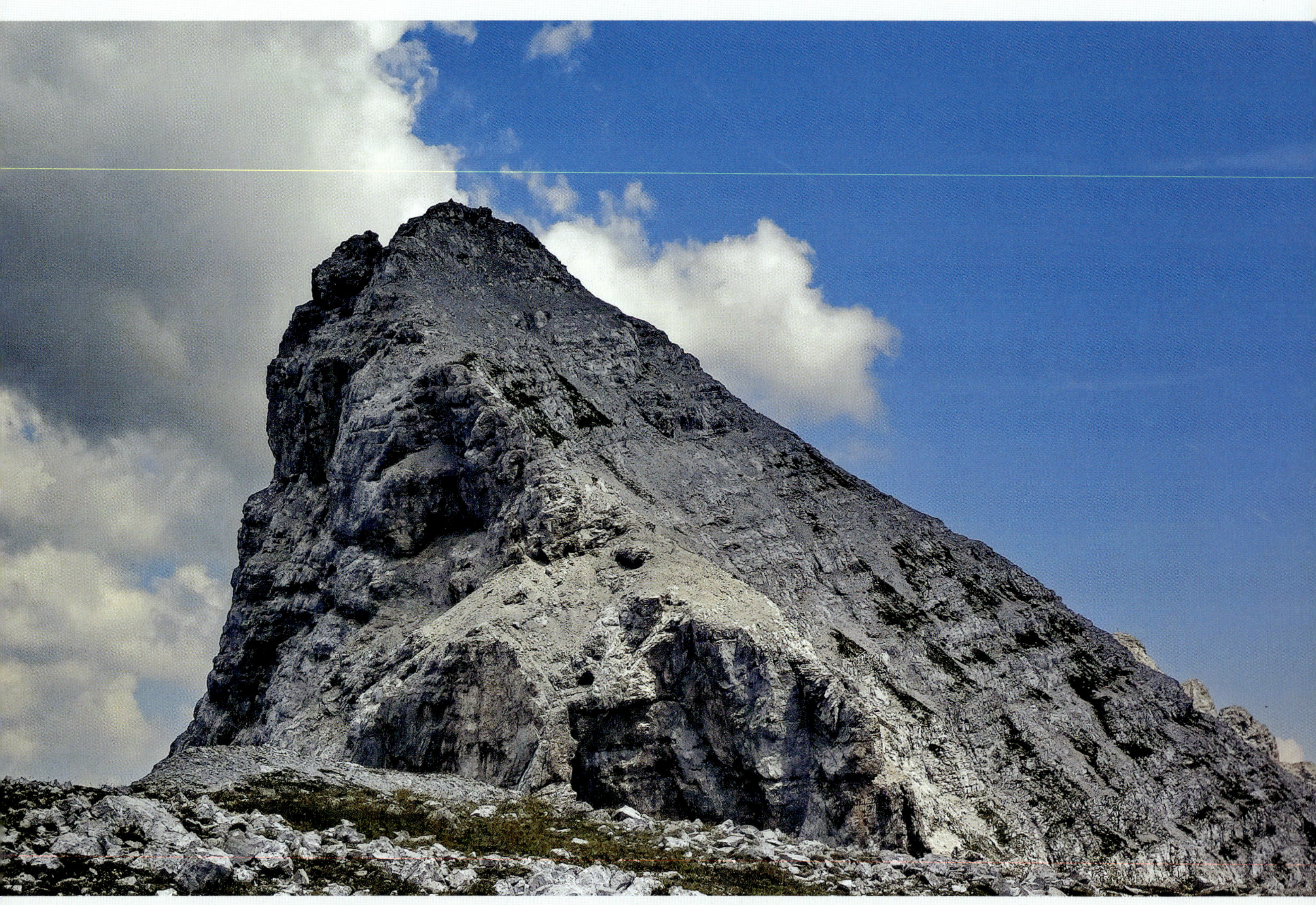

Kleiner Solstein: Der Anstieg verläuft über den rechts herabziehenden Grat.

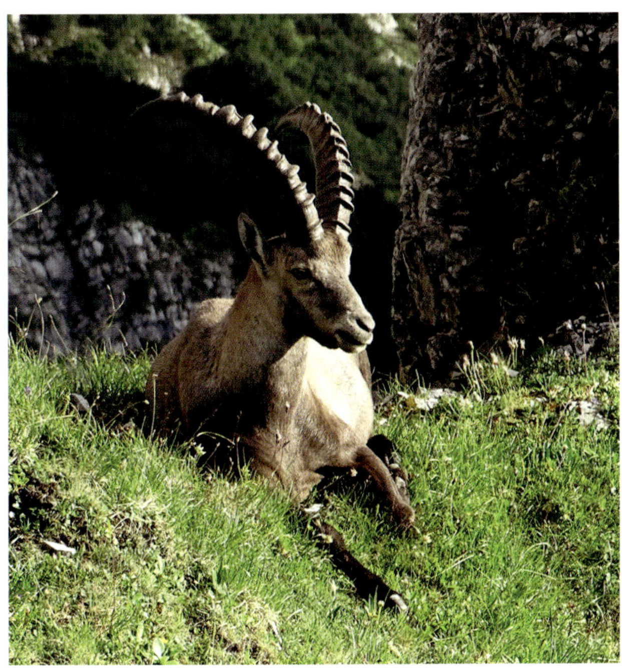

Kuscheliger Rastplatz an exponierter Stelle beim Abstieg am Schützensteig

Gamsrudel, die sich vor allem am südlich gelegenen Kalblboden aufhalten. Wer den landschaftlich reizvollen kleinen Umweg in Kauf nehmen will, folgt dem abzweigenden Weg Richtung Magdeburger Hütte und kehrt dann auf Steigspuren zur Hauptroute zurück. Nach dem Schlussabschnitt auf dem karstigen Rücken erreiche ich bei einem angenehmen Lüfterl den unglaublich aussichtsreichen Gipfel des Großen Solsteins (2541 m). An diesem Tag weiden die Schafe in Gipfelnähe, folglich wird hier kein Steinbock in der Nähe sein …

Beeindruckend ist von hier auch der Blick in die steile Nordostwand des Kleinen Solsteins. Der Übergang zum Nachbarsgipfel ist entschieden anspruchsvoller als der bisherige Wegverlauf, Trittsicherheit, Schwindelfreiheit und alpine Erfahrung sind hier unablässig. Vereinzelt bilden sich bereits quellende Kumuluswolken, mögliche Vorboten eines Gewitters. Rasch steige ich in die karge Mulde ab, um dann die Querung zum sichtbaren Gipfelgrat zu bewältigen. Höhepunkt ist das Passieren einer verstecken Schlucht auf einem ausgesetzten, mit Drahtseilen gesicherten Felsband. Mitten in der Steinwüste sorgen die lila blühenden Alpen-Leinkräuter für Farbtupfer – die anspruchslose Alpenblume wächst an den ungemütlichsten Stellen.

Nach der alpinen Querung steige ich über den breiten Südgrat steil über Schotter und Fels zum westlichen Vorgipfel (2629 m) hinauf. Am Wegesrand sind immer wieder Steinbockspuren zu sehen, doch weit und breit kein einziges Tier. Auch an der Schlüsselstelle mit dem imposanten Tiefblick lässt sich der Steinbock meiner Erstbegegnung nicht blicken. Also geht es dieses Mal ohne Adrenalinschub zum Gipfelkreuz des Kleinen Solsteins (2637 m) hinüber. Welch beeindruckender Aussichtsberg: Hinter den Stubaier Alpen reicht die Sicht bis nach Südtirol, auch die Tuxer und Zillertaler Berge, das Karwendel und Zugspitzgebiet sowie die Mieminger und Kühtaier Berge sieht man von hier. Also normalerweise, denn heute wird die Wolkenkulisse immer bedrohlicher und mir bleibt wenig Zeit für den Gipfelgenuss.

Nach der Rückkehr in die Senke zwischen beiden Solstein-Gipfeln entdecke ich links unterhalb des Großen Solsteins zwei graubraune Schatten. Ich steige den links abzweigenden Schützensteig Richtung Magdeburger Hütte ab und erkenne durch mein

17

Fernglas: tatsächlich, zwei junge Steinböcke! Etwas tiefer suche ich mir auf einer Geländekante einen gemütlichen Beobachtungsplatz und warte in Ruhe ab. Ein Steinbock zieht am Kamm entlang zu mir hoch, entweder sieht er mich nicht oder er ignoriert mich einfach, jedenfalls verliere ich ihn wieder aus den Augen! Wo ist er bloß hin? Nach einer kurzen Trinkpause fotografiere ich den anderen Steinbock unter mir, beobachte ihn und mache mir ein paar Notizen. Plötzlich rieseln kleine Steine auf meinen Rucksack herab. Erschrocken drehe ich mich um und erblicke den zwischendurch abgetauchten Bock gerade sieben Meter über mir. Ein einziges Foto gelingt mir von ihm, dann versteckt er sich auch schon wieder hinter den Felsen.

Ein Gewitterdonner mahnt mich zur Eile. Ich folge dem wildromantischen Schützensteig, der teilweise ausgesetzt unterhalb imposanter Felswände quert, stets auf das Wetter achtend, konzentriert nach unten. Nur die zahlreichen Edelweiße am Wegesrand ermuntern mich zu einer kurzen Fotopause. Dann reißt der Himmel wieder auf, die Sonne brennt herunter und es ist wieder richtig heiß. Glück gehabt.

An der Neuen Magdeburger Hütte (1637 m) lege ich eine Pause ein. Nach der Stärkung mit Kaffee und Kuchen gibt mir der Hüttenwirt den Tipp: „Steig doch über die Kirchbergalm ab, is vü schena und a schnölla!“ Seinem Rat folgend wandere ich eine Forststraße querend über die Kirchbergalm (1471 m) in den Hörbstenboden hinab. Hier geht es rechts ein Stück auf einem weiteren Forstweg und nach wenigen hundert Metern abermals rechts auf schönem Pfad in die Ehnbachklamm hinab. Der Pfeifton des Zuges ist bereits von Weitem zu hören.

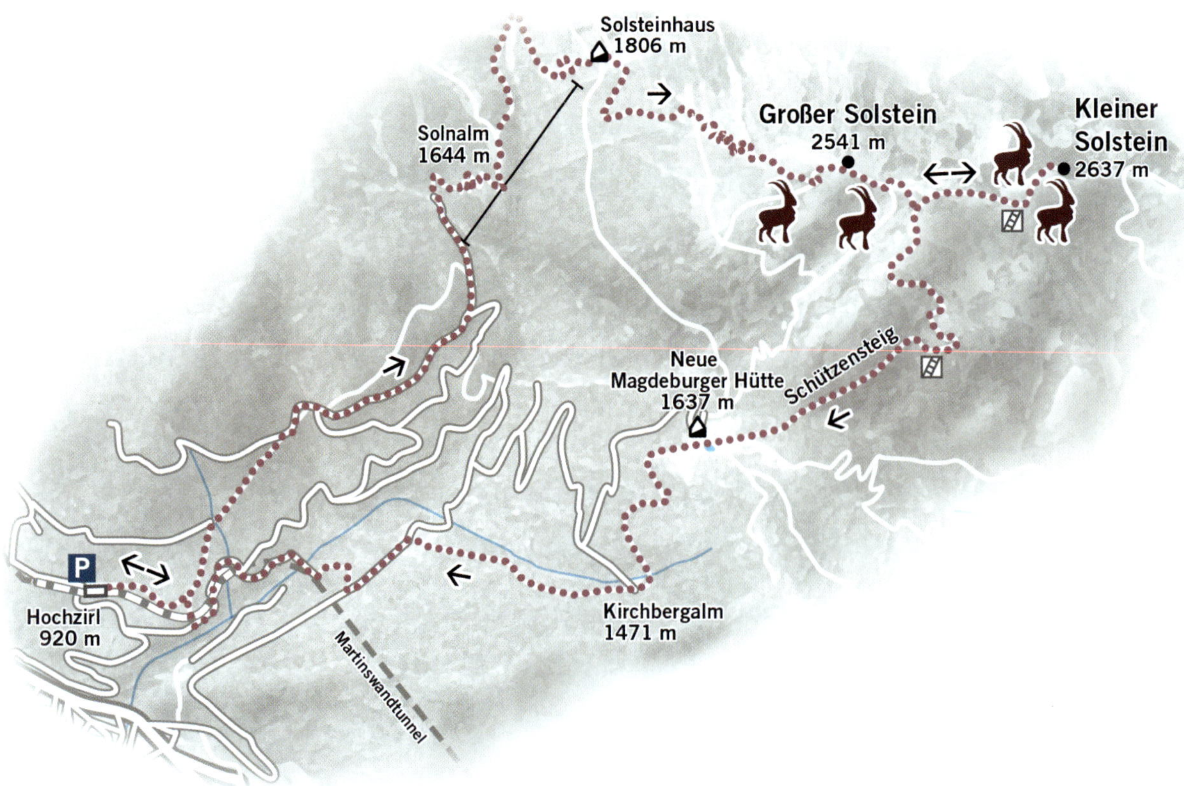

17

Hochzirl → Solsteinhaus → Großer Solstein → Kleiner Solstein → Neue Magdeburger Hütte → Kirchbergalm → Hochzirl

Vom Bahnhof Hochzirl gut beschildert auf bequemem Waldweg ostwärts, dann anfangs steil auf dem Forstweg zur Materialseilbahn und auf anregendem Steig zum Solsteinhaus → durch den Latschengürtel und in zahlreichen Kehren über den breiten Gipfelrücken zum Großen Solstein empor → Abstieg in eine Senke, ostwärts eine abschüssige Felsschlucht queren (Drahtseile) und auf dem Südgrat an einer Stelle sehr ausgesetzt auf den Kleinen Solstein → Abstieg zur Senke zwischen den Solsteinen und auf dem Schützensteig zur Neuen Magdeburger Hütte → über die Kirchbergalm in das Ehnbachtal und kurzer Gegenanstieg zum Parkplatz

Weglänge 24 km
Gehzeit 9 Std.
Höhenmeter 1800
Schwierigkeit ▲▲▲ (Großer Solstein ▲▲)

Anfahrt

ÖVM Mit der Bahn von Mittenwald über Seefeld oder von Innsbruck nach Hochzirl

Auto B 2 über Mittenwald nach Scharnitz, B 177 über Seefeld den Zirler Berg hinab, beim Ortsschild Zirl rechts abbiegen (alternativ Inntalautobahn A 12 Ausfahrt Seefeld/Garmisch und nach Zirl, im oberen Ort steile Auffahrt nach Hochzirl, nach der Unterführung rechts zum Bahnhof

Ausgangspunkt Parkplatz am Bahnhof von Hochzirl, B:47°16`53,51“ L:11°14`50,22“

Charakter Anspruchsvolle Besteigung des höchsten Nordketten-Gipfels mit einfacher Kletterei und einigen ausgesetzten Passagen. Schwindelfreiheit und Trittsicherheit sind unabdingbar! Einfacher ist die Besteigung des Großen Solsteins, obwohl auch hier beim Abstieg zur Magdeburger Hütte gesicherte Steilstufen zu meistern sind.

Wegweiser Solsteinhaus, Großer und Kleiner Solstein, Neue Magdeburger Hütte, Hochzirl

Steinbock-Sichtungen Über den Latschenwäldern vor und nach der Weidezeit am gesamten Großen Solstein, im Sommer ab der Senke zwischen den Solsteinen bis zum Gipfelbereich des Kleinen Solsteins. Am Schützensteig habe ich die Steinböcke einmalig gesehen, als die Schafe noch nicht geweidet haben. Wenn viele Wanderer unterwegs sind, flüchten die Steinböcke auch Richtung Hintere Brandjochspitze und auf die einsamen Grate dazwischen.

Einkehr und Übernachtung

- Solsteinhaus, Tel. +43-5232-81557, Mitte Mai bis Anfang Oktober, www.solsteinhaus.com
- Neue Magdeburger Hütte, Tel. +43-664-4236137, www.magdeburger-huette.at

Karte Kompass Wk Nr. 36 Innsbruck Brenner, 1:50.000

18 Spurensuche im Schnee

Tourenziel: Gschnitzer Tribulaunhütte 2064 m
Weglänge: 9 km | Gehzeit: 4 ½ Std. | Höhenmeter: 830 | ▲

Das Gschnitztal, ein Seitental vom Wipptal, ist ein schönes und ruhiges Hochtal. Bereits bei der Anfahrt wird die Bergkulisse immer beeindruckender. Am Parkplatz des Gasthofs Feuerstein beginnen namhafte Touren über die Innsbrucker Hütte auf den Habicht oder über die Bremer Hütte auf die Feuersteine. Heute aber ist die wunderschön auf einem Felsen gelegene Gschnitzer Tribulaunhütte mein Ziel. Es soll dort gerüchtehalber vor Steinböcken ja fast wimmeln, ich möchte sie unbedingt finden. Doch es ist schon Ende September und in den Bergen hat es schon einige Male bis weit herunter geschneit. Is sicher voi guat geeignet zum Spuren suachn, denk i ma und werd dann nach der Arbeit noch schnell rauflaufen, um mi nach de Stoaböckerl umzuschaun. Der gute Andi hat aber leider nicht bedacht, dass es schon wieder vü früher dunkel wird, und bei schlechtem Licht gibt's kane scharfen Fotos. Werd wohl a schware Partie fia mi!

Vom Parkplatz laufe ich die Straße ein kleines Stück über die Brücke zurück und rechts zum Gschnitzer Mühlendorf. Am Ende des idyllischen Museumsdorfs, das von Mai bis September geöffnet hat (Eintritt 3 EUR), stürzt der imposante Sandeswasserfall geräuschvoll in den Talboden. Neben dem Wasserfall führt der Weg Nr. 127 in steilen Serpentinen nach oben. Die feuchten Bedingungen scheinen dem ab Spätsommer blühenden Schwalbenwurzenzian zu gefallen, der einen Meter lang werden kann und mit bis zu 30 Blüten bestückt ist.

Das Waldwegerl führt gemütlich in die Höhe. Die Lärchen sind schon goldgelb gefärbt und die Wiesen werden schon braun. Die Forststraße zweimal querend komme ich an der Wildfütterungsstelle vorbei. Im Winter ist hier Hochbetrieb, doch jetzt führt der Raue Enzian Regie. Im Frühling könnte man hier bereits den ersten Steinböcken begegnen, doch heute habe ich leider noch keine entdeckt. Im Latschengürtel öffnet sich das Sandestal, und am Hirtenhütterl im Almgebiet Vordersandes sieht man erstmals die Tribulaunhütte. Noch immer keine Steinbockspuren, aber das heißt noch nichts. Etwas oberhalb in den Geröllfeldern und steilen Almwiesen beobachte ich sieben Gämsen beim Äsen.

Die Felskulisse der Tribulaune wird immer beeindruckender. Ich erreiche die ausgedehnten

Das Gedenkkreuzerl im Schneetal oberhalb der Tribulaunhütte ist ein guter Beobachtungsort für Steinbock-Sichtungen.

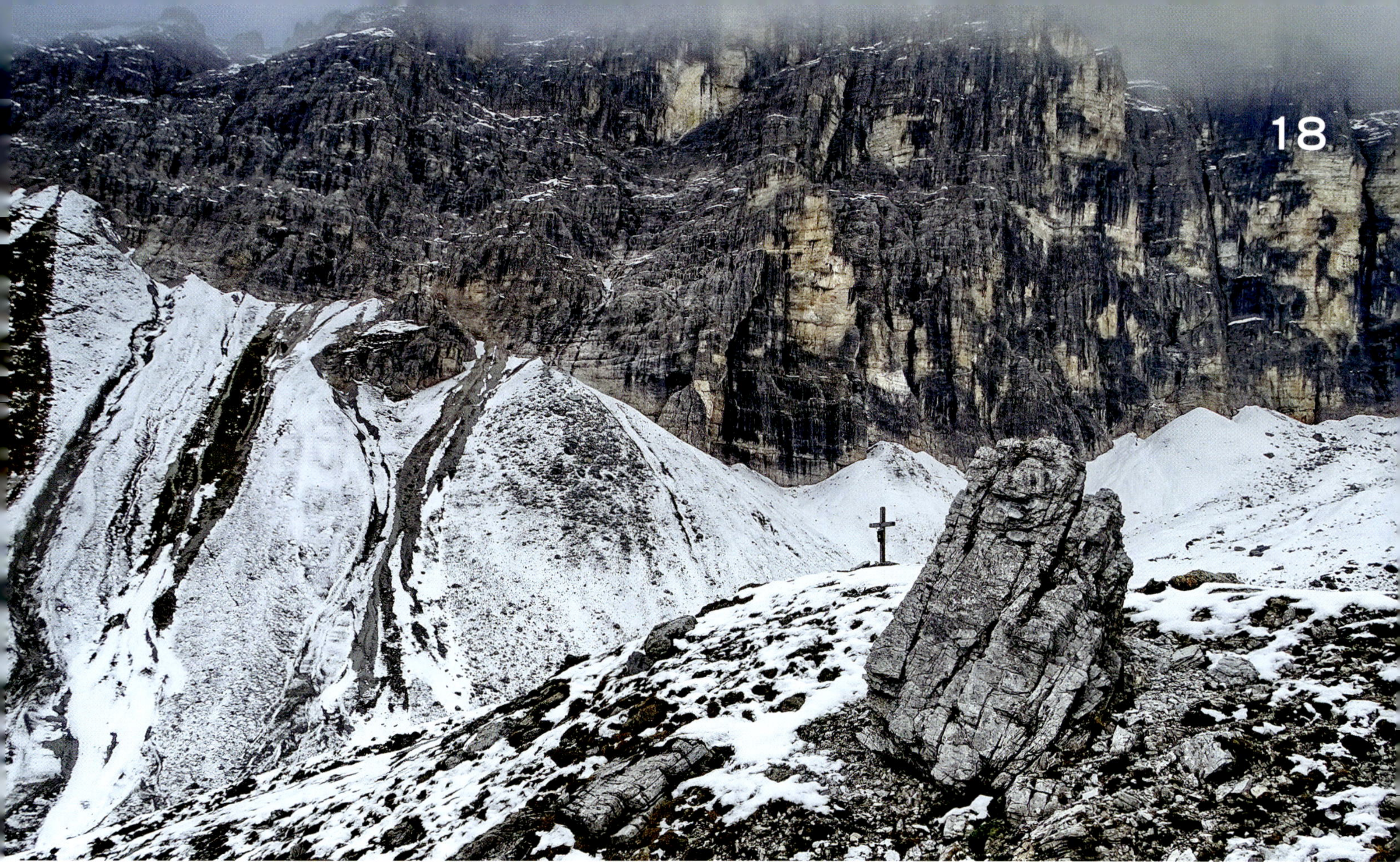

Schuttfelder unterhalb der Hütte, eine Steilstufe wird mit vielen Kehren bewältigt. In den Schneeresten der letzten Tage entdecke ich die ersten Verdauungsreste der Steinböcke, doch sehen kann ich leider keinen. Am Schluss geht es fast eben Richtung Süden zur wunderschön auf einer Felskanzel liegenden Tribulaunhütte (2064 m). Ab hier beginnt im Sommer das Steinbockrevier. Die sympathischen und hilfsbereiten Hüttenleute geben mir ein paar wertvolle Tipps für die Suche nach den magischen Tieren. „Lauf doch das Wegerl Richtung Schneetal noch a Stückerl hoch, gleich hinterm Haus auf dem Hügel steht ein Gedenkkreuzerl. Hier sind die Steinböcke sehr oft, manchmal aber auch gut versteckt", empfiehlt mir Verena. Und der Hüttenwirt ruft mir noch nach: „Schau da mal die linken Felsen genauer an!"

Gesagt, getan! 150 Höhenmeter weiter oben am Kreuzerl angekommen, entdecke ich bereits die ersten frischen Spuren im Altschnee. Mit Hilfe des Fernglases erspähe ich ganz oben am Gschnitzer Tribulaun mitten auf dem Felsgrat einen jungen Steinbock. Ganz einsam, weit über mir, beobachtet er mich. Er hat sich schon zur Ruhe gelegt und wartet auf die lange Nacht. Ein paar scharfe Fotos

18

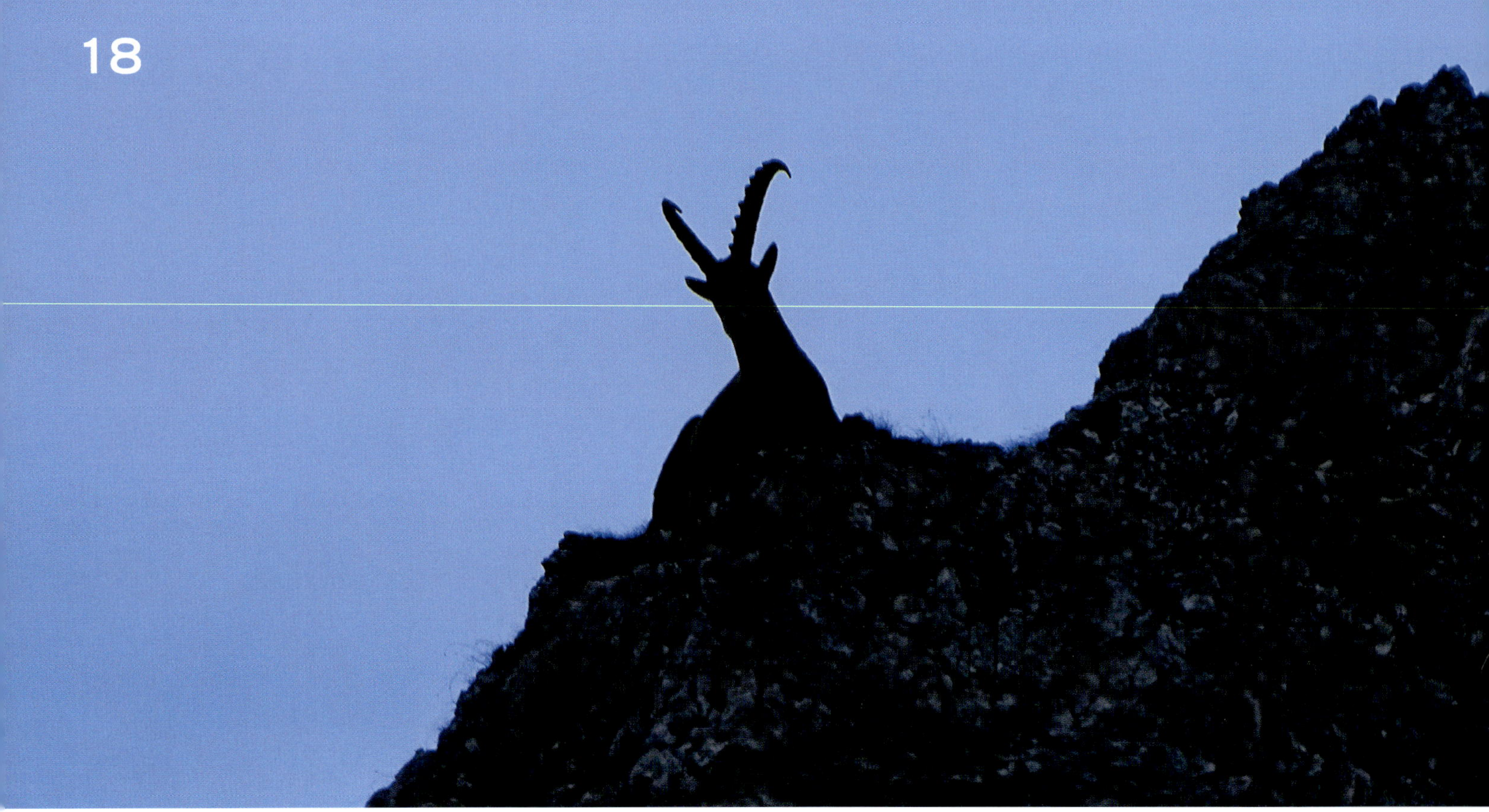

Schatten und Nebelreißen – da bleibt als Fotomotiv nur die Silhouette am Grat …

bringe ich trotz des diffusen Lichts noch zusammen. Voi super! Der begeisterte Hüttenwirt berichtet mir später in der Hüttenstube noch von weiteren aktuellen Sichtungsorten der von mir so verehrten Steinböcke. Über dem zur Hütte führenden Fahrweg etwa seien zwei ältere Böcke beim Äsen in den steilen Almwiesen zu sehen. Die Geißen mit den jungen Kitzen hingegen haben wir an diesem Tag beide nicht entdeckt, aber für gute Fotos war das Licht ohnehin längst zu schlecht …

Die inzwischen vorgerückte Stunde zwingt mich auf dem schön zu laufenden Aufstiegsweg zu einem rasanten Downhill. Alternativ könnte man auf dem Hüttenfahrweg absteigen, vor allem bei aufkommender Dunkelheit eine gute Option. Er führt in einer im hinteren Sandestal weit ausholenden Schleife zurück zum Ausgangspunkt. Auch bei sportlichen Moutainbikern ist die etwa sieben Kilometer lange und im Schnitt zwölf Prozent steile Auffahrt zur Hütte recht beliebt.

Parkplatz Feuerstein → Tribulaunhütte und zurück

Vom Museumsdorf (Sandeswasserfall) auf schattigem Steig in das sich öffnende Sandestal → talein auf die weithin sichtbare Hütte zu, die zuletzt in mehreren Serpentinen und zuletzt flacher Querung erreicht wird (AV-Weg 127) → Rückweg auf der selben Route oder auf dem längeren Fahrweg

Weglänge	10 km
Gehzeit	3,5 Std.
Höhenmeter	770
Schwierigkeit	▲

Anfahrt Brenner-Autobahn A 13 bis Ausfahrt Matrei, B 182 nach Steinach, beim ersten Kreisverkehr Richtung Gschnitz abbiegen, L10 bis zum Parkplatz am Ortsende von Gschnitz folgen (rechte Straßenseite hinter dem Gasthaus Feuerstein)

Ausgangspunkt Parkplatz Feuerstein am Ortsende von Gschnitz, B: 47°01`42,24“ L: 11°19`54,57“

Charakter Die Gschnitzer Tribulaunhütte liegt malerisch am Fuß des Gschnitzer Tribulauns. Die landschaftlich wunderschöne Wanderung ist auch mit bergerfahrenen Kindern gut zu bewältigen.

Wegweiser Gschnitzer Tribulaunhütte

Steinbock-Sichtungen Im Spätfrühling und bei Winterbeginn schon im vorderen Sandestal, im Sommer und Herbst im hinteren Talende auch oberhalb der Hütte in den Schotterfeldern und an den Graten. An heißen Tagen bevorzugen die Steinböcke die Gipfel- oder Jochnähe. Die Wirtsleute der Hütte geben sehr gerne die letzten Sichtungsstellen bekannt.

Einkehr Gasthof Feuerstein, Tel. +43-5276-78045, www.gasthof-feuerstein.at/gschnitz.html

Übernachtung Gschnitzer Tribulaunhütte, Tel. +43-664-4050951, Anfang Juni bis Anfang Oktober, www.tribulaunhuette.at

Karte Kompass Wk Nr. 36 Innsbruck Brenner, 1:50.000

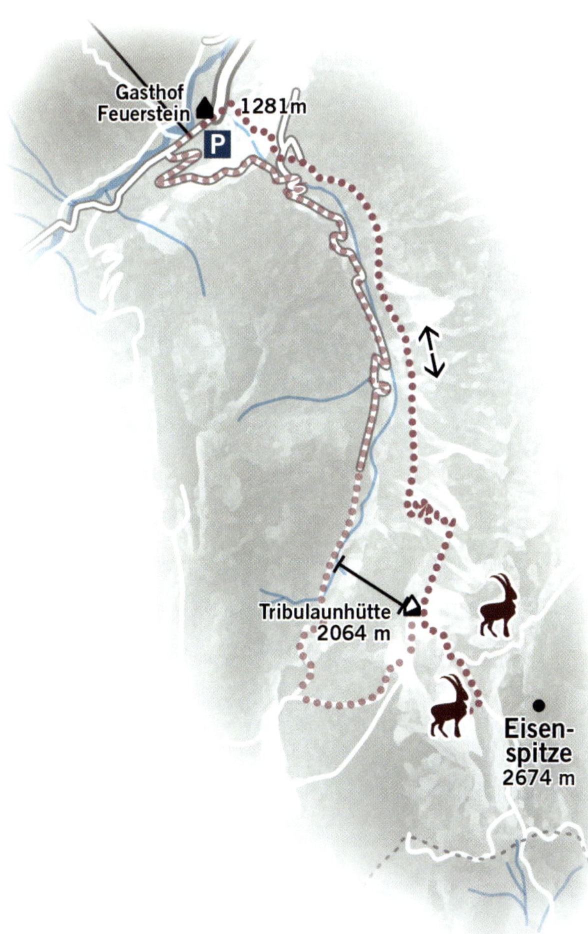

19 Föhnsturm mit Regenbogen

Tourenziel: Tribulaunhütte über Gargglerin 2470 m
Weglänge: 13 km | Gehzeit: 5½ Std. | Höhenmeter: 1200 | ▲▲–▲▲▲

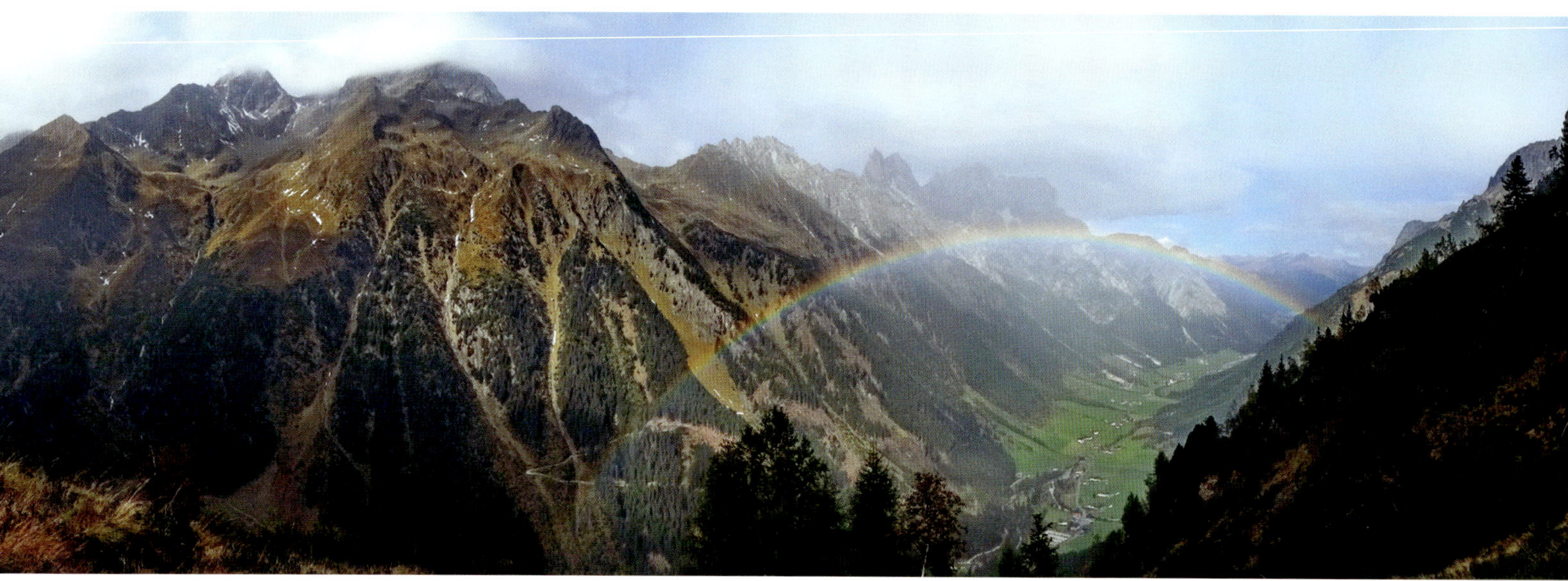

Bei meinem letzten Besuch auf der Gschnitzer Tribulaunhütte (siehe Tour 18) haben mir die Hüttenwirtin Verena und ihr netter Mann einen echten Geheimtipp verraten, wo ich Steinbock-Rudel finden könne: beim Hüttenzustieg über die benachbarte Gargglerin. Also ein zweiter Versuch vom Gasthof Feuerstein in Richtung Tribulaune, doch dieses Mal deutlich anspruchsvoller als auf dem bequemen Normalweg. Vor allem die Querung unterhalb der Tribulaun-Westwand ist aufgrund des häufig durch Steinböcke ausgelösten Steinschlags durchaus heikel. Wenn dann auch noch der Föhnsturm hinzukommt, ist das Abenteuer am Berg perfekt. Auch mein Verleger, der Michael, ist am gegenüberliegenden Habicht zur selben Zeit mit Freunden unterwegs. Sie suachen im aufkommenden Nebel mutig das Gipfelkreiz und i bei Sturm, Regen und Graupelschauern de Stoaböck. Aber eins ist meist sicher bei solchem Wetter: Es wird einzigartige Stimmungen geben.

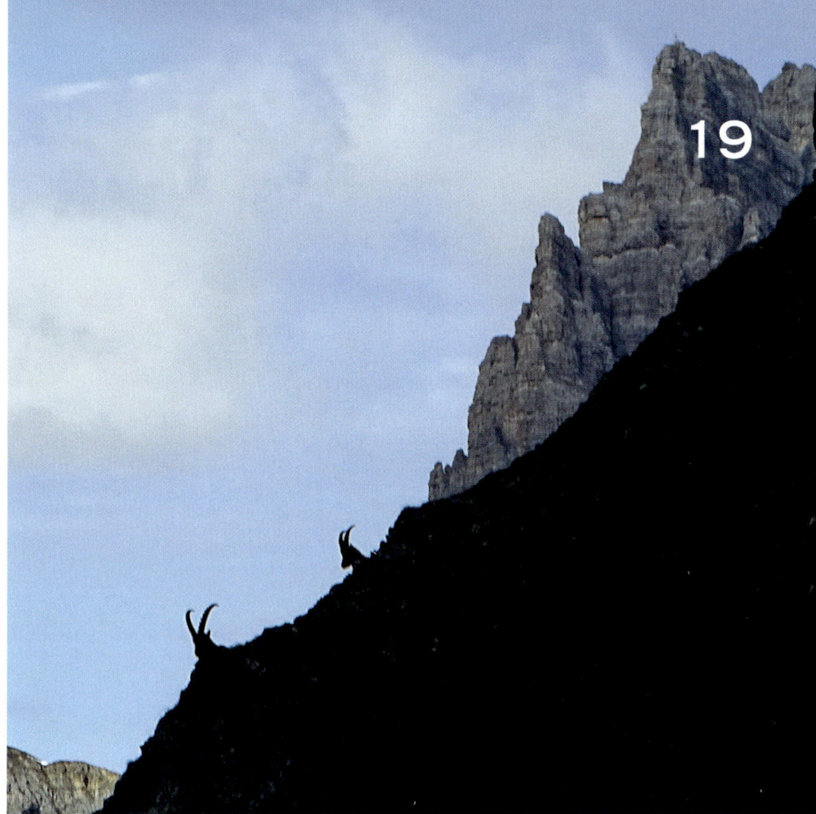

Beim Gasthof Feuerstein zeigt mein Thermometer nur noch zehn Grad, in Innsbruck waren es noch 23 Grad gewesen. Der stürmische Wind treibt schon die ersten tiefen Wolken über den Tribulaun auf meine Talseite herüber, Regen droht. Dem Wald gerade entwichen, entdecke ich bereits erste Spuren von Steinböcken; überraschend tief, aber zu Beginn der Brunftzeit gehen manche Steinböcke ihre eigenen Wege. Es wird gleich richtig frisch, vom Sturm gepeitschte Regenschauer ziehen vorüber und bieten mir ein einzigartiges Schauspiel: Ein Regenbogen überspannt das gesamte Tal. Kurz genießen, dann geht es gegen den Sturm steil über Almmatten nach Süden auf einen Grat zu, der zum Badlsattel und zur Garggerlin hinüberführt.

In der Gipfelwand links von mir höre ich trotz des Sturms manchmal Steine herabfallen, aber keine Tiere weit und breit. Ich folge dem Steig noch ein Stück weit in die Schneefelder, als ich ganz frische, dunkelbraun glänzende Verdauungsreste entdecke; sie sind nur ein paar Minuten alt. Ich sehe mich um und erblicke etwa zwanzig Meter über mir einen Steinbock, und nicht weit entfernt einen weiteren. Wir beobachten uns gegenseitig. Ich setze mich hin, packe den Fotoapparat aus und warte erst mal ab, was passiert; ich will den Böcken einfach Zeit geben, um sich an mich zu gewöhnen. Kurz darauf legen sich beide wieder zur Ruhe. Dann treibt der Sturm mich in den Windschatten der Felsen. Ein Graupelschauer geht nieder, die Sicht ist gleich null und mir wird kalt. Kaum ist der kurze Schauer wieder vorbei, sind auch die Steinböcke wie vom Winde verweht. Keiner mehr zu sehen. Wie schade. Dann fallen wieder Steine, dieses Mal knapp an mir vorbei. Ich schaue nach oben und entdecke das Steinbock-Duo auf einem ausgesetzten Grat; es hat sich schon wieder ein ruhiges Plätzchen gesucht.

Jetzt aber weiter, die wenigen Bilder und Beobachtungen müssen erst mal reichen. Nach einer Steilhangquerung erreiche ich die Badlscharte, von der nordwärts der kurze, aber steile Gipfelsteig zur Gargglerin (2470 m) abzweigt. Wer trittsicher ist, schafft den finalen Anstieg durch das lose Geröll locker in einer halben Stunde. Auch ich steige kurz hinauf, vielleicht kann ich dann die Steinböcke noch von oben beobachten. Traumhaft ist der Blick

Regenbogen über dem Gschnitztal – gegenüber ist der Habicht mit einer Föhnsturmhaube zu erkennen. (l)
Die steile Felskulisse des Tribulauns prägt die Tour an der Gargglerin.

19

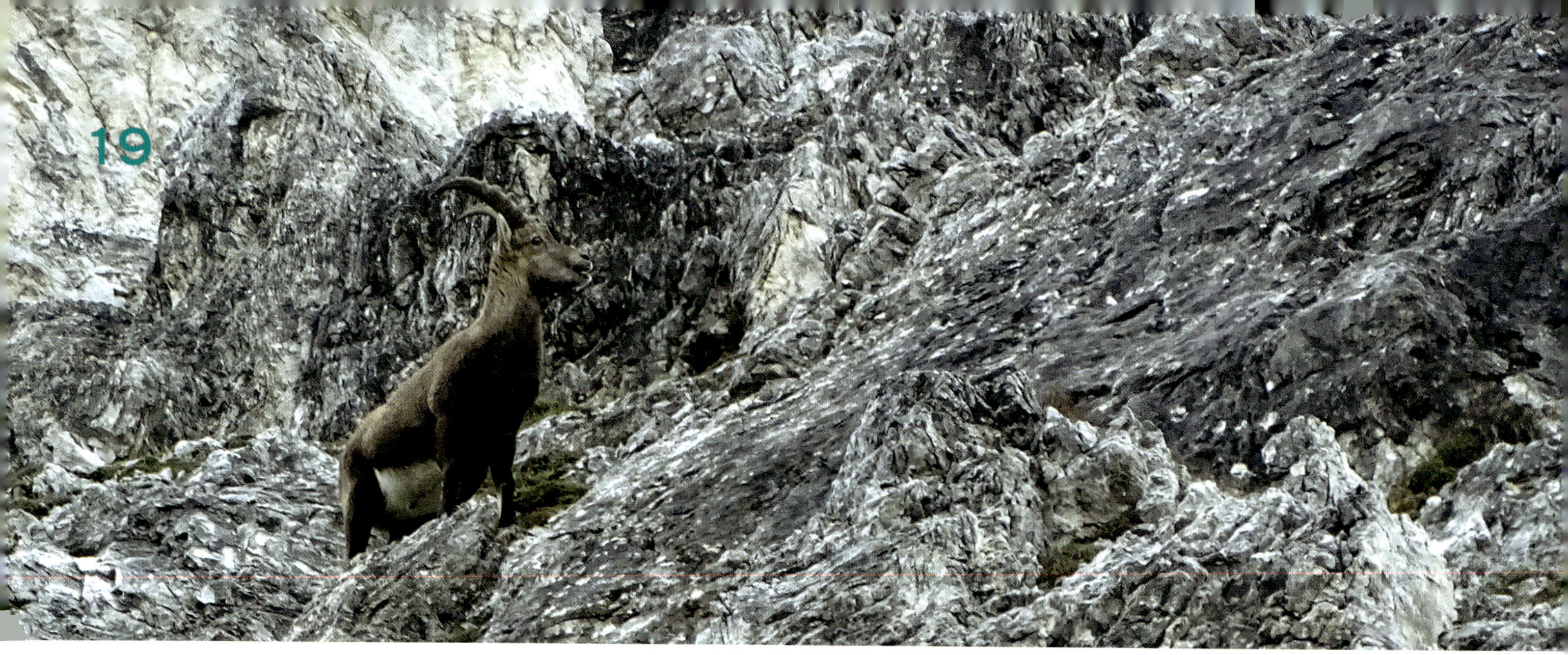

Steinschlaggefahr unter der Tribulaun-Felswand, verursacht durch den König der Alpentiere

vom Gipfelkamm in die zerklüfteten Felswände der Tribulaune.

Leider wird das Wetter immer unangenehmer. „Ob meine Freunde wohl schon am Gipfel des Habichts sind?“, frage ich mich. Offenbar schon, wie ich tags darauf auf Facebook erfahre: „Meinen tiefen Respekt Euch … mi hat es an der Gargglerin 700 Höhenmeter weiter drunten scho fast runterblasen … ein Graupelschauer nach dem anderen, dazu ein eiskalter Wind … und wenn i dann denk, wie des erst bei Euch gwesen sei muss … boah, Respekt!“ „Danke, Andi. Aber im Gegensatz zu Dir hab ich auch mehr Speck auf den Rippen. Und Graupelschauer hat es auf unserer Talseite auch keine gegeben.“ Beim Abstieg von der Innsbrucker Hütte hat Michael dann einen Steinbockkot fotografiert (siehe S. 10), der noch ganz frisch war und offenbar von einem jungen Tier stammte. Ein Beleg dafür, dass es auch auf der gegenüberliegenden Seite Steinböcke gibt. Die Hütten-

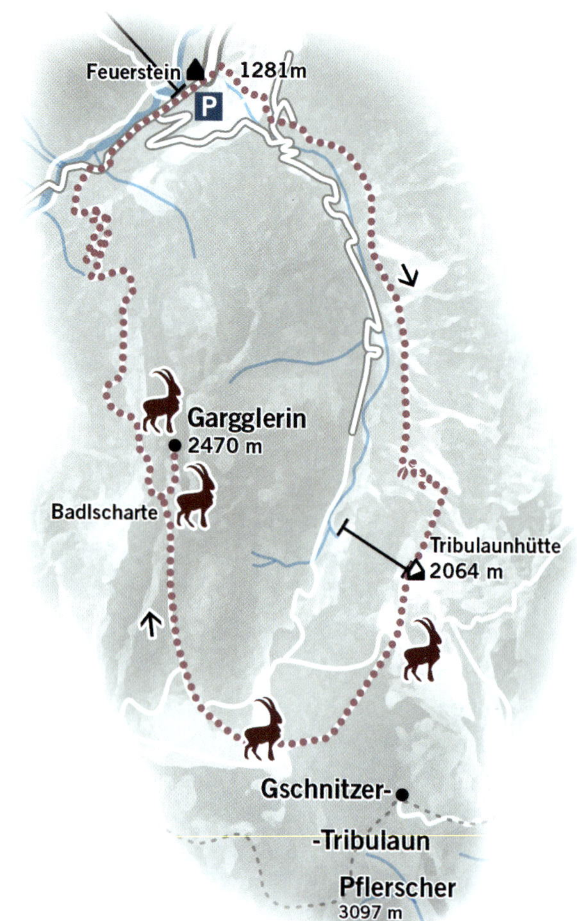

Parkplatz Feuerstein → Badlscharte → Gargglerin → Tribulaunhütte → Parkplatz Feuerstein

Vom Parkplatz auf der Asphaltstraße südwestwärts Richtung Laponesalm → bei der ersten Rechtskurve links dem Steig in Kehren durch steiles Wald- und Strauchgelände folgen → über Almmatten auf einen Grat und nach steiler Hangquerung auf schmalem Steig auf die Badlscharte → Gipfelabstecher zur Gargglerin auf steilem Schotterpfad → von der Scharte auf schmalem Steig unterhalb der Westwand des Gschnitzer Tribulauns zur Tribulaunhütte queren → Abstieg wahlweise auf dem bequemen Steig oder Fahrweg zurück zum Ausgangspunkt.

Weglänge	13 km
Gehzeit	5 ½ Std.
Höhenmeter	1200
Schwierigkeit	▲▲–▲▲▲

Anfahrt Brenner-Autobahn A 13 bis Ausfahrt Matrei, B 182 nach Steinach, beim ersten Kreisverkehr Richtung Gschnitz abbiegen, L10 bis zum Parkplatz am Ortsende von Gschnitz folgen (rechte Straßenseite hinter dem Gasthaus Feuerstein)

Ausgangspunkt Parkplatz Feuerstein am Ortsende von Gschnitz, B: 47°01`42,24" L: 11°19`54,57"

Charakter Oft steiler Anstieg zur Gargglerin, die durch die vorgeschobene Lage großartige Einblicke in die Tribulaun-Westwand gewährt. Am Gipfel ist Trittsicherheit erforderlich, bei der Querung unterhalb der Tribulaun-Westwand besteht Steinschlaggefahr (Mitnahme eines Helmes zu empfehlen).

Wegweiser Gschnitzer Tribulaunhütte

Steinbock-Sichtungen Zwischen Waldgrenze und Steilwänden der Gargglerin bis hinauf in den Gipfelbereich hält sich eine kleine Steinbockkolonie auf. Manchmal sind die Steinböcke auch in Nähe der Badlscharte oder bei der langen Querung zur Gschnitzer Tribulaunhütte zu sehen (siehe auch Tour 19)

Einkehr
- Gschnitzer Tribulaunhütte, Tel. +43-664-4050951, Anfang Juni bis Anfang Oktober, www.tribulaunhuette.at
- Gasthof Feuerstein, Tel. +43-5276-78045, www.gasthof-feuerstein.at

Karte Kompass Wk Nr. 36 Innsbruck Brenner, 1:50.000

wirtin der Innsbrucker Hütteerzählt, dass manche Steinböcke im Vorwinter von den Tribulaunen über die Bremer Hütte langsam Richtung Norden wandern.

Von der Badlscharte führt ein schmaler Steig südwärts in den großen Schuttkessel hinab und unmittelbar unter der mächtigen Felswand des Tribulauns entlang. Diese mitunter heikle Trasse war einige Jahre wegen des häufig durch Steinböcke verursachten Steinschlags gesperrt! Bei der Querung sollte man also nicht unnötig anhalten – also ausnahmsweise nicht nach Steinböcken schauen! – und ständig auf der Lauer sein. Bis zur Tribulaunhütte (2064 m) sind es nach Passieren der Steinschlagwand nur noch wenige Minuten. Der Abstieg zurück zum Gasthof Feuerstein erfolgt auf dem bequemen Hüttenweg.

20 Tour mit Steinbockgarantie

Tourenziel: Rüsselsheimer Hütte, Gahwinden 2648 m
Weglänge: 9 km | Gehzeit: 5 Std. | Höhenmeter: 1050 | ▲▲

Vor ein paar Jahren lief ich im Pitztal einen der schwersten und schönsten Bergmarathons mit, die es in Tirol gibt. Während des Laufens erzählte mir ein ortskundiger Freund mit Blick auf die gegenüberliegende Talseite von einer Hammertour mit Wahnsinnspanorama und Steinbockgarantie, die ich unbedingt machen solle. „Ha, ha, Steinbockgarantie, sowas gibt's gar ned", entgegnete ich ihm. Die Zeit verstrich, aber bei der Suche nach Steinbocktouren für das vorliegende Buch fielen mir die Worte von Reinhard wieder ein. Also nix wie rein ins Pitztal an einem milden Herbsttag. Schönwetter war vorhergesagt, aber in der Früh sehe ich nur Wolken. Ein Blick in die Panoramakamera des Pitztaler Gletschers verrät, dass es sich nur um Hochnebel handelt. Hoffentlich komme ich über die Wolkengrenze hinaus, sonst wird es wohl nichts mit der Steinbockgarantie …

Gegenüber vom Parkplatz geht es jenseits des Weidezauns gleich forsch Richtung Rüsselsheimer Hütte hinauf. Die schon herbstliche Wiese ist noch ganz nass vom Morgentau. Der Steig führt steil in vielen Kehren und Querungen entlang der nördlichen Bachseite in die Höhe. Etwa 250 Höhenmeter oberhalb des Parkplatzes überquert man den Kitzelsbach an einer gesicherten Stelle. Endlich, nach der klammen Feuchtigkeit im unteren Abschnitt, durchbreche ich die Wolkenschicht; der Blick auf die gleißenden Gletscher im Umfeld der imposanten Watzespitze gegenüber ist einfach genial. Es folgen viele weitere Kehren durch den steilen und blumenreichen Hang; sämtliche Arten aufzuzählen würde angesichts der unglaublichen Vielfalt den Rahmen sprengen. Vor lauter Schauen hätte ich fast einen schwarzen Bergmolch übersehen. Ganz gemächlich spaziert auch er den Weg entlang.

Die Rüsselsheimer Hütte (2328 m) wird gerade umgebaut, also mache ich mich gleich auf den Weg zum Aussichtspunkt Gahwinden. Ab jetzt kann man jederzeit auf die Steinböcke treffen. Das enge Tal weitet sich oberhalb der Hütte zu einem kleinen Hochtal aus, in dem ein Steig zur sogenannten Steinbockplatte abzweigt, ein Aussichtspunkt für Steinbock-Sichtungen. In Kehren führt der Weg durch Blockwerk weiter empor und zieht sich später leicht ansteigend entlang des Hanges in westlicher Richtung. Ich entdecke erste Steinbockspuren: Die schwarz glänzenden Verdauungsreste sind relativ frisch, also ungefähr zehn Minuten bis zwei Stunden, die hellbraunen, rauen und faserigen Exkremente hingegen sicher schon Monate alt. Beim Begehen einzelner, teils mit Ketten gesicherten Schuttrinnen ist Vorsicht geboten. Außerdem besteht Steinschlaggefahr durch Steinböcke!

Die Rundumsicht am Gahwinden (2648 m), der mit einem kleinen Gipfelkreuz markiert ist und mit Sicherheit zu den schönsten und am einfachsten zu erreichenden Aussichtspunkten in diesem Gebiet zählt, ist phänomenal. Der Blick reicht im Süden bis zur Ötztaler Wildspitze, gegenüber im Westen thront die markante Watzespitze, der höchste Gipfel des Kaunergrats, nördlich grenzen die Verpeilspitze und die Rofelewand an. Auch die Aussicht in das Pitztal ist beeindruckend. Ein Hochgenuss über dem Wolkenmeer, den man vom Bankerl unweit des Gipfels bei einer Brotzeit so richtig genießen kann.

Aber jetzt werde ich erst einmal mit dem Fernglas nach den Steinböcken Ausschau halten. Am Westgrat der Hohen Geige entdecke ich dann glatt ein ganzes Rudel! Ich folge dem Weg zur Hohen Geige noch ein wenig, während sich die majestätischen Tiere langsam zu mir nach unten bewegen. Als sie mich entdecken, weichen sie auf den ausgesetzten Grat aus. Hier ergibt sich ein beeindruckendes Fotomotiv: die Steinböcke im Visier, unter ihnen das Nebelmeer und vor ihnen die Gletscherwelt der Watzespitze! Wow! Ich habe gleich unzählige Fotos gmacht, voi schee, wenn ma des erleben darf. Etwas später verschwinden die Steinböcke zwar um die Ecke in der Felswüste, doch kurz darauf habe ich beim Abstieg noch ein Geißenrudel mit ihren Kitzen beobachten können. So aufgeweckt und spielerisch, wie die Kleinen schon so sicher durch die Felswände springen, da frisst einen doch glatt der Neid ...

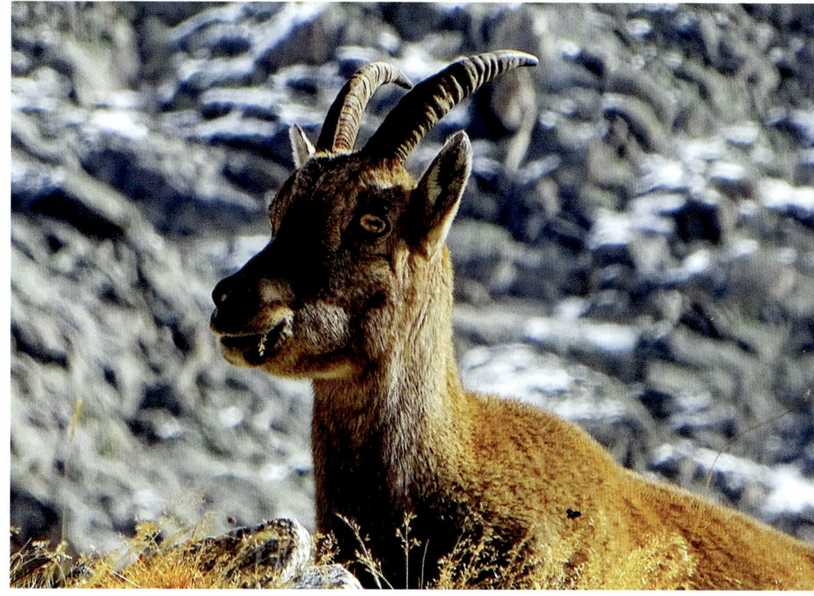

Erfahrene Geiß im Geröllfeld nahe der Rüsselsheimer Hütte

Auf dem Rückweg über die Rüsselsheimer Hütte in das Pitztal stelle ich fest: Des mit der Steinbockgarantie glaub i jetzt aa …

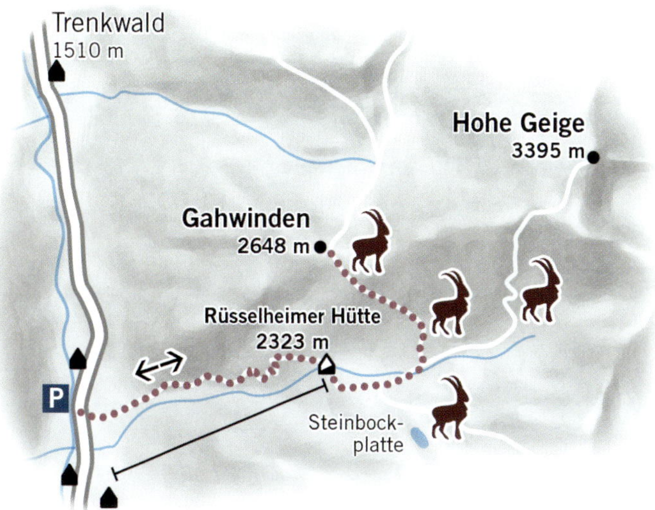

20 Talstation Plangeross → Rüsselsheimer Hütte → Gahwinden und zurück

Vom Parkplatz dem bestens markierten Weg zur Rüsselsheimer Hütte folgen → von der Hütte weiter in das Hochtal → an der Weggabelung links über teils steile Schuttfelder zum Gahwinden (Ww. Gahwinden Westgrat Hohe Geige) → Rückweg auf der selben Route

Weglänge	9 km
Gehzeit	5 Std.
Höhenmeter	1050
Schwierigkeit	▲▲

Anfahrt A 12 nach Imst, B 186 in das Pitztal, ca. 200 m nach dem Ort Weißwald Parkplatz der Rüsselsheimer Hütte auf der rechten Straßenseite

Ausgangspunkt Parkplatz Talstation Plangeross/ Rüsselsheimer Hütte B:46°59`29,59“ L:10°52`04,94“

Charakter Zur Rüsselsheimer Hütte gut ausgebauter Weg in mäßig steilem Gelände. Bei der Kitzlesbachquerung ist eine kurze Stelle mit Ketten gesichert. Von der Hütte über einen Bergsteig weiter zum Aussichtspunkt Gahwinden (Kettensicherung in einer Schuttrinne)

Wegweiser Rüsselsheimer Hütte, Gahwinden, Parkplatz Talstation Plangeross

Steinbock-Sichtungen Im Frühjahr und Spätherbst kann man die Steinböcke evtl. bereits unter der Rüsselsheimer Hütte beobachten, im Sommer in den Geröllfeldern oberhalb der Hütte bzw. in Gipfelnähe. Zum Äsen ziehen sie sich jedoch oft zur Steinbockplatte zurück.

Einkehr und Übernachtung Rüsselsheimer Hütte, Mitte Juni bis Ende September, Tel. +43-5413-20300, www.dav-ruesselsheim.de

Karte Kompass Wk Nr. 43 Ötztaler Alpen, 1:50.000

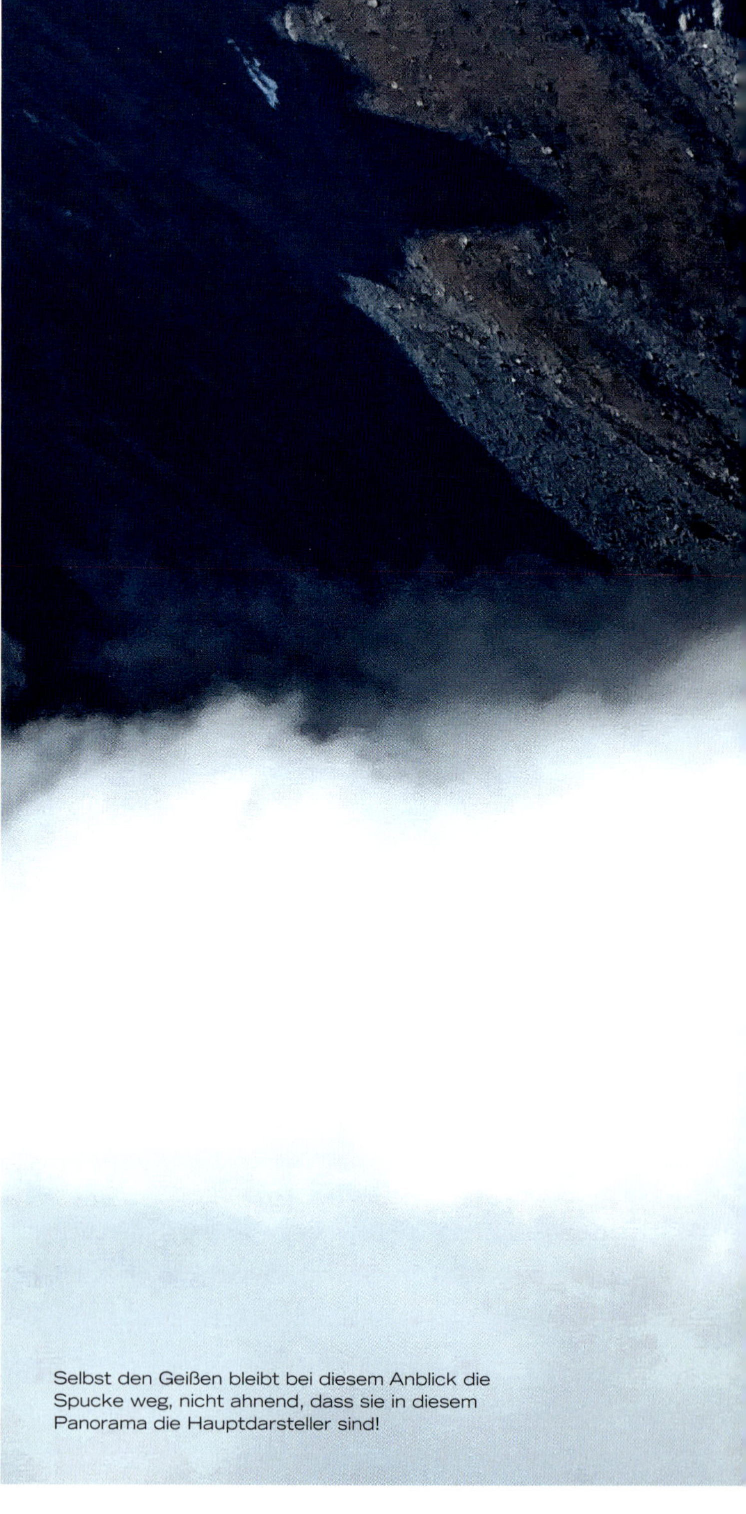

Selbst den Geißen bleibt bei diesem Anblick die Spucke weg, nicht ahnend, dass sie in diesem Panorama die Hauptdarsteller sind!

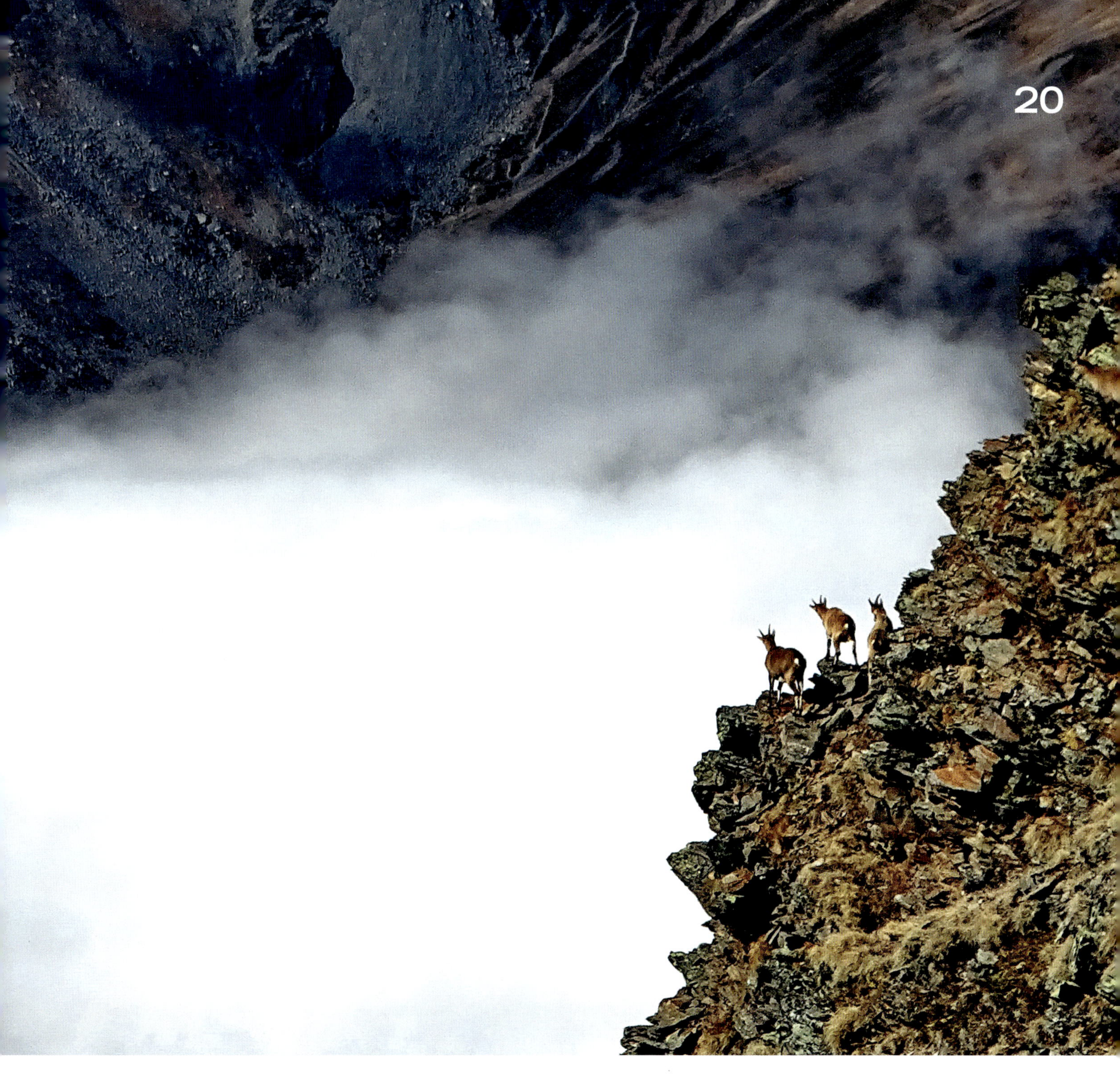
20

21 Traumrevier an den Blankaseen

Tourenziel: Kappler Joch 2672 m
Weglänge: 15,5 km | Gehzeit: 6 ½ Std. | Höhenmeter: 880 | ▲▲

Angesichts meiner Begeisterung für die Steinböcke habe ich auf Facebook die Seite „Wanderungen zu den Steinböcken/Sichtungen" ins Leben gerufen. Im Idealfall posten die Followers ihre Sichtungen mit möglichst genauen Orts- und Zeitangaben inklusive Foto. Auf diese Weise bekommen alle Steinbock-Freunde einen genauen Überblick über aktuelle Vorkommen in unseren Bergen und die Chance, selbst Steinböcke in freier Wildbahn erleben zu dürfen, erhöht sich somit. Silvia und Manfred etwa stellen wunderbare Fotos von Steinböcken von den Blankaseen in den Lechtaler Alpen auf diese Seite. Voi cool, des Gebiet kenn i kaum, und bitte die beiden um eine genauere Beschreibung. Hilfsbereit informieren sie mich über ihre Erfahrungen vor Ort, gerade rechtzeitig für dieses Buch. Herzlichen Dank dafür. Voller Vorfreude und Begeisterung nehme ich mir frei und mach mich auf die Socken.

Um die Wanderung nicht unnötig in die Länge zu ziehen, überbrücken wir die gut 1000 Höhenmeter vom Talboden bis zur Bergstation Alblitt mit den Kappler Bergbahnen. Dabei steigen wir an der Mittelstation Dias in die Vierer-Sesselbahn um. Ich lege diese Strecke an diesem wolkenlosen Traumtag aber laufend zurück und gönne mir oben erst einmal eine Pause. Herrlich bereits jetzt der Blick auf die Dreitausender der Verwallgruppe und Lechtaler Alpen.

Der erste Abschnitt auf dem Kieler Weg verläuft in angenehmer Steigung über Almwiesen unterhalb der Ablittköpfe in nördliche Richtung. Nach der Überquerung des Rauen Bachs folgt der steilere Schlussanstieg zur Schmalzgrubenscharte (2697 m). Am Joch erspähe ich erstmals den Verdauungsrest eines Steinbocks, der jedoch bereits faserig und hellbraun, also mindestens einige Wochen alt ist. Es folgt der steile Abstieg zum Schmalzgrubensee, in dem sich der Schmalzgrubenkopf wunderschön spiegelt. Auch hier entdecke ich einzelne Steinbockspuren, aber ich sehe kein einziges von den majestätischen Tieren. Also weiter steil hinab über den steinigen Rifflerweg zur Edmund-Graf-Hütte (2408 m). Die Hütte dient zahlreichen Bergsteigern als Basisstation für die Besteigung des Hohen Rifflers, mit einer Höhe von 3168 Metern der höchste Gipfel der Verwallgruppe.

Spätestens an der Hütte sind wir mitten im Steinbockgebiet angelangt. Ich schaue durch mein Fernglas Richtung Kappler Joch und zu den Felsen und Schutthalden links davor. Tatsächlich, weit oben

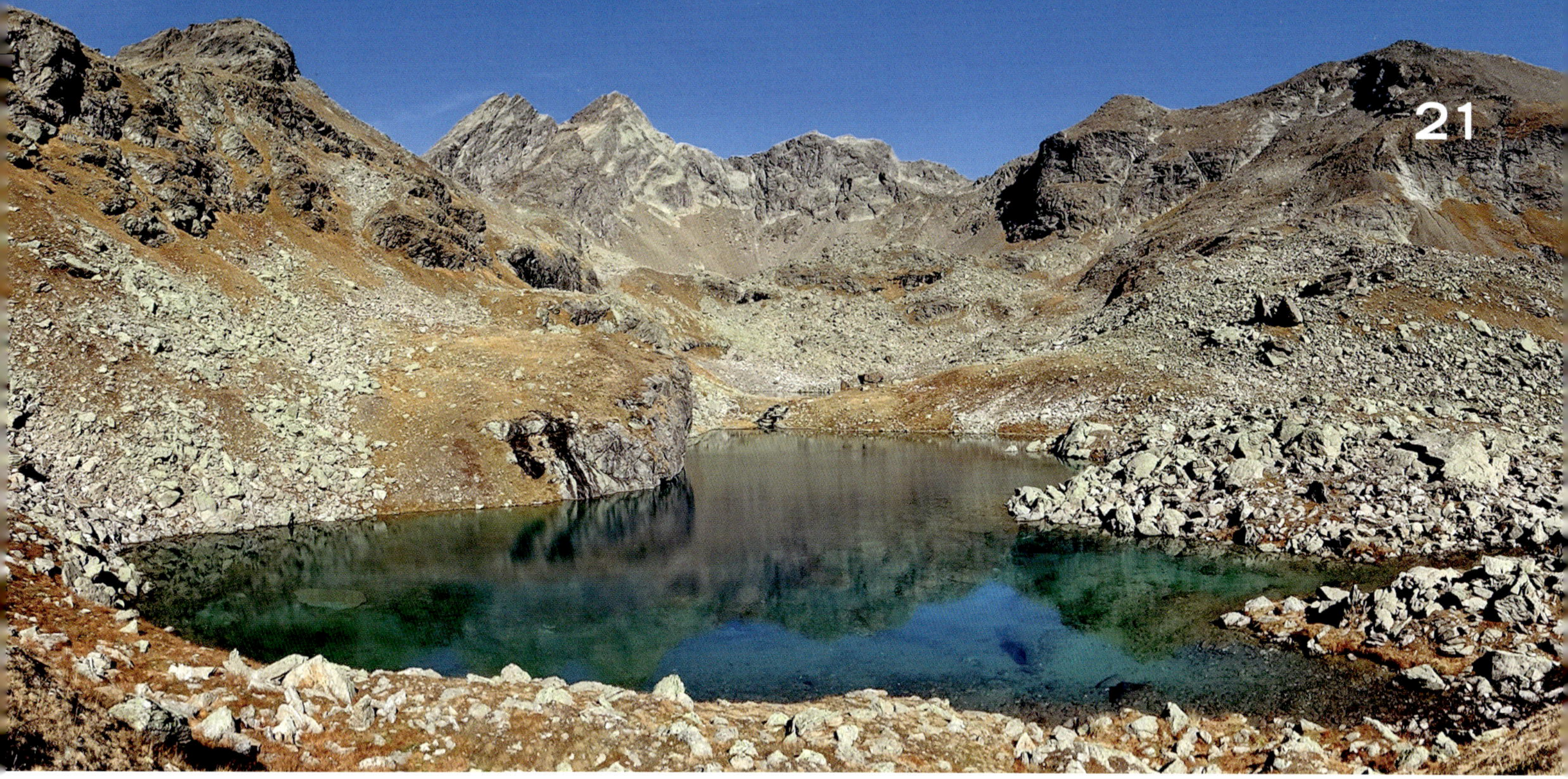

Paradiesisches Steinbockrevier am herrlich gelegenen kristallklaren Blankasee

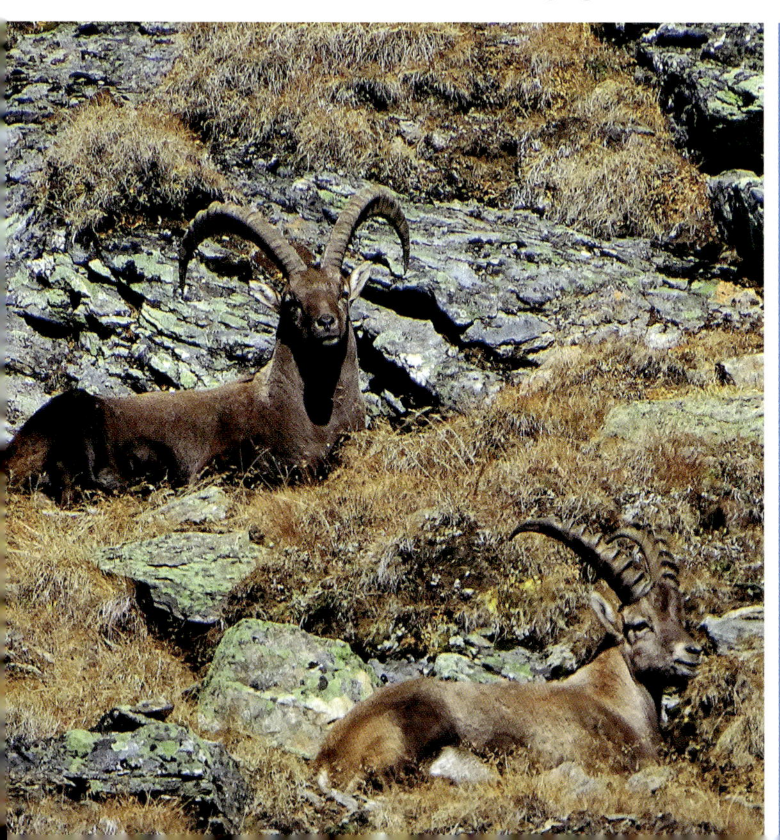

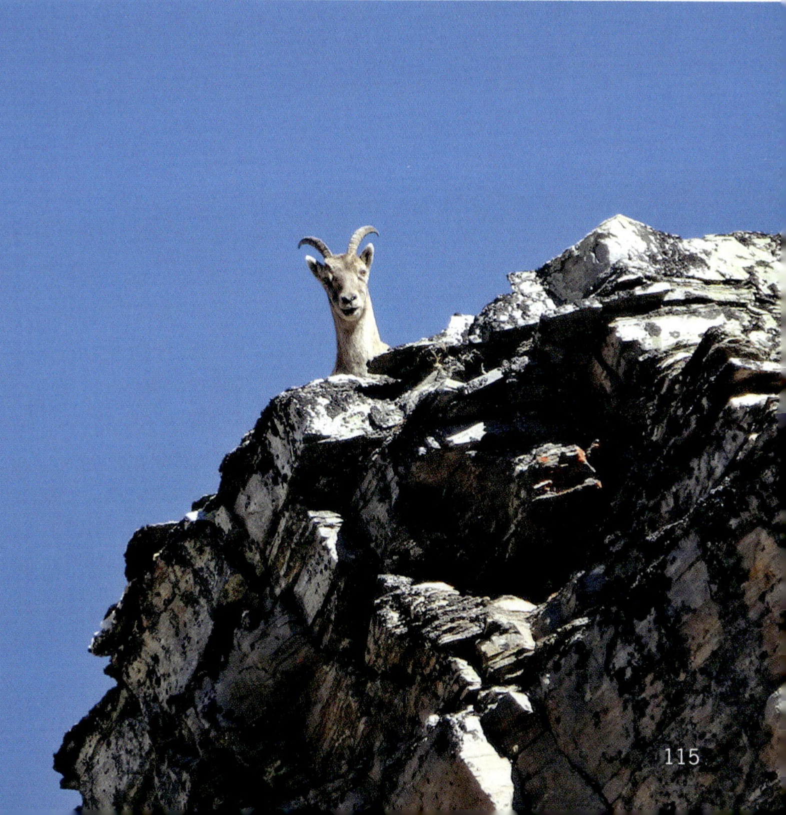

in den Geröllhalden unterhalb des Jochs entdecke ich Geißen und Kitze. Dass hier eine kleine Steinbockkolonie lebt, wusste ich, also nix wie hoch in Richtung Scharte. Kurz vor Erreichen meiner Lieblingstiere schleiche ich mich in kleinen Etappen an, setze mich zwischendurch immer wieder hin und trinke aus meiner Kaffeedose. Vorsichtig mache ich die ersten Fotos, sie ignorieren mich wieder, dann rücke ich ein Stück näher, als genau über mir ein Tier niest! Uiii, wo kommt denn das her? Ich bin zu nah! Langsam weiche ich zurück und lass der jungen Geiß Zeit, sich ihr Verhalten ebenfalls zu überlegen. Sie verweilt an ihrem Standort, also werde ich mich weiter entfernen. Dabei schaut sie mir noch ein wenig nach und legt sich dann wieder hin. Ja klar, liegend habe ich sie nicht sehen können. Derweil äst der kleine Geißen- und Kitzenverband noch immer in der Geröllhalde links von mir. Als ich die Tiere genau beobachte, vernehme ich plötzlich Steinschlag, drei alte Steinböcke stehen auf den Felsen direkt über mir. Ohne den Steinschlag hätte ich sie nie entdeckt. Ihre Geweihe beeindrucken mich schwer, das dunkle Fell und der profitable Winterspeck sind Vorboten der kalten Jahreszeit; 100 Kilogramm bringt jeder der drei Böcke locker auf die Waage! Nun fällt mir auch der Kuschelpelz bei den Kitzen auf: sooo süß, die Kleinen.

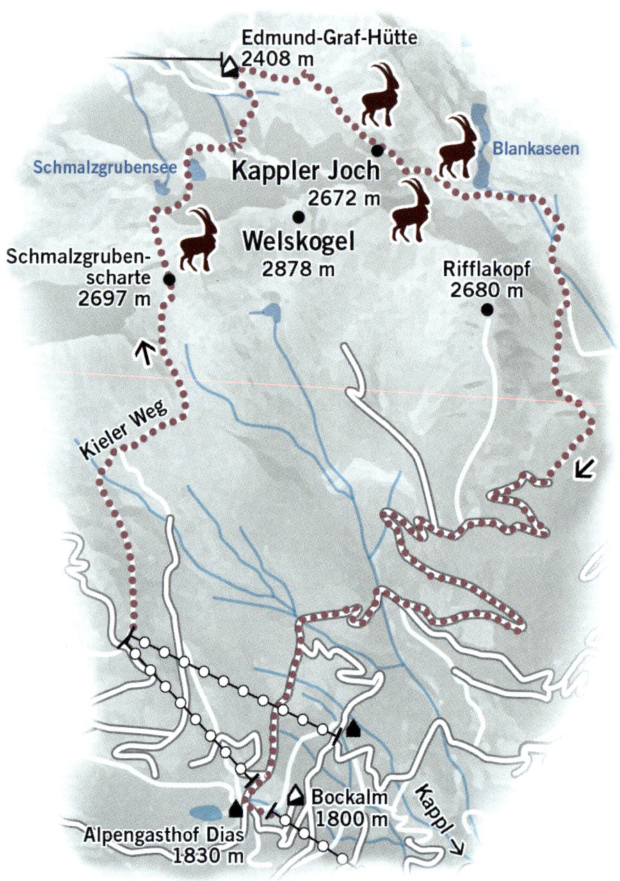

Nach der tollen Begegnung geht es steil durch Blockwerk und Geröll zum Kappler Joch (2672 m) hinauf, das an schattigen Stellen bereits von Schnee und Eis bedeckt ist. Beim Abstieg öffnet sich vor mir eine wahre Traumlandschaft, die drei Blankaseen (2405 m) erscheinen eingebettet im wunderschönen Hochtal in türkisblauen und grünen Farbtönen vor mir. Das Wasser ist so glasklar, dass man auch in größerer Tiefe deutlich den steinigen Seegrund erkennt. Und da Steinböcke einen Sinn für magische Orte haben, entdecke ich auch an den Ufern wieder Spuren. Hier haben auch Silvia und Manfred ihre Begegnung mit den faszinierenden Tieren gehabt und ihre Fotos auf Facebook gepostet. Beim Zufluss

Bergstation Alblitt → Schmalzgrubenscharte → Edmund-Graf-Hütte → Kappler Joch → Blankaseen → Alpengasthof Dias → (Kappl)

Von der Bergstation Alblitt auf dem Kieler Weg Nr. 512 zuletzt steil zur Schmalzgrubenscharte → Abstieg über den Schmalzgrubensee zur Edmund-Graf-Hütte → Aufstieg über ausgedehnte Geröllfelder zum Kappler Joch → Abstieg an den Blankaseen vorbei in das Blankatal → auf dem Weg Nr. 6 a an den Lawinenverbauungen vorbei zurück zur Bergstation am Alpengasthof Dias

Weglänge	15,5 km
Gehzeit	6 ½ Std.
Höhenmeter	880
Schwierigkeit	▲▲

Anfahrt

ÖVM Mit der Bahn über Innsbruck nach Landeck, Bus 4240 nach Kappl

Auto Inntalautobahn A 12 über Innsbruck nach Landeck, S 16 (Arlbergschnellstraße) bis zur Ausfahrt Pians, B 188 (Silvretta Bundesstraße) nach Kappl

Ausgangspunkt Parkplatz Bergbahnen Kappl, B:47°03`38,70" L:10°22`27,17"

Charakter Großartige Panoramatour oberhalb der Waldgrenze mit nur wenigen leicht ausgesetzten Passagen; landschaftlicher Höhepunkt sind die wildromantischen Blankaseen!

Wegweiser Edmund-Graf- Hütte, Kappler Joch, Bergstation Dias

Steinbock-Sichtungen Meist zwischen Blankaseen, Kappler Joch und Edmund-Graf-Hütte, zuweilen auch gut getarnt direkt am Wegesrand, also aufgepasst! Im Frühjahr und Herbst sind sie eher an der Durrichalpe und an den Grashängen des Welskogels zu sehen.

Einkehr

- Edmund-Graf-Hütte, Tel. +43-699-13290061, Ende Juni bis Ende September, www.edmund-graf-huette.at
- Alpengasthof Dias, Tel. +43-5445-6260, www.alpengasthof-dias.kappl.at

Info Betriebszeiten der Bergbahnen Kappl: www.kappl.com/de/aktiv/preise-betriebszeiten/betriebszeiten-sommer-winter

Karte Kompass Wk Nr. 41 Silvretta Verwallgruppe, 1:50.000

zum letzten See quakt mich noch ein grüner Frosch an. Ich bin begeistert, so ein schöner Ort! Zwangsläufig mache ich eine ausgiebige Rast direkt am See und blicke direkt zum Hohen Riffler hinauf. Bis ich dann irgendwann doch wieder aufbrechen muss.

Der Abstieg durch das Blankatal erfolgt auf einem bequemen Steiglein durch die rot und braun gefärbten Wiesen. Das Paznauntal vor Augen verläuft die Route nach einer Steilstufe entlang der Lawinenverbauung, um später in die Forststraße zu münden und angenehm zur Bergstation der Diasbahn zurückzuführen. Wer hier die letzte Bahn verpasst, dem steht noch der etwa einstündige Abstieg nach Kappl als Zugabe bevor.

22 Von Steinböcken eingekreist

Tourenziel: Memminger Hütte 2242 m, Seeköpfl 2562 m
Weglänge: 12 km | Gehzeit: 6 ½ Std. | Höhenmeter: 1100 | ▲▲–▲▲▲

Am unteren Seewiesee stehen die Steinböcke mitten im Geröllfeld. Ich steige ein Stück weit nach oben und warte, bis sie sich an mich gewöhnen, was ich daran erkenne, dass der mich musternde Bock die Ohren wieder in Normalstellung hat. Sie fressen und kommen langsam auf mich zu. Zwölf ghörnte Viecherl, drei junge Böcke, fünf Weiberl und vier Kitz, san voi nah bei mir. Äsend kreisens mi langsam ei, sie bemerken mi gar ned in der Mitten drin. Näher wie im Zoo, so schee, i könnt de Haar von de faszinierenden Stoaböck zähln! Selbst da in der Geröllwüstn, wo i nur vertrocknete Distln seh, findens genug zum Fressen; so genügsam sollt ma alle sei wie die bscheidenen Tiere! Gscheit schee, i voi ruhig und stör sie ned, mach lautlos meine Fotos. A absolutes Highlight und so a Privileg, aa mal dazua zu ghörn. Langsam bewegen sie sich weg von mir. Schad, dass des Schauspiel für mi wieder vü zu kurz war.

Dass es am Unteren Seewisee Steinböcke gibt, habe ich bei einer Internetrecherche erfahren. Ein Bockrudel inmitten der traumhaften See- und Gebirgslandschaft – so ein Bild wollte ich unbedingt auch machen. Anfangs war es zwar gscheit schwer, herauszufinden, wo es entstanden ist, aber bald stand fest: auf ins Lechtal! Zwar san de Stoaböck dann nimma am selben Fleck gstanden wie auf dem Foto, so a Frechheit, ha,ha, aber gfunden hab i sie trotzdem! Wobei mir bis zum Fotoshooting unterwegs einige Malheurs passiert sind. Erst erfahre ich, dass das Shuttle-Taxi durch das zwölf Kilometer lange Madauntal ins Paseiertal bis zur Materialseilbahn der Memminger Hütte wegen Holzarbeiten nicht verkehrt; bin i froh, dass i des Radl no mit eingladen hab. Dann platzt ein Kaffeebecher im Rucksack – welch Sauerei! Und beim Abstellen des Bikes kracht meine Kamera auf den Boden, die den Aufprall zum Glück dank guter Verpackung gut übersteht. Ausgschaut hab i mit dem kaffeebraunen Rucksack, i hätt mi ned im Spiegel sehn wolln.

Der eigentliche Anstieg zur Memminger Hütte beginnt an der Materialseilbahn (1440 m). Zunächst wird der Paseierbach auf einem schmalen Steg überquert, dann geht es steil zum Wasserfall hinauf, der über eine Felsstufe herabstürzt und bei Sonnenschein ein wahres Schauspiel mit Regenbogengarantie bietet. Die im Herbst goldgelb leuchtende Lärchenzone endet nun, und oberhalb der Waldgrenze führt der Steig direkt neben dem Wasserfall hoch und

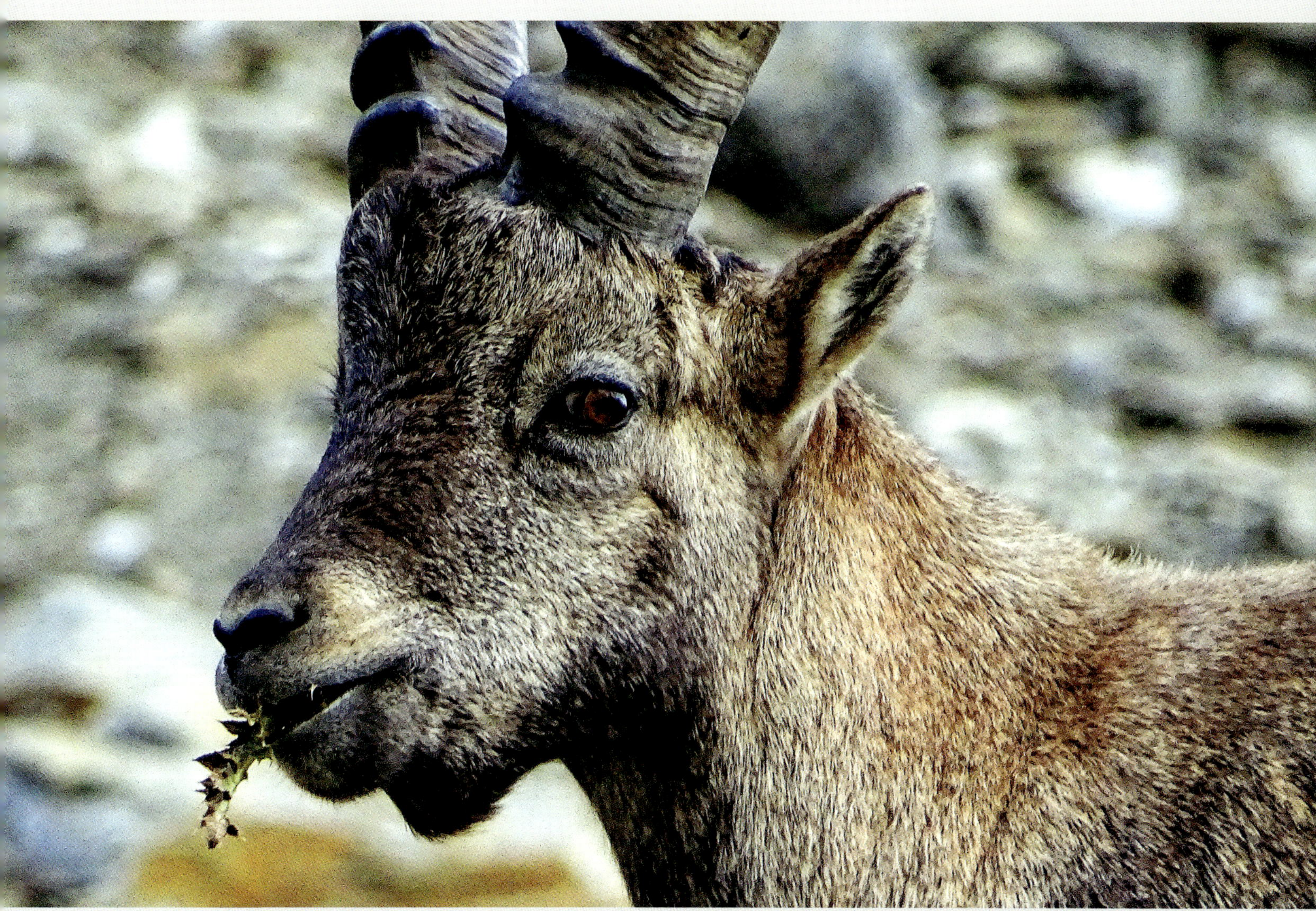

Voller Genuss und Genügsamkeit: Steinbock beim Äsen

22 Blick auf den Unteren Seewisee und die Memminger Hütte von einem sommerlichen Steinbock-Ruheplatz unterhalb des Seeköpfls

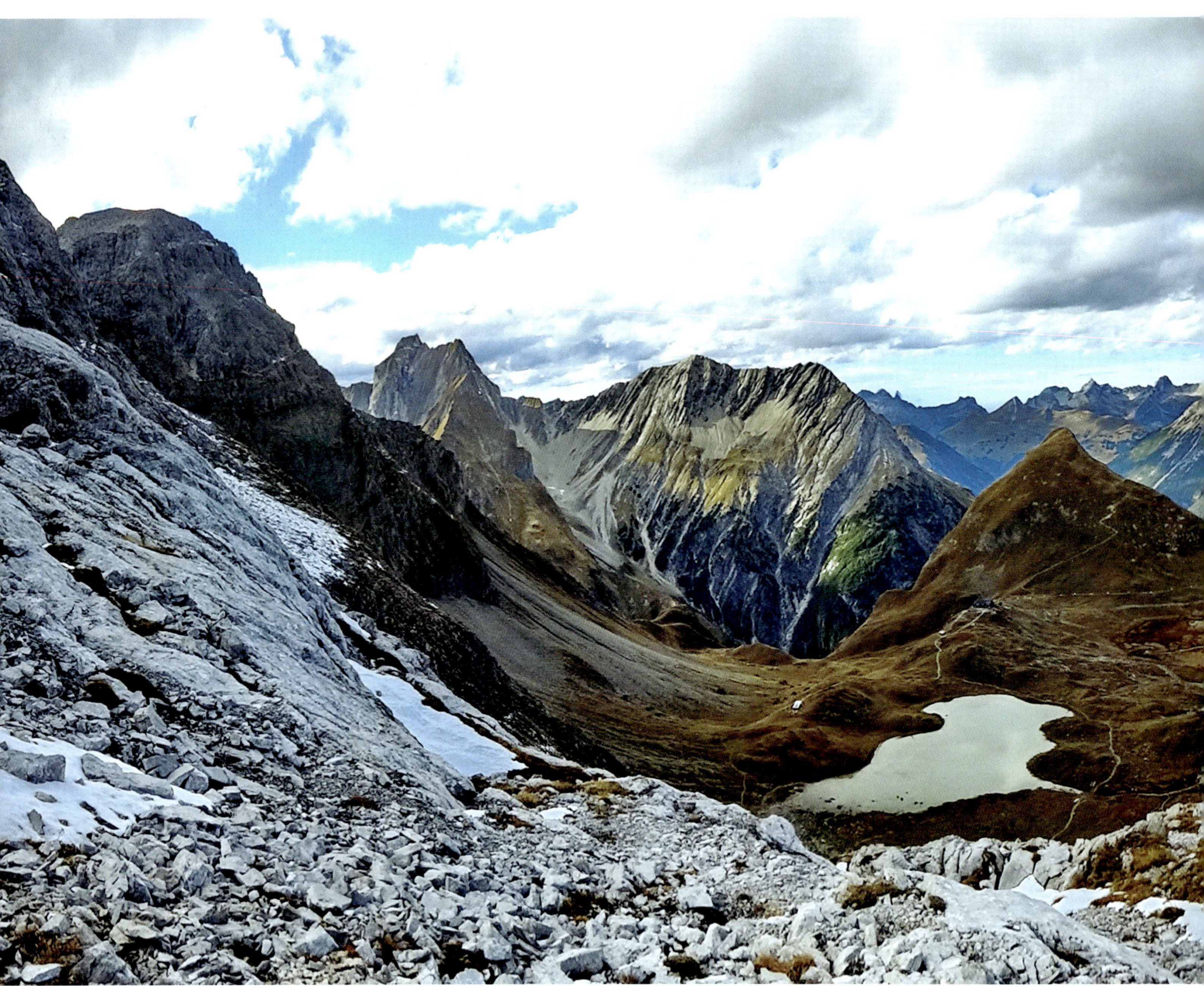

22

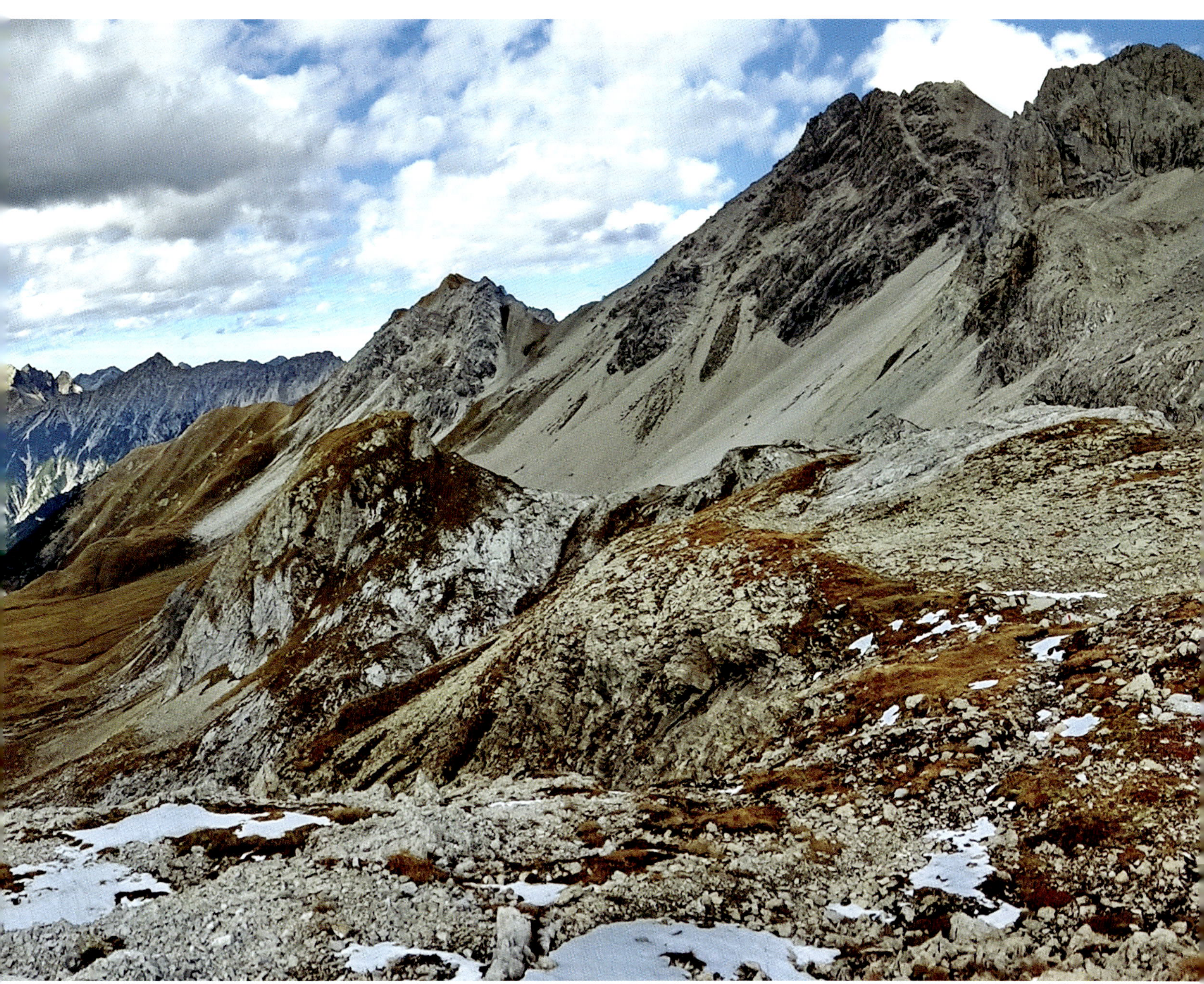

22

anschließend flacher in das feuchte Hochtal. Es öffnet sich ein schöner Blick auf die Memminger Hütte, die auf einem Geländevorsprung erhaben über dem Tal thront. Die Landschaft wird nun immer imposanter. Die Murmeltiere pfeifen um die Wette, und die Enziane blühen zuhauf. Auch das Seeköpfl taucht links oberhalb der Hütte auf.

So langsam lohnt sich der Blick durch das Fernglas, denn häufig halten sich die Steinböcke in der näheren Umgebung der Memminger Hütte (2242 m) auf. Ich freue mich auf ein Erfrischungsgetränk, als ich die aufeinandergestapelten Sitzbänke sehe; Mist, drum war so wenig los, seit gestern ist geschlossen! Trotzdem erfreue ich mich an der traumhaften Landschaft, welch beeindruckende Kulisse, dazu die absolute Ruhe. Nochmal ein Blick durch meinen Feldstecher, vielleicht entdecke ich ja schon ein paar Hörner mit Fell unten dran.

Von der Hütte geht es zum Unteren Seewisee, einem der schönsten Hochgebirgsseen, die ich jemals gesehen habe. Hier ist eines jener Fotos entstanden, die ich im Internet entdeckt hatte. Doch an diesem Tag haben sich die Könige der Berge aus dem Staub gemacht. Na sowas! Vor allem im Herbst begeistert die Farbvielfalt der homogenen Landschaft. Dann entdecke ich in den fernen Geröllfeldern etwa zwanzig Stück Steinwild – ob Gams oder Steinbock, lässt sich jedoch noch nicht genau erkennen. Also nix wie weiter zur Felsstufe Richtung Seeköpfl; es sind 19 Gämsen. Ein paar Steine fallen den Hang herab, ich blicke nach oben und sehe die Steinbockmutter. Zwei nette kleine Kitze sind auch dabei.

Über eine gesicherte Felsrinne steige ich zum Mittleren Seewisee hoch. Etwas oberhalb zweigt rechts der Weg zum Seeköpfl ab, der Markierung folgend wandere ich in ein kleines Hochplateau. Den vielen Spuren nach müssen die Steinböcke hier ihren Sommerunterstand haben. Nach einer teils ausgesetzten Steilstufe geht es teilweise gesichert zum Gipfel des Seeköpfls (2562 m) hinauf. Das Bergpanorama ist grandios. Unter mir entdecke ich den Oberen Seewisee, ja, alle drei Seen breiten sich aus, so wunderschön. Zeit für eine wohlverdiente Rast! Doch dann erspähe ich durch das Fernglas am Unteren Seewisee ein kleines Rudel Steinböcke. Mit meiner inneren Ruhe ist es abrupt vorbei, es gibt kein Halten mehr. Schnell runter, aber dieses Mal über den Oberen Seewisee. Es folgt mein unvergessliches Erlebnis mit der Steinbock-Einkreisung …

Welch versöhnliches Ende. Nach dem Abstieg folgt ein gemütlicher Downhill mit dem Bike, die der müde Andi voll genießt.

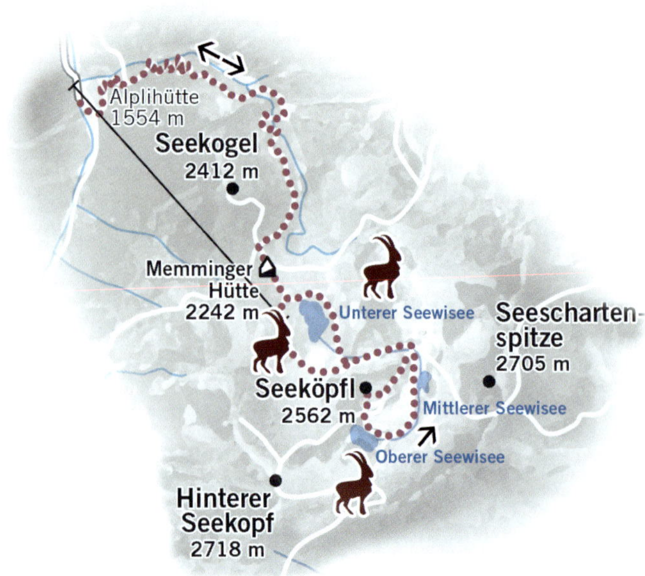

Materialseilbahn Memminger Hütte → Memminger Hütte → Seewisee → Seeköpfl und zurück

Mit dem Shuttle-Taxi oder per Bike 12 km in das Parseiertal → an der Materialseilbahn auf solidem Steig zur Memminger Hütte → weiter über den Unteren Seewisee talein (Ww. Seeköpfl) zur Scharte und zum Mittleren Seewisee → rechts den Markierungen zum Seeköpfl folgen → gleich unterhalb des Gipfels rechts zum Oberen Seewisee hinab → Abstieg über die Memminger Hütte auf der Aufstiegsroute

Weglänge 12 km (24 km zusätzlich mit Bike)
Gehzeit 6 ½ Std.
Höhenmeter 1100 ab Talstation Materialseilbahn
Schwierigkeit ▲▲ Memminger Hütte, Seewiseen
▲▲▲ Seeköpfl

Anfahrt A 7 Füssen/Vils, Ausfahrt Reutte Nord, in Reutte Richtung Weißenbach, B 198 in das Lechtal nach Bach, im Ort die zweite Straße links Richtung Madauntal, Parkplatz nach ca. 100 m auf der linken Seite

Ausgangspunkt Parkplatz Bach, B:47°15´59,70“, L:10°24,16`50“

Charakter Landschaftlich abwechslungsreiche Tour durch sehr unterschiedliches Gelände, oberhalb der Seewiseen zuletzt gesichert auf dem Gipfelgrat (hier Schwindelfreiheit und Trittsicherheit erforderlich) zum Seeköpfl

Wegweiser Memminger Hütte, Seeköpfl

Steinbock-Sichtungen In den Sommermonaten bitte kurz in der Hütte nach Tipps für die Steinbocksuche fragen, häufige Vorkommen in den Gipfelregionen, im Frühling und Herbst kann man schon in der Nähe der Wasserfälle auf Steinböcke treffen.

Einkehr und Übernachtung Memminger Hütte, Tel. +49-8331-495111, Mitte Juni bis Ende September

Info Madautal Linientaxi ab Bach, Tel. +43-5633-5633

Karte Kompass Wk Nr. 24 Lechtaler Alpen, 1:50.000

23 Wenn der Bock pfeift, niest oder schnaubt ...

Tourenziel: Rote Wand (Umrundung) 2310 m
Weglänge: 9 km | Gehzeit: 4½ Std. | Höhenmeter: 830 | ▲▲

Bei einer Tour zur Mindelheimer Hütte hat mir ein einheimischer Jäger von den Steinböcken an der Roten Wand erzählt. Leider fiel dann im September der erste große Schnee, die Tour schien nicht mehr möglich. Doch dann hat der El-Niño-Effekt mit vier Wochen überdurchschnittlich warmer Tage verbunden mit Föhnwetter den Schnee fast komplett weggetaut. Somit kann ich Mitte Oktober tatsächlich noch einen Versuch wagen. Zu der Zeit san nimma vü Leut unterwegs, die Hütten leider scho alle zua, doch dafür findet ma de Stoaböck leichter. Mit Schneeketterl, Kaffeedose und viel Wasser im Gepäck starte ich die Runde um die Rote Wand voller Vorfreude auf ein neues Abenteuer.

Die Tour beginnt am Parkplatz der Formarinalpe (1876 m), den man im Sommer zwischen 8 und 16.30 Uhr nur mit dem ab Lech verkehrenden Formarinsee-Wanderbus erreicht; außerhalb dieser Sperrzeit ist die Straße für den PKW-Verkehr gegen Entrichtung einer Mautgebühr befahrbar. Von der Busstation geht es mit etwas Höhenverlust auf dem Fahrweg zum nordwestlichen Ende des traumhaft gelegenen Formarinsees. Die am Rauen Joch gelegene Freiburger Hütte wäre einen Abstecher wert, doch wir verlassen den See auf dem Steig erst in westlicher, dann nördlicher Richtung. Die Almwiesen sind golden gefärbt, und die Silberdistel blüht in voller Pracht, wenngleich sie ihre Samen bereits verloren hat. Steil zieht die Route vom kleinen See zur Schwarzen Furka (2199 m) zwischen Rothorn und Roter Wand empor – hier sind im Frühsommer häufig Steinböcke zu sehen. Die hartgefrorenen und glatten Schneefelder erschweren den Aufstieg in das windig-schattige Joch, das an diesem Tag nicht zum Verweilen einlädt. Dafür wird ein super Blick ins Ländle frei.

Auch die Schneefelder in der steilen Westflanke der Roten Wand sind steinhart gefroren. Noch immer entdecke ich keine Steinböcke. Die Spuren und Verdauungsreste am Weg sind schon ein paar Wochen alt. Jetzt heißt es Snowlines aufziehen und mit deren Hilfe die Felshänge zum Oberen Sättele (2310 m) queren – die vereisten Schneefelder verzeihen keinen Ausrutscher. Ein schräg zum Himmel emporragender Felsklotz markiert die Scharte eindrucksvoll. Bei der Überschreitung helfen Drahtseile, fortan geht es noch ausgesetzter auf vereisten Schneefeldern Richtung Jungfernjoch hinüber.

Ich höre Steine herabfallen und blicke erwartungsvoll die Felswände der Roten Wand hoch – aber nichts zu sehen! Auf dem Weg zur Kreuzung Rote

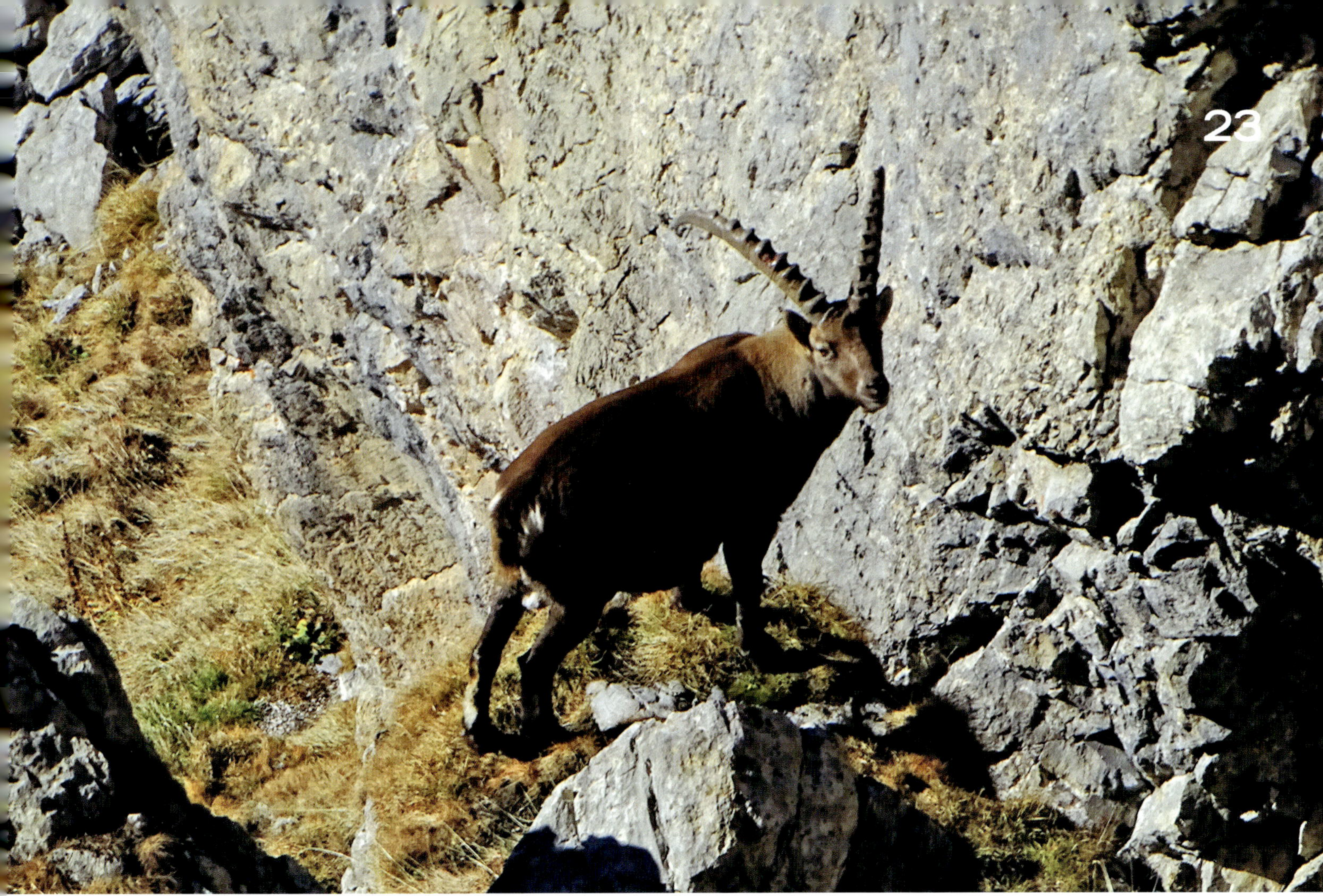

Der älteste Bock der kleinen Kolonie an der Jungfernspitze taucht überraschend unter mir auf.

Wand/Klesenzaalpe überlege ich: Weit weg können die besten Kletterer der Alpentierwelt ja ned sein, ma hört immer wieder Steine fallen. Erst mal brauche ich eine Pause nach der aufregenden Querung. Ich reiß meine Kaffeedose auf und schau eine Runde durch das Fernglas. Ein traumhaftes Panorama bis in die Schweizer Berge hinein offenbart sich. Dann die Entdeckung: Am Jungfernjoch schlafen und rasten in Gratnähe zwölf Steinböcke in der Sonne! Zwei kleine Kitze spielen auf der Wiese und lassen die Geißen nicht so recht schlafen. Und die Böcke bewegen sich kaum. Einer schläft mit dem Kopf zur Seite gelegt, das Gewicht der Hörner hat er auf die Wiese gelegt. So entlastet er die Nackenmuskulatur und schläft entspannter. Doch ein erfahrener Bock passt immer auf und hat das Geschehen genau im Auge. Unter mir fallen Steine herab, und plötzlich steht der älteste Bock der Kolonie nur sechs Meter vor mir! Er schaut langsam zu mir hoch und stößt einen Warnton aus. Die Stimme des Steinbocks ähnelt dem Pfeifen der Gämse, ist aber gedehnter. Wenn er erschrickt, niest er. Das geräuschvolle Blasen durch die Nase zeigt, dass er zornig ist. Junge Steinböcke meckern hingegen. Gott sei Dank pfeift der alte Bock nur und ich trete vorsichtig den Rückzug an. Es bleibt noch ausreichend Zeit, um die Tiere beim Spielen und Sonnenbaden zu beobachten und zu fotografieren.

Nach dieser eindrucksvollen Begegnung wird es Zeit für den Rückweg, obwohl die Rote-Wand-Besteigung in leichter Kletterei über den nicht gesicherten Verbindungsgrat sicher reizvoll wäre. Auf dem felsdurchsetzten Schotterfeld laufe ich zur Spitzegga hinab, mit ihren sechs übereinander gebauten Hütten ein auffälliger Blickfang. Der Steig führt mich zur Klesenzaalpe (1589 m) hinab. Das kleine Älpele lädt zu kühlen Getränken, deftigen Speisen und guten Kuchen ein. Leider ist es im Oktober bereits geschlossen und ich muss auf die Verkostung verzichten.

Ohne Weißbier und Kaffee geht es, den Bach immer wieder überquerend, unterhalb des Misthaufens das wunderschöne Klesenzatal zum Oberschröf (1950 m) hoch. Oben angekommen genieße ich den traumhaften Blick in das Arlberggebiet. Über steile Geröllflanken und Almwiesen erreiche ich unseren Ausgangspunkt.

In den Steilhängen der Jungfernspitze halten sich die Steinböcke vor allem in Gratnähe gerne auf.

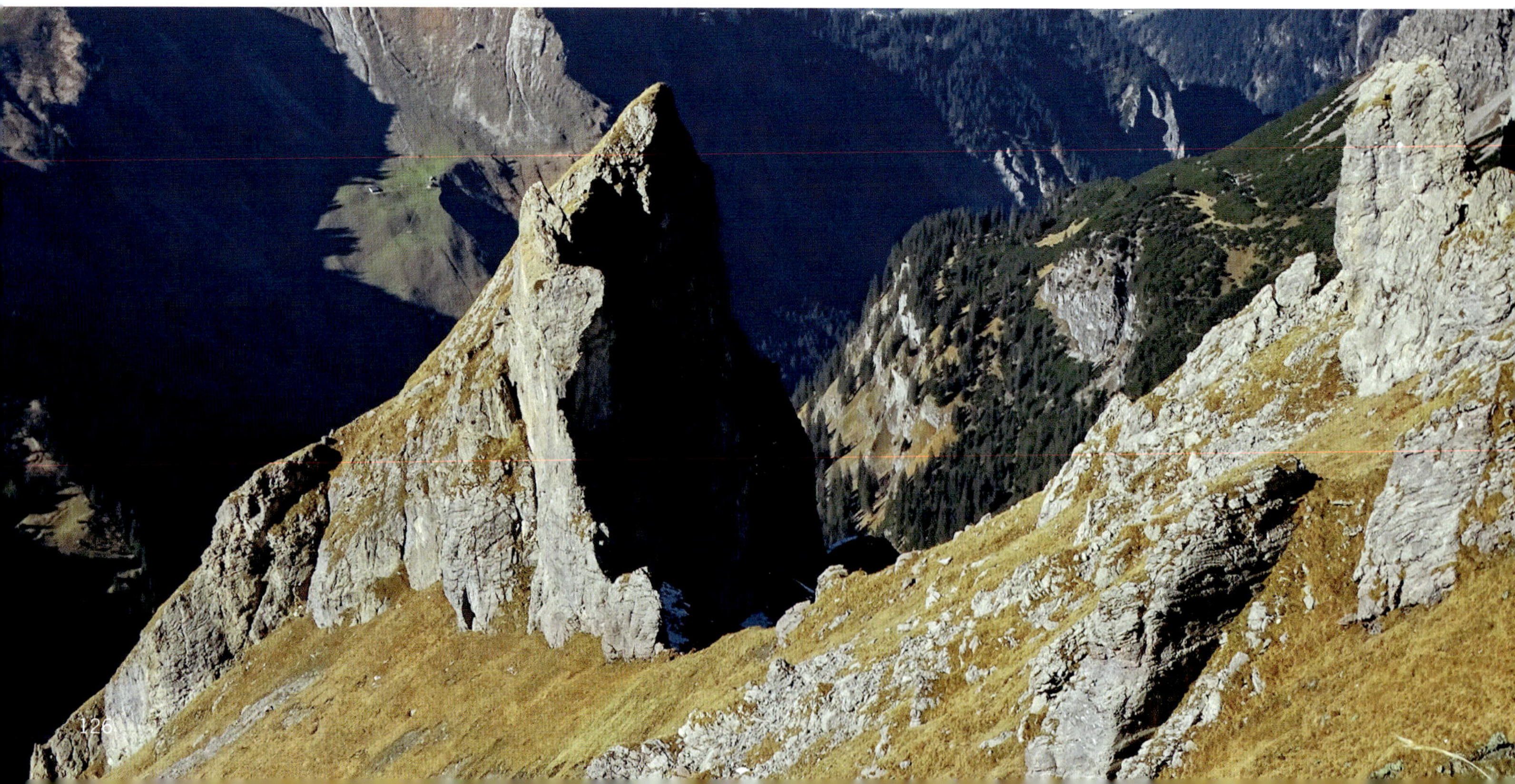

23

Formarinalpe → Formarinsee → Schwarze Furka → Oberes Sättele → Abzweig Jungfernjoch → Klesenzaalpe → Obergschröf → Formarinalpe

Vom Parkplatz Formarinalpe auf breitem Fahrweg an das westliche Ende des Formarinsees → rechts blau markierter Steig in die Schwarze Furka → am Sattel erst leicht abwärts und zum Oberen Sättele hoch → Querung bis kurz unterhalb des Jungfernjochs → Abstieg vorbei an der Spitzegga zur Klesenzaalpe → rechts über das Obergschrof zur Formarinalpe zurück

Weglänge	14 km
Gehzeit	6 ½ Std.
Höhenmeter	900
Schwierigkeit	▲▲▲

Anfahrt

ÖVM Mit der Bahn nach St. Anton oder Langen, Bus nach Lech und Wanderbus zur Formarinalpe (8 – 16.30 Uhr; Abfahrt stündlich, zur Hauptsaison alle 20 Min.)

Auto A 12 bis Landeck, S16 bis Ausfahrt St. Anton, B 197 bis Abzweigung Zürs/Lech, B 198 nach Lech, im Ortszentrum links nach Zug, Mautstraße zur Formarinalpe (im Sommer von 8–16.30 Uhr für den Privatverkehr gesperrt

Ausgangspunkt Parkplatz Formarinalpe, B 47°10`16,28" L 9°59`53,90"

Charakter Eine landschaftlich wunderschöne, aber Schwindelfreiheit und Trittsicherheit erfordernde Rundtour um die Rote Wand. Im Frühjahr und Spätherbst können steile Schneefelder für Gefahr sorgen. Vorsicht unter den Wänden vor oft von Steinböcken ausgelöstem Steinschlag!

Wegweiser Rote Wand, Klesenzaalpe, Formarinalpe

Steinbock-Sichtungen Im Frühjahr häufig in der Nähe des Rothorns und an der Südseite der Roten Wand, im Sommer und Herbst meist Richtung Jungfernjoch und in den gipfelnahen Steilwänden

Einkehr Formarinalpe, Tel. +43-664-6434224, Ende Juni bis Mitte September

Übernachtung Klesenzaalpe, Tel. +43-5553-778

Karte Kompass Wk Nr. 33 Arlberg Verwallgruppe, 1:50.000

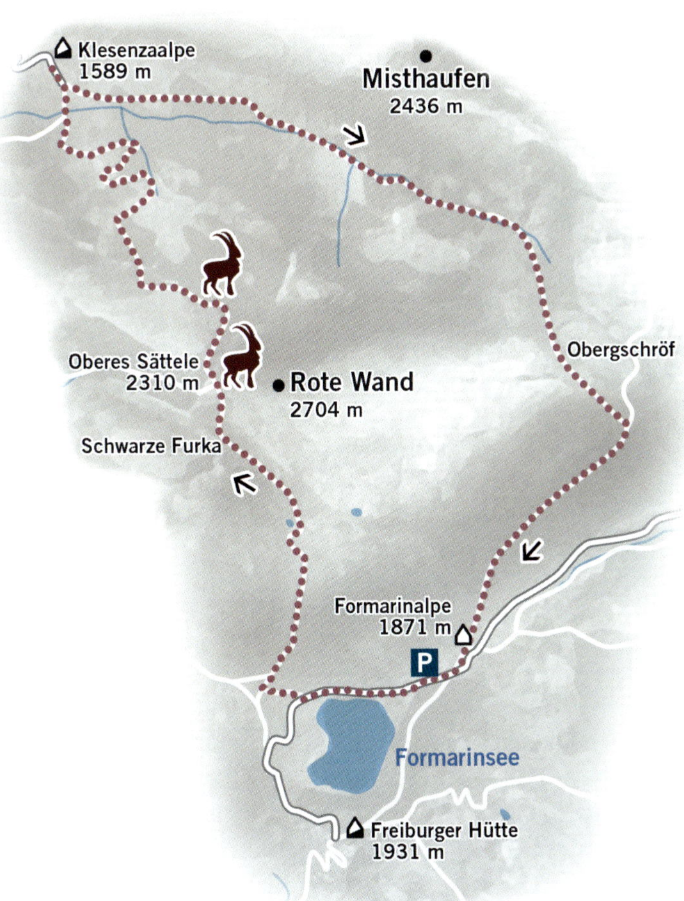

24 Im dritten Versuch

Tourenziel: Großer Widderstein 2533 m
Weglänge: 16 km | Gehzeit: 6 – 9 Std. | Höhenmeter: 830 – 1350 | ▲▲ – ▲▲▲

Dass es im Kleinwalsertal bei Mittelberg ganz sche vü Stoaböck gibt, hatten mir bereits meine Schwiegereltern in Tannheim erzählt. Doch die wertvollen Informationen über die Steinbockkolonie gab mir dann nach freundlichem Nachhaken ein einheimischer Jäger. Den ersten Versuch, die Böcke zu fotografieren, startete ich bei einem Berglauf zur Hinteren Gemstelalpe. Nach einer Sichtung in der Felswand unterhalb des Kleinen Widdersteins lief ich die Altschneefelder hoch. Doch leider genau in der Lawinenschneise: Plötzlich ein Knall, gefolgt von einem lauten Donnergrollen, über mir brach a gscheite Nassschneelawine los, auf dem Hosenboden ging's mit 60 bis 70 Sachen fast unkontrolliert das steile Schneefeld owi, bis die Geschichte 250 Höhenmeter unterhalb trotz einiger Schürfwunden und blauer Flecken glimpflich für mich endete. Glück gehabt – aber Foto hab i koans! Beim zweiten Versuch fotografierte ich dann während des Walser Ultratraillaufs ein Dutzend Steinböcke am Wandfuß, doch Laufen und Fotomachen zugleich passt irgendwie nicht zusammen, also wieder koa gscheits Bild! Erst beim dritten Versuch habe ich wenigstens einen Steinbock erfolgreich abgelichtet. I hoff, bei Euch geht des stressfreier ab …

Vom Parkplatz in Baad (1244 m) führt die Tour leicht aufwärts am Bärguntbach entlang Richtung Süden zur Bärgunthütte (1391 m). Die Steilstufe zum Hochalppass (1938 m) erfolgt anfangs durch die dichten Felder der Gemeinen Pestwurz, dann passiert der abflachende Bergsteig Wiesen voller gelber Fuchskreuzkräuter. Im Süden reicht der Blick über den Hochtannbergpass hinaus in die Lechtaler Alpen mit der Roten Wand (siehe Tour 23). In Passnähe entdecken wir einzigartige Pflanzen wie das Wilde Männle (Alpen-Kuhschelle). Nach einer kurzen Steilstufe erreichen wir den Seekopf (2039 m), von dem wir erstmals die beeindruckende Felswand des Widdersteins erspähen; schier unbezwingbar wirkt der formschöne Berg von hier! Etwas unterhalb liegt der idyllische Hochalpsee, an dem im Frühsommer oder Spätherbst häufig Steinböcke verweilen. Wenn Kühe in den saftigen Wiesen weiden, hält sich der Steinbock meist in höheren Gefilden auf.

Weiter ostwärts beginnt dann der eigentliche Aufstieg auf den Widderstein. Wer die Mühen der Gipfelbesteigung scheut, dem empfehle ich, dem

Weg zur Oberen Widdersteinhütte zu folgen und nach etwa 300 Metern, wenn man perfekt in die Südwand hineinschauen kann, eine Rast einzulegen. Mit dem Fernglas lassen sich nun häufig Steinböcke entdecken. Größer ist die Chance natürlich in der Wand selbst. Der Aufstieg erfordert zwar keine großen Kletterfähigkeiten, ist aber sehr steil, ausgesetzt, und speziell bei Nässe sehr rutschig! Es ist Umsicht gefragt: Ein losgetretener Stein schießt immer direkt die steile Felsrinne hinunter und gefährdet somit die nachsteigenden Bergsteiger.

Auch ich höre im oberen Drittel der Steilrinne plötzlich Steine herabfallen. Beim Blick nach oben

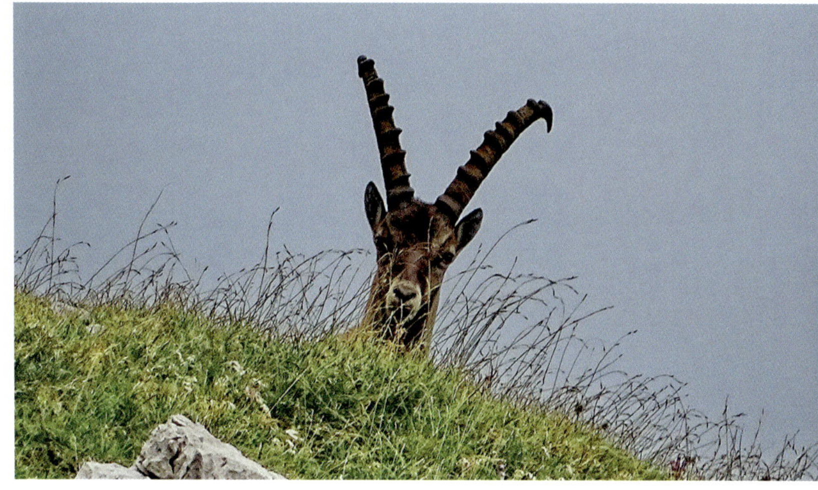

Einprägsames Erlebnis, wenn plötzlich zwei Hörner hinter der Geländekante hervorlugen.

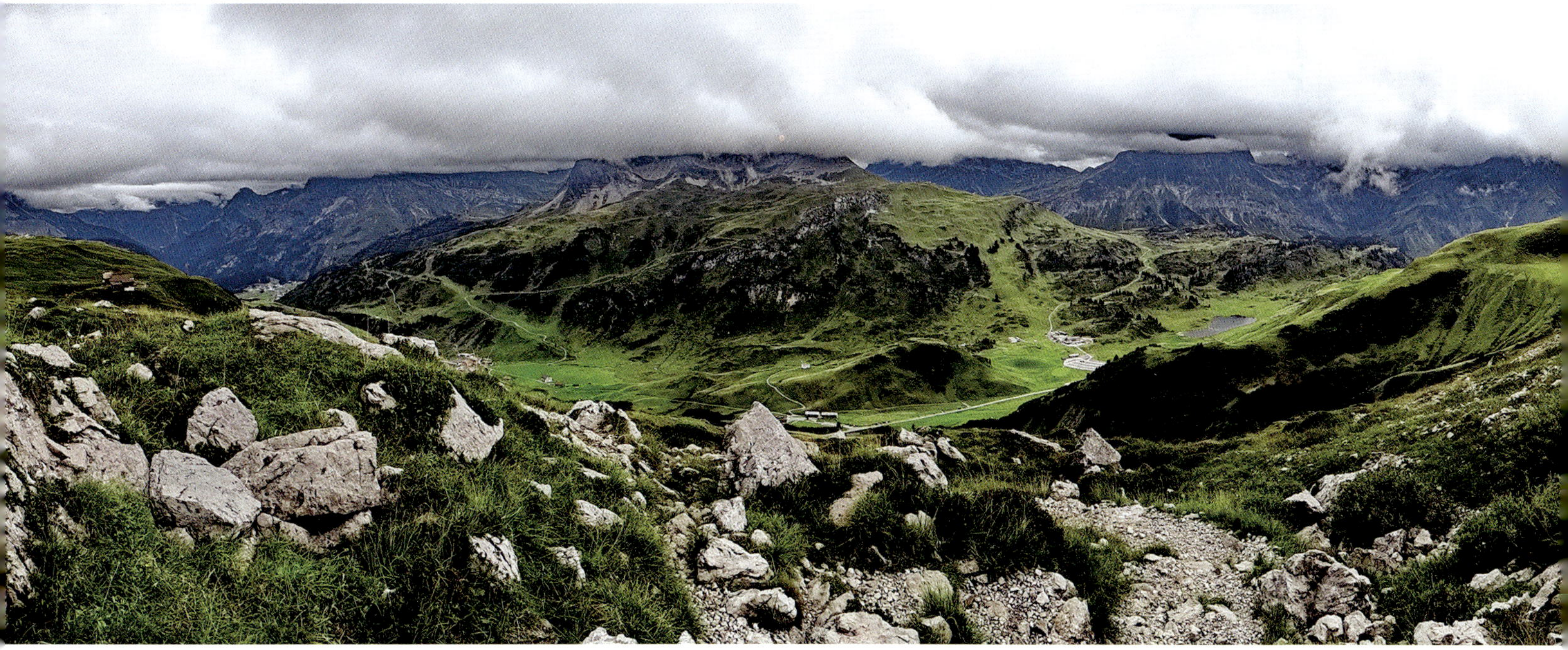

Blick nach Süden zum Hochtannbergpass, die Berge der Verwallgruppe stecken im Nebel.

24

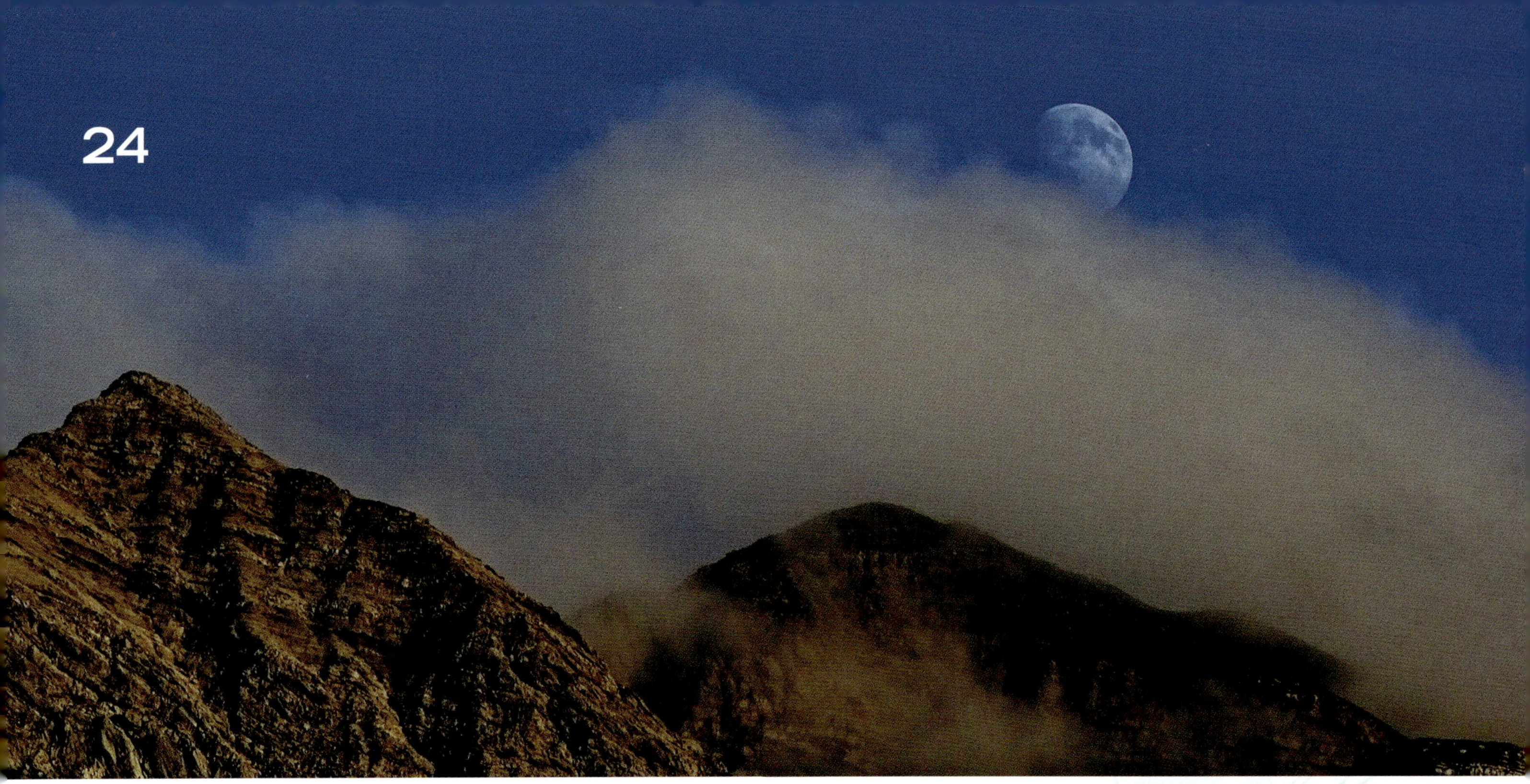

Mystische Stimmung mit Mondaufgang und Nebelreißen

sehe ich prompt zwei Hörner hinter einem Felsgrat hervorlugen. Ein alter, einsamer Steinbock sitzt hinter der Kante. Nach ein paar Minuten wandert er ganz gemächlich über den Grat nach unten zu den Steilwiesen am Felsansatz, um zu äsen. Leider verliere ich ihn hier aus den Augen. Am ausgesetzten Gipfelgrat wird das Gelände nochmals spannender, ein leicht mulmiges Gefühl stellt sich bei mir immer ein, wenn es beidseitig so steil in die Tiefe geht. Vom Gipfel des Widdersteins (2533 m) öffnet sich ein beeindruckender Drei-Länder-Blick in die Schweiz, nach Österreich und Deutschland. Hunderte von Gipfeln liegen vor mir, aber nur ein paar wenige habe ich schon erkundet.

Nach der Gipfelrast geht es wieder die steile Rinne hinab. Wir stoßen auf den Querweg vom

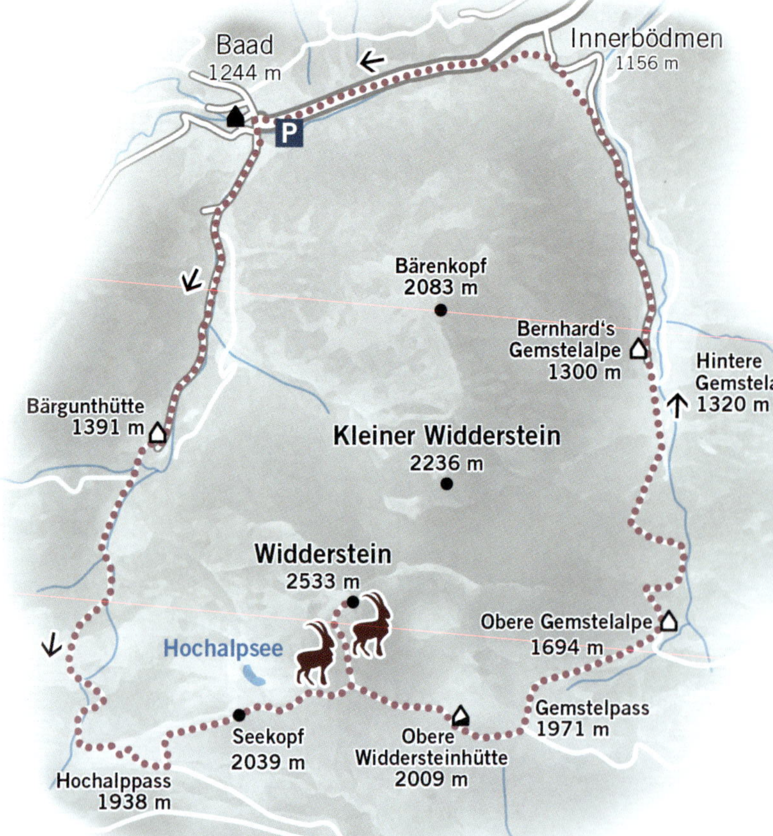

24

Baad → Bärguntalpe → Hochalppass → (Widderstein) → Obere Widdersteinhütte → Gemstelpass → Hintere Gemstelalpe → Innerbödmen → Baad

Vom Wanderparkplatz über die Breitach auf dem Fahrweg zur Bärguntalpe → abwechslungsreicher Steig auf den Hochalppass → für die Besteigung des Widdersteins vor Erreichen der Oberen Widdersteinhütte sehr steil durch die Fels- und Schuttrinne zum Gipfel empor → von der Oberen Widdersteinhütte über den Gemstelpass nordwärts das Gemsteltal zuletzt auf dem Fahrweg nach Innerbödmen hinab → im Talboden links leicht aufwärts zum Ausgangspunkt in Baad

Weglänge	16 km
Gehzeit	6 Std. + 3 Std. für den Gipfel
Höhenmeter	830 m (1350 mit Gipfel)
Schwierigkeit	Umrundung ▲▲, Gipfel ▲▲▲

Anfahrt

ÖVM Mit der Bahn nach Oberstdorf, Bus 1 nach Baad

Auto A 7 Autobahnkreuz Allgäu (Kempten), B 19 nach Oberstdorf, B 201 in das Kleinwalsertal, in Mittelberg links nach Baad abbiegen

Ausgangspunkt Gebührenpflichtiger Parkplatz am Ortsende von Baad, B: 47°18`35,75" L: 10°07`15,95"

Charakter Eine lange Rundtour durch zwei schöne Täler und auf einen aussichtsreichen Felsgipfel, der allerdings Trittsicherheit und Schwindelfreiheit erfordert. Beim Rückweg in das Kleinwalsertal liegen drei Einkehren auf der Strecke.

Wegweiser Bärgunthütte, Widdersteinhütte, Großer Widderstein, Hintere Gemstelalpe, Mittelberg, Baad

Steinbock-Sichtungen Im Frühjahr und Spätherbst zwischen Hochalpsee und der Oberen Widdersteinhütte meist im unteren Fels und Almwiesengelände, später in den Gipfelbereichen und zum Äsen kurzzeitig am Wandfuß; die Wirtsleute der Widdersteinhütte geben gerne ein paar Tipps.

Einkehr

- Bärgunthütte, Tel. +43-664-3110453, www.baergunthuette.de
- Obere Gemstelalpe, Tel. +43-664-1636206
- Hintere Gemstelalpe, Tel. +43-664-2510289
- Bernhards Gemstelalpe, Tel. +43-5517-301172

Übernachtung Obere Widdersteinhütte, Juni bis Oktober, Tel. +43-664-3912524, www.widderstein-huette.at

Variante Deutlich kürzer (1 Std.) ist der Anstieg von Hochkrumbach zur Widdersteinhütte (Anfahrt von Warth oder Schröcken zum Hochtannbergpass)

Karte Kompass Wk Nr. 3 Allgäuer Alpen Kleinwalsertal, 1:50.000

Hochalppass und wandern durch Blumenwiesen und an den weidenden Kühen vorbei zur Oberen Widdersteinhütte (2009 m), die mich mit hausgemachtem Blechkuchen und Kaffee verwöhnt. Wer hier übernachtet, kann die lange Tour bequem auf zwei Tage verteilen. Auch beim Abstieg in das wunderschöne Gemsteltal kommt das Kulinarische auf Grund der drei an der Strecke liegenden Jausenstationen nicht zu kurz. An der Hinteren Gemstelalpe (1320 m), an der mich eine Herde Pferde und Kühe begrüßt, geht die Route in einen bequemen Fahrweg über. Im Talboden folgt die Querung nach Baad.

25 Faszinierender Drei-Länder-Blick

Tourenziel: Piz Lad 2808 m
Weglänge: 9 km | Gehzeit: 4 ½ Std. | Höhenmeter: 830 | ▲

Nach einer Tour im Berchtesgadener Land entdeckte ich abends voi schene Steinbockbilder bei Facebook-Freunden. „Am Piz Lad" ist darunter gestanden! Keinen blassen Schimmer, wo der ist. Am nächsten Tag dann wieder so schene Bilder von Steinböcken! Ja hoi, wo wurden denn die gemacht? Wieder am Piz Lad! Des gibt's ja jetzt echt ned, san alle Steinböcke und Facebook-Freunde am Piz Lad? Okay, wenn die Steinböcke da so einfach zu finden sind, werde ich wohl diese Tour auch ins Buch aufnehmen. Ja, so ist diese Tour entstanden! Ha, ha ... Danke an alle Facebook-Freunde für diesen Tipp!

Der Piz Lad liegt im Gebiet vom Reschensee, bekannt durch Graun mit seinem im Stausee versenkten Dorf – nur der Kirchturm ragt noch mystisch aus dem Wasser. Man kann wahlweise unten am See starten oder oben bei der gemütlichen Reschner Alm. Heute fahre ich auch mal hoch auf die Alm, was unter der Woche auf der schmalen Forststraße leicht möglich ist; am Wochenende herrscht hier hingegen Parkplatzmangel.

Die Tour auf den Piz Lad ist im Spätherbst dank der vielen golden glänzenden Lärchen besonders faszinierend. Wir genießen die unglaubliche Farbkraft auf dem angenehmen Anstieg durch den lichter werdenden Wald hinauf zu den Almwiesen in vollen Zügen. Der Steig zieht nun, teils bis zu den Mulden und weiten Böden des Sesslad Gebietes, zum Wetterkreuz (2325 m) mit traumhafter Aussicht auf die umliegende Bergwelt empor. Ab hier sollten wir das Fernglas griffbereit halten, wir sind nun bereits in Sichtweite der Steinböcke! Eine kleine Pause ist bei dem schönen Rundblick auf den imposanten Gipfelkamm ohnehin zu empfehlen.

Die steile Bergflanke wird bis zum weithin sichtbaren Gipfelkreuz in vielen Kehren durch Geröll und Schrofen erklommen. Vor allem im Frühsommer sind die Wiesen von zahlreichen Bergblumen übersät. Das Bergpanorama vom Gipfel des Piz Lad (2880 m) ist wahrlich perfekt: ein traumhafter 360-Grad-Rundumblick am Drei-Länder-Eck in Richtung Schweiz, Italien und Österreich!

Die Steinböcke sind meist unweit des Gipfels anzutreffen, in den warmen Sommermonaten ziehen sie sich jedoch meist in Gratnähe bis zu 200 Höhenmeter unterhalb der Gratkante zurück. Wir sollten genügend Abstand halten und die Ruheplätze der Tiere respektieren. Als ich am Grad nur alte Spuren fand, war ich schon etwas enttäuscht. Doch kurz vor dem Abstieg ragten doch glatt zwei lange Hörner hinter einem Felsen hervor! Beim genaueren Hinsehen dann sogar sechs! Nach geduldiger Annäherung

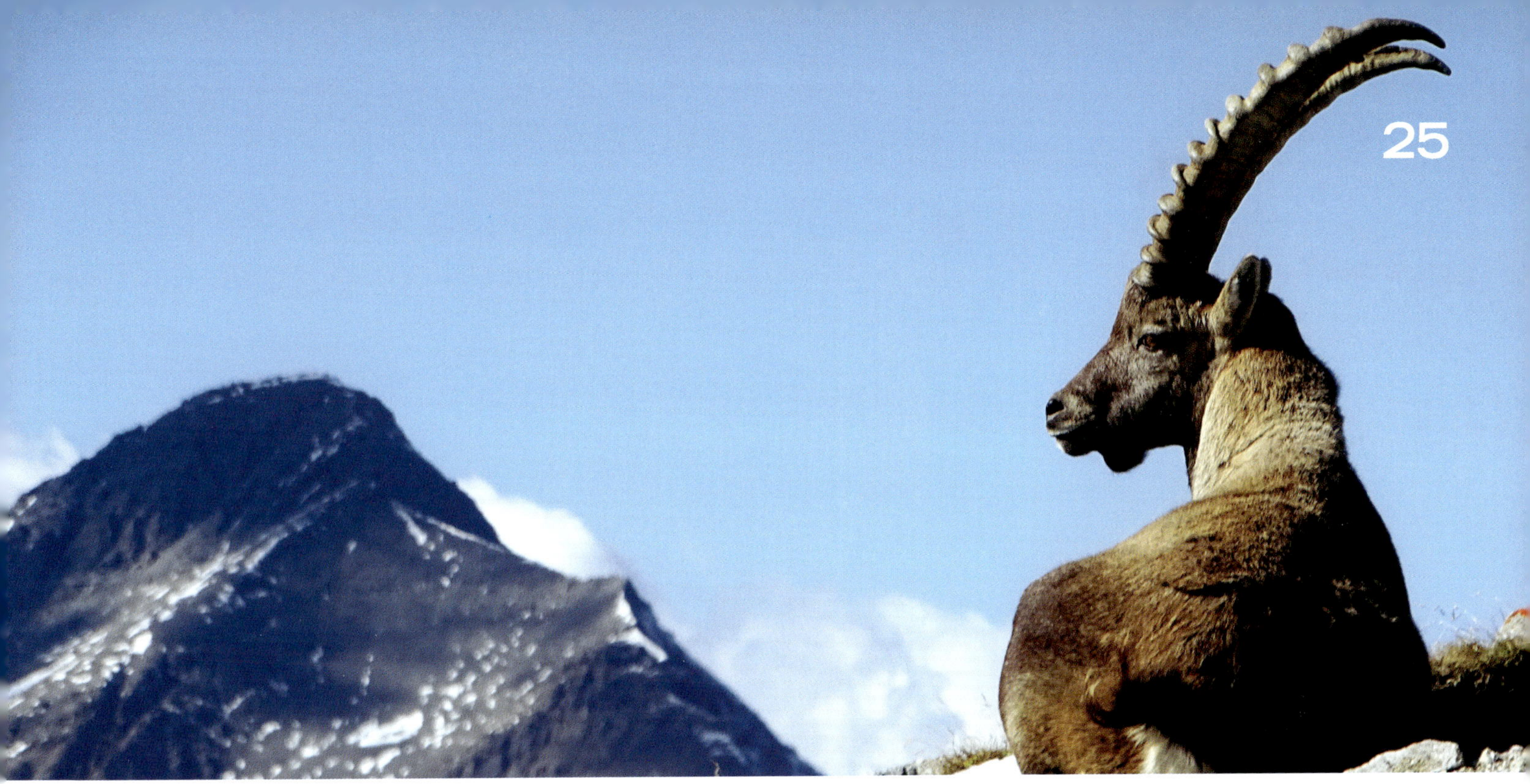

Einer der älteren Böcke genießt den Blick in die Schweizer Berge; eine solche Zoom-Aufnahme ist nur mit geduldiger Annäherung möglich; Gebetsfahnen am Gipfelkreuz

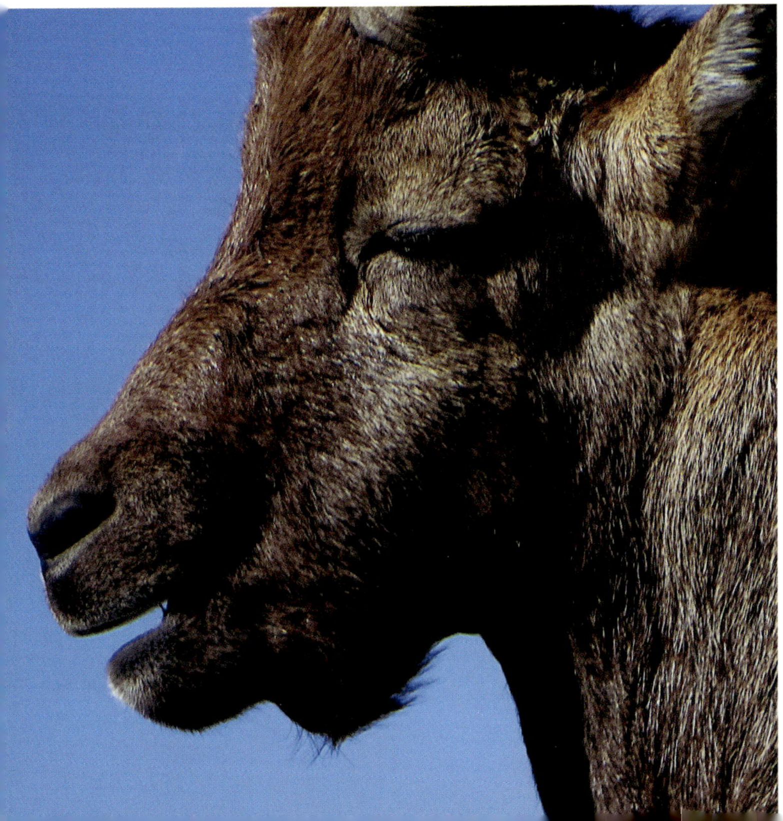

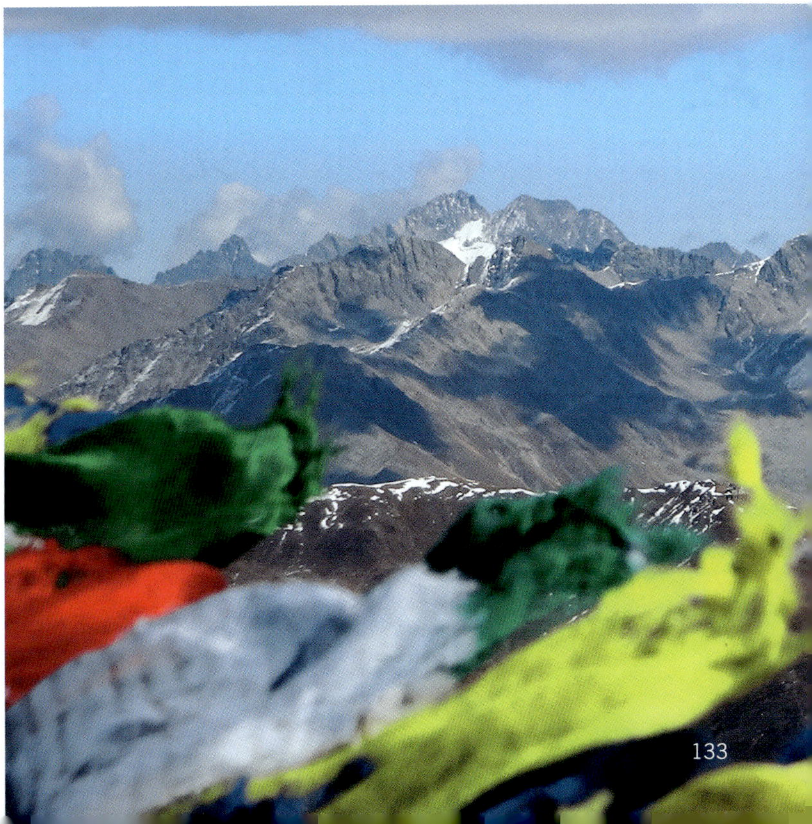

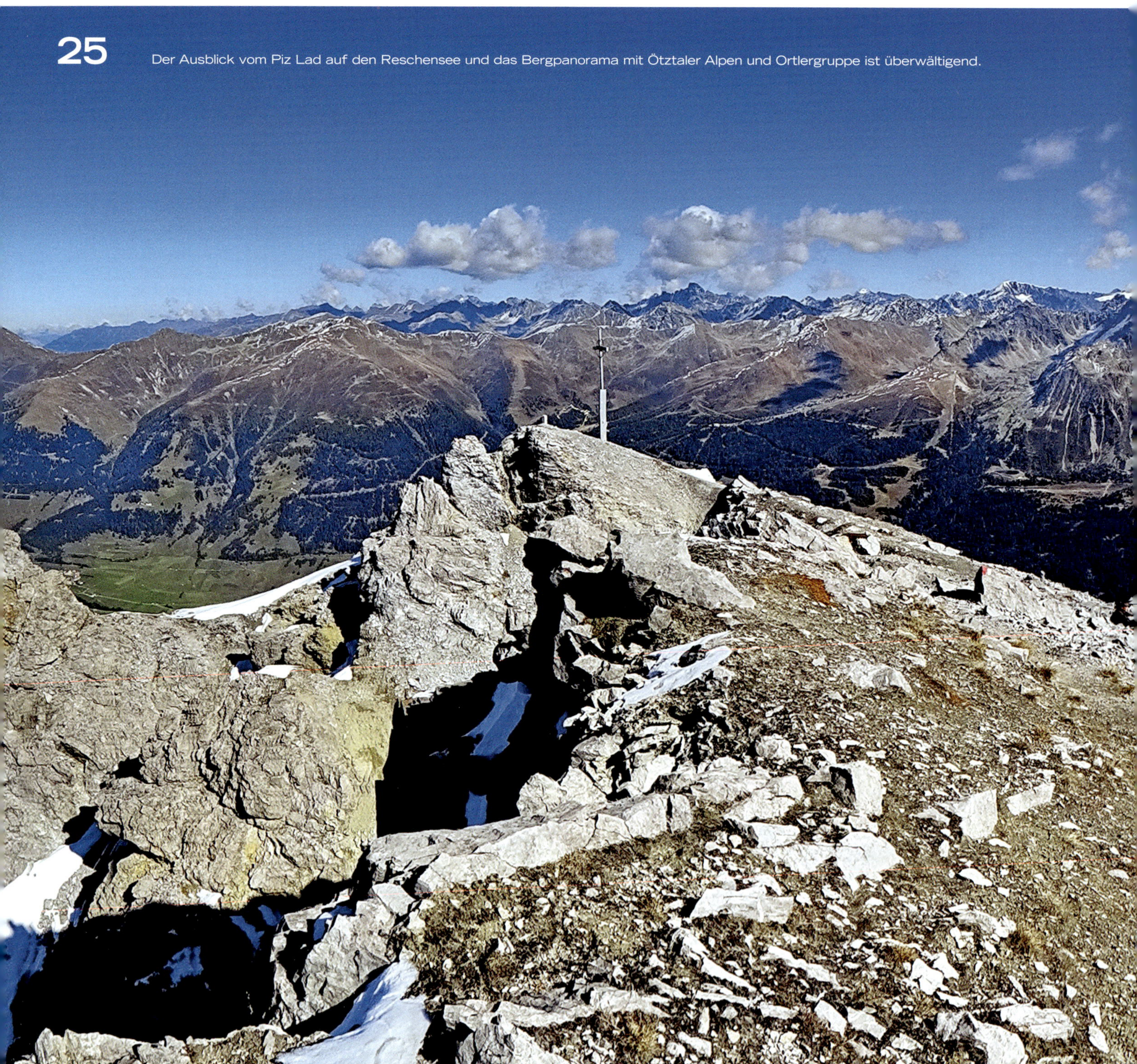

25 Der Ausblick vom Piz Lad auf den Reschensee und das Bergpanorama mit Ötztaler Alpen und Ortlergruppe ist überwältigend.

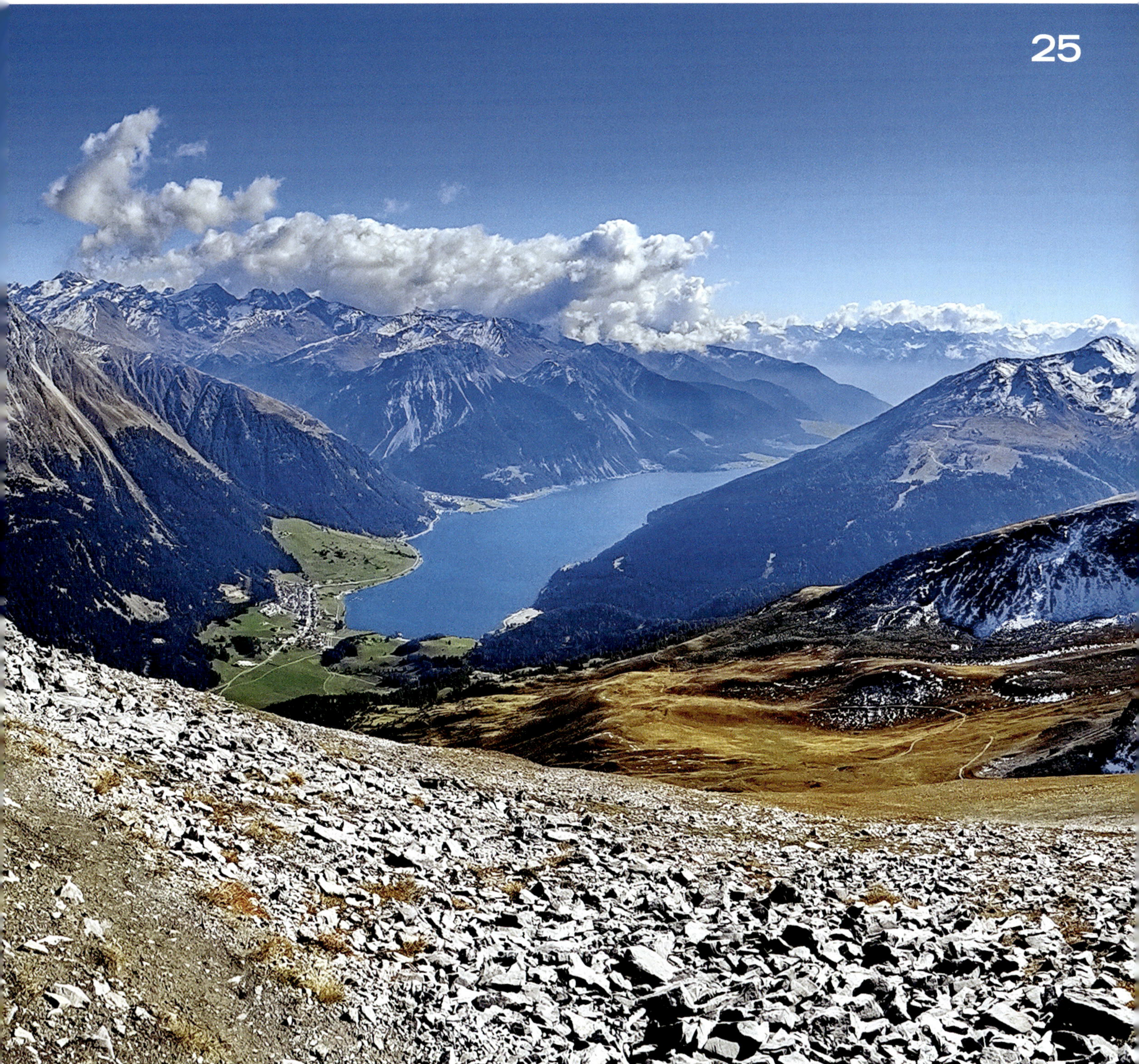
25

entdeckte ich dann noch ein Weibchen schlafend bei den drei Böcken. Vorsichtig und lautlos habe ich dann aus zwölf Metern Entfernung meine Bilder gemacht, ohne die Tiere zu stören oder zu verjagen. Nach der Beobachtung setzte ich meinen Abstieg fort.

Als Abstieg empfehle ich statt der Aufstiegsroute die Gratvariante. Sie führt nach links am Grat entlang, nicht wirklich ausgesetzt, aber mit herrlichen Tiefblicken ins Engadin und traumhaftem Blick auf den Reschensee. In diesem Bereich bitte auf Spuren und frische dunkle Verdauungsreste der Steinböcke achten! Der Weg führt in einer Schleife über Schrofen und Wiesenhänge zur gemütlichen Reschenalm zurück – die perfekte Einkehr mit selbstgemachten Nudeln und Knödeln, Kaffee und Kuchen sowie edlen Südtiroler Weinen.

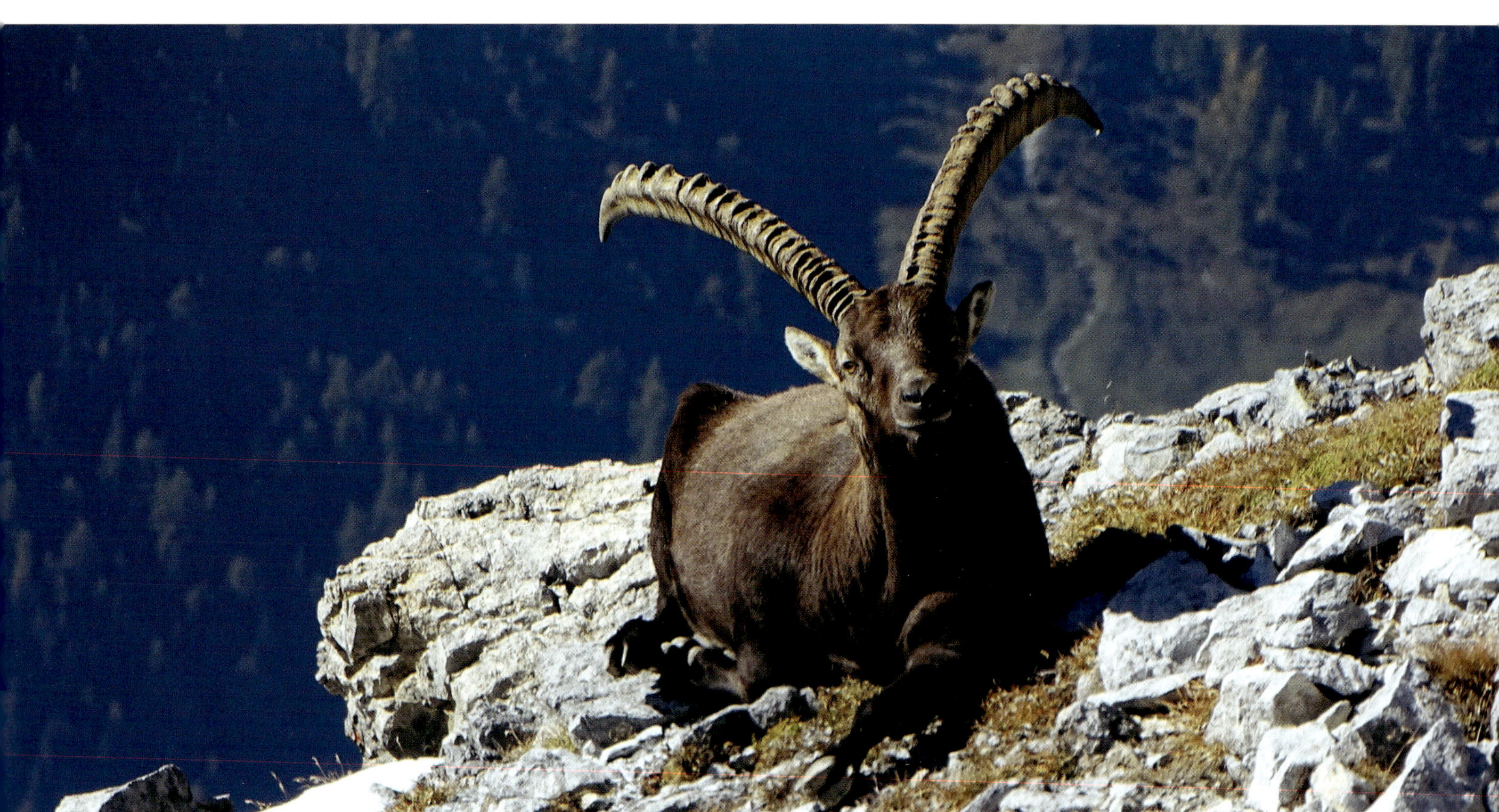

Dieser Steinbock hat bereits 15 stolze Jahre auf dem Buckel.

Reschner Alm → Wetterkreuz → Piz Lad → Wetterkreuz → Reschner Alm

Vom Parkplatz Reschenalm auf der Forststraße ca. 500 m nach Norden → an der Weggabelung links in den Waldweg Nr. 5 durch schönen Lärchenwald zum Wetterkreuz → an der nahen Weggabelung weiter auf Weg Nr. 5 auf dem alten breiten Militärweg zum Südostgrat empor → vom Gipfel des Piz Lad links am Grat entlang und über das Klampertal und die Sesslad (Wetterkreuz) zur Reschner Alm zurück

Weglänge 9 km
Gehzeit 4 ½ Std.
Höhenmeter 830
Schwierigkeit ▲

Anfahrt Über Imst zum Reschenpass, hinter Nauders in Reschen kurz vor dem Reschensee rechts Abzweig in das Rojental. Bei der Abzweigung zur Reschner Alm entweder parken (von hier 45 Min. zur Alm auf dem Forstweg) oder mit dem Auto bis zur Hütte (Parkplätze sehr knapp!)

Ausgangspunkt Reschner Alm, B:46°50`09,53“ L:10°29`27,50“

Charakter Leichte Bergwanderung mit langem panoramareichem Gratabschnitt! Durch die südseitige Lage wird es im Sommer trotz der großen Höhe manchmal recht heiß.

Wegweiser Weg Nr. 5 Piz Lad

Steinbock-Sichtungen Im Frühsommer an den steilen Almwiesen Richtung Grat, im Sommer und Herbst am Gratverlauf entlang bis ca. 200 Hm unterhalb

Einkehr Reschner Alm

Karte Kompass Wk Nr. 52 Vinschgau Val Venosta, 1:50.000

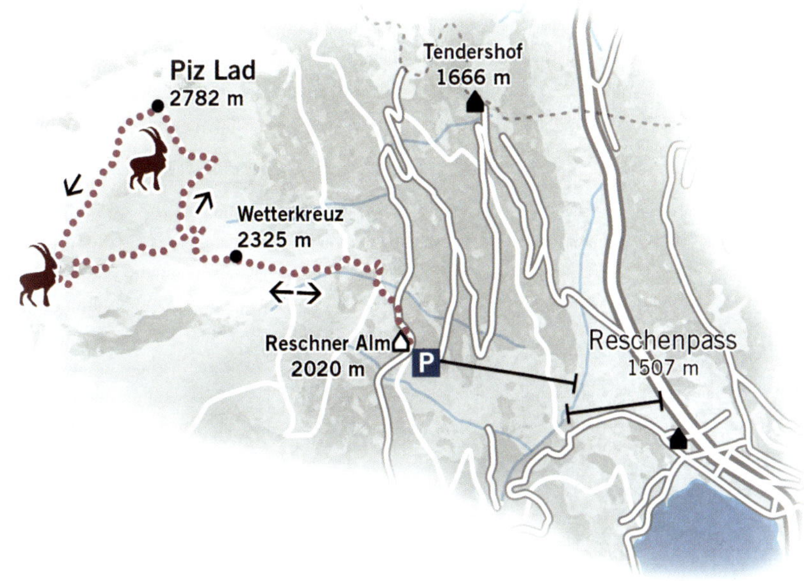

26 Hohe Steinbockdichte im Val Zebrù

Tourenziel: Rifugio V° Alpini 2877 m
Weglänge: 12,5 km | Gehzeit: 5½ Std. | Höhenmeter: 1300 | ▲

Voll gespannt auf diese Traumtour radelte ich zu später Jahreszeit bis zur Baita Pastori (2165 m) in das Zebrù-Tal. Die Lärchen waren goldgelb gefärbt, und der tiefblaue Föhnhimmel hob sich klar von den frisch verschneiten Bergen ab. Nur acht Leuten sollte ich an diesem prachtvollen Oktobertag begegnen. Rad-Depot! Weiter zur bereits geschlossenen Rifugio V° Alpini lief ich dann durch immer tiefer werdenden Schnee. Auf dem Weg zum Winterraum stand ich dann direkt vor der Tür einem Steinbock gegenüber! Cool! Vor lauter Freude vergaß ich doch glatt, gleich ein Foto zu machen! Der Steinbock, auch leicht von meiner plötzlichen Ankunft überrascht, ergriff die Flucht und schaffte es tatsächlich, nicht in dieses Buch zu kommen! Meine Lehre daraus: Erschrecke ja die Steinböcke nicht!

Später beim Abstieg wurde meine Mühe jedoch mit zwei weiteren Sichtungen belohnt. Immerhin ist das Val Zebrù nicht nur eines der schönsten und ruhigsten Täler im Nationalpark Stilfser Joch, sondern hier ist auch die Steinbock-Dichte am höchsten. Als Nationalparksymbol dient jedoch der Steinadler, der das bedeutsame Naturschutzgebiet ebenso wie der seltene Bartgeier bewohnt. Das landschaftlich grandiose Tal ist für den öffentlichen Verkehr gesperrt, nur mit Sondererlaubnis darf der Forstweg befahren werden. Damit sich die Wanderung nicht unnötig in die Länge zieht, empfehle ich den Taxi-Shuttle-Service bis zur Baita del Pastore (2168 m, siehe Info). Oder eben die Nutzung eines Mountainbikes, mit dem sich der Zeitaufwand erheblich verkürzen lässt. Bei der Abstiegsvariante ist zu beachten, dass man sein Bike am Rifugio Campo (1989 m) abstellen muss.

Bereits beim Hüttenanstieg kann man vor allem außerhalb der Hauptsaison auf Steinböcke treffen. Die Verdauungsreste sind leicht mit jenen der Schafe zu verwechseln, die in den Sommermonaten bis zum Spätherbst hier weiden. Sind die Exkremente noch dunkelbraun und leicht glänzend, sind die Steinböcke oder eben Schafe nicht weit entfernt. Fernglas bereithalten: Oberhalb des Weges tauchen oft Steinböcke auf. Manchmal rastend und gut versteckt, verraten sie nur die Hörner bei genauerem Hinsehen. Auch sind die Tiere im steinigen Gelände bestens getarnt.

Unser Hüttenziel, die 1884 erbaute Rifugio V° Alpini (2877 m), taucht nun weithin sichtbar über den steilen Geröllfeldern auf einem Geländeabsatz auf. Nach wenigen steilen Kehren ist sie erreicht. Die familiär geführte Hütte verkostet die typische

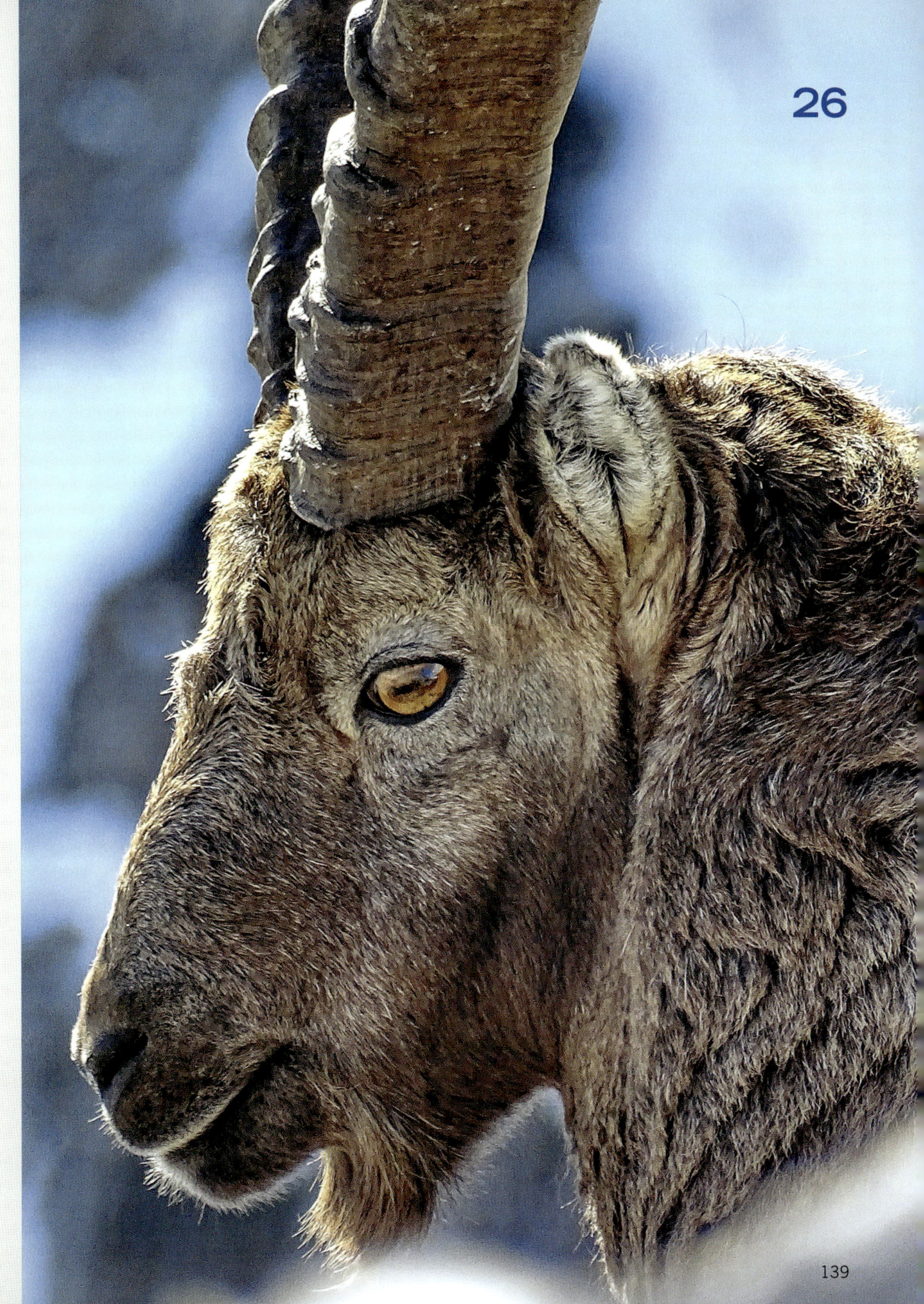

26

Zum Kraulen süß: Der Bartwuchs ist bei Steinböcken keine Selbstverständlichkeit, wofür selbst die Experten keine Erklärung haben.

26

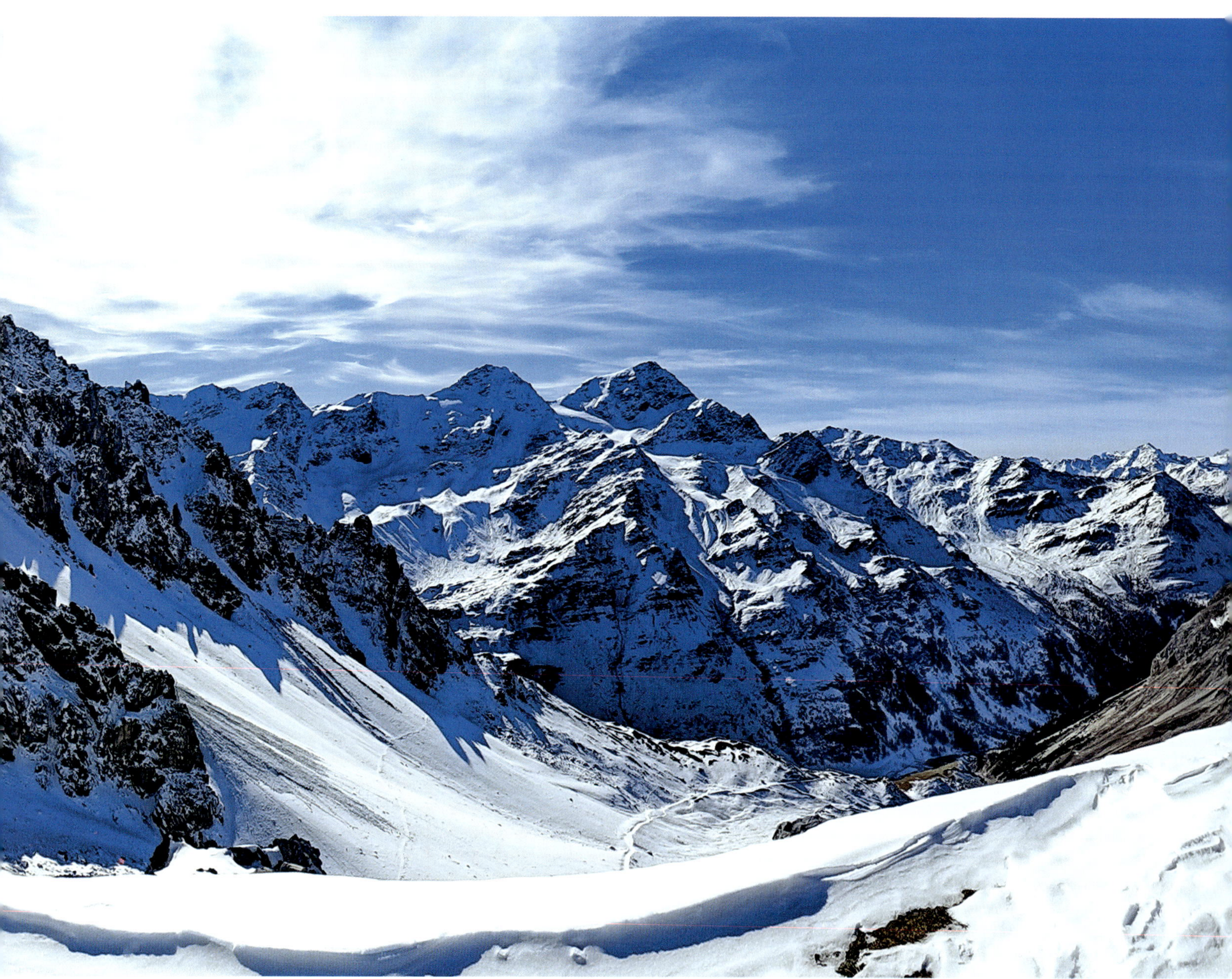

Bereits winterliche Verhältnisse an der Rifugio V° Alpini

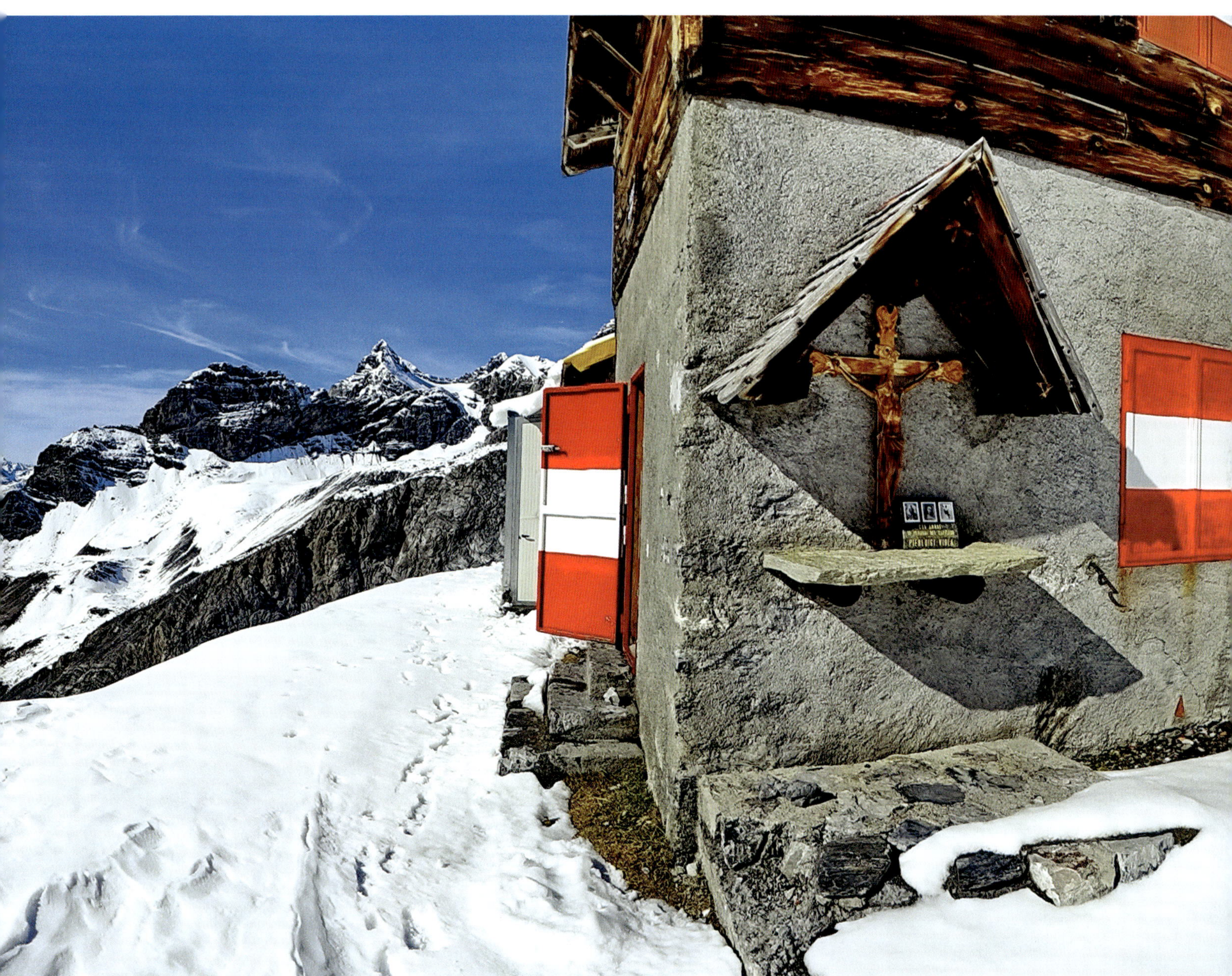

regionale Küche mit den sorgfältig zubereiteten Alm-Produkten von der unterhalb gelegenen Baita del Pastore. Der Zebrù-Gletscher ist nur wenige Minuten entfernt, auch den Ortler und die Königspitze könnte man von hier besteigen. Die hochalpine Landschaft ist sehr beeindruckend!

Frisch gestärkt geht es auf der Aufstiegsroute bis auf 2455 m hinab. An der Weggabelung folgt man entweder dem bekannten Weg zurück bis zur Shuttle-Station oder dem Mountainbike-Depot an der Baita del Pastore oder man wandert auf dem sonnigen und abwechslungsreicheren Weg Nr. 526 zur Rifugio Campo (1989 m). Dabei stehen im Frühsommer und Spätherbst die Chancen gut, auf weitere Steinböcke zu treffen. Garantie gibt es leider keine, da sich die Tiere ja jeden Tag viele Kilometer bewegen. Ohne Bike oder Shuttle-Service im Talboden würde sich der Rückweg durch das Zebrù-Tal bis Fantelle erheblich hinziehen.

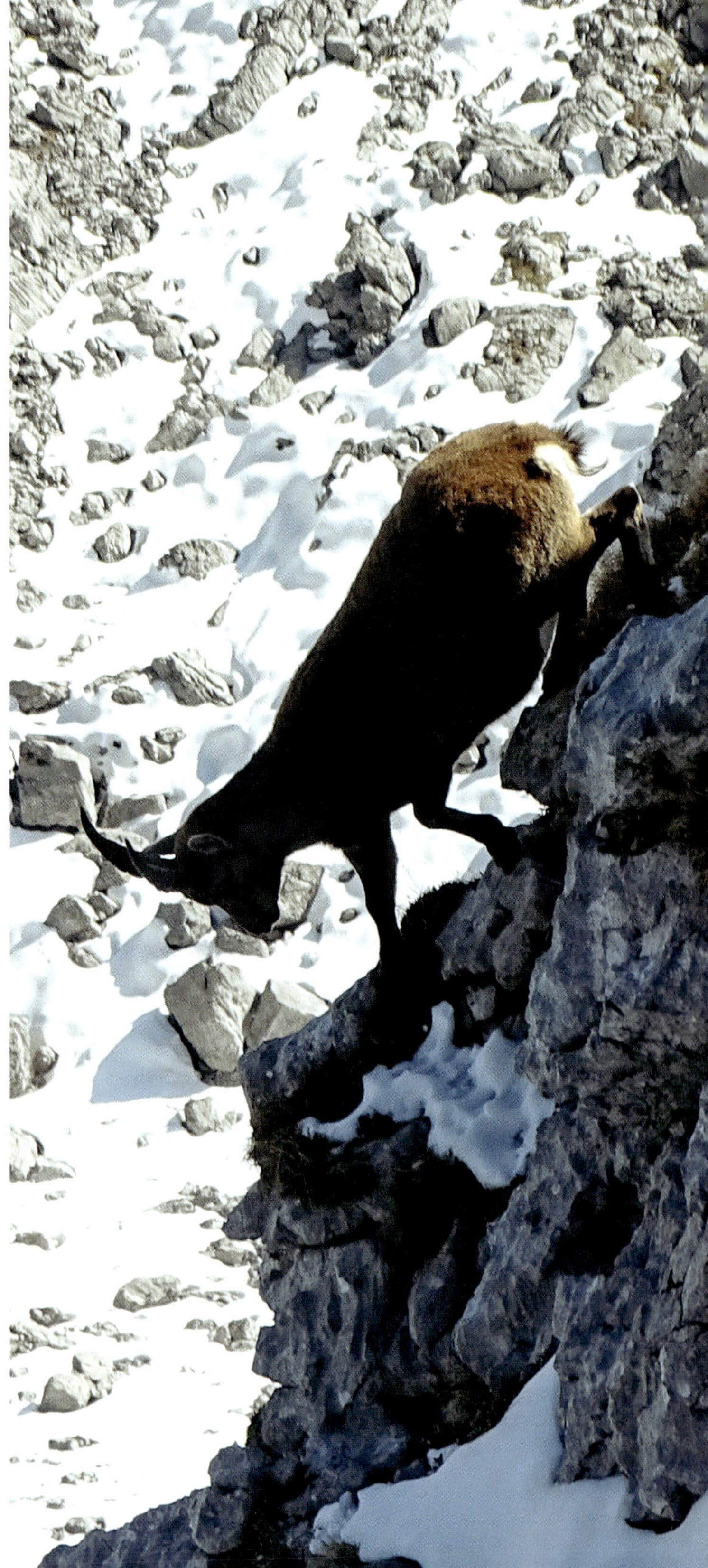

Eine Geiß beim Abstieg kurz unterhalb der Hütte

(Rifugio Campo) → Baita del Pastore → Rifugio V° Alpini → Rifugio Campo

Vom Parkplatz Fantelle mit dem Mountainbike oder Shuttle-Service in das Zebrù-Tal über die Rifugio Campo bis zur Baita del Pastore → Anstieg zur Rifugio V° Alpini auf dem gut beschilderten Steig (Ww. Rifugio V° Alpini, Weg Nr. 516) → beim Abstieg dem bekannten Weg bis zur Wegkreuzung auf 2450 m folgen und auf den Weg Nr. 526 wechseln → die abwechslungsreiche Querung führt zum Rifugio Campo (1989 m) im Talboden zurück

Weglänge	12,5 km
Gehzeit	5 ½ Std.
Höhenmeter	1300
Schwierigkeit	▲

Anfahrt A 22 Bozen, SS 38 über Meran und Silfser Joch nach Bormio, SS 300 nach San Nicolo Valfura, im Ort links der abzweigenden Straße folgen (gelbe Nationalpark-Schilder)

Ausgangspunkt Parkplatz Fantelle
B: 46°27`59,90" L:10°25`57,54"

Charakter Landschaftlich großartige und technisch einfache Tour durch das steinbockreichste Tal im Nationalpark Silfser Joch

Wegweiser Refugio V° Alpini (Weg Nr. 529)

Steinbock-Sichtungen Im Frühjahr häufig bereits an den grünen Südhängen in der Nähe der Baita del Pastore, im Sommer und Spätherbst in den Hängen und Wänden meist unweit der Rifugio V° Alpini und in den Wänden und Gipfeln der näheren Umgebung; zuweilen auch in Gletschernähe zum Abkühlen

Einkehr und Übernachtung Rifugio V° Alpini, Tel. +39-0342-929170, Mitte Juni bis Mitte September, www.rifugioquintoalpini.it

Wegweiser Rifugio V° Alpini, Rifugio Compo

Info Ständiger Shuttle-Service vom Parkplatz Niblogo bis zur Baita del Pastore, Michele Bertolina, Tel. +39-0347-8012827 oder Diego Zen Tel. +39-0338-2685982 oder +39-0342-945097

Karte Kompass Wk Nr. 072 Nationalpark Stilfser Joch, 1:50.000

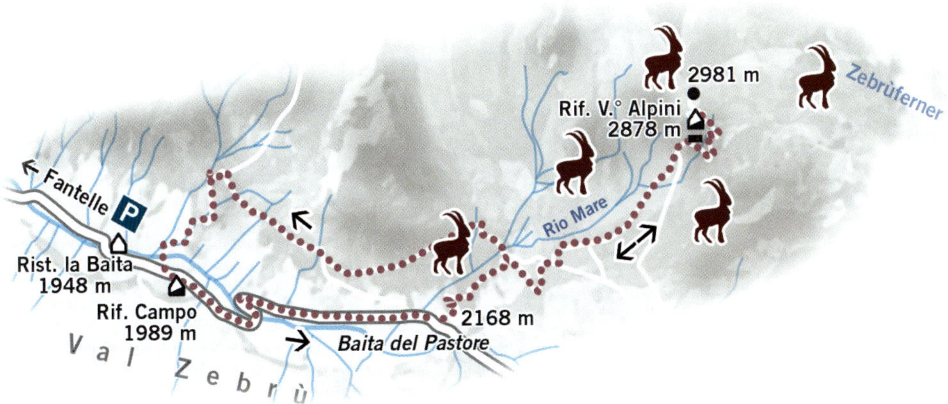

27 Abenteuer am Pragser Wildsee

Tourenziel: Seekofel 2810 m
Weglänge: 16 km | Gehzeit: 7 Std. | Höhenmeter: 1350 | ▲▲▲

Bei meiner Ankunft am Pragser Wildsee um acht Uhr morgens war es noch sehr ruhig und der Parkplatz fast leer. Voller Vorfreude lief ich Richtung See, doch dann wurde mir der Zugang von einem Security verweigert! Er sprach weder Englisch noch Deutsch, ich kein Italienisch. Na voi supa! Keine Chance, vorbeizukommen! Auch die inzwischen eingetroffenen Touristen wurden sogar mit Körpereinsatz zurückgedrängt. Wolkenloser Himmel, doch für den Nachmittag war Regen angesagt. Nach 45 Minuten Wartezeit riss mir die Geduld und ich lief einfach auf der anderen ebenfalls gesicherten Seeseite an den Securities vorbei. Mit Herzklopfen, aber durchaus amüsiert, ihnen ein Schnippchen geschlagen zu haben. Keine fünf Minuten später galoppierende Pferde, dazu Schüsse, Filmkameras und der Andi mitten drin im Chaos! Jetzt aber schnell weg … voller Vorfreude auf hoffentlich zahlreiche Sichtungen der wunderbaren Steinböcke am Seekofel!

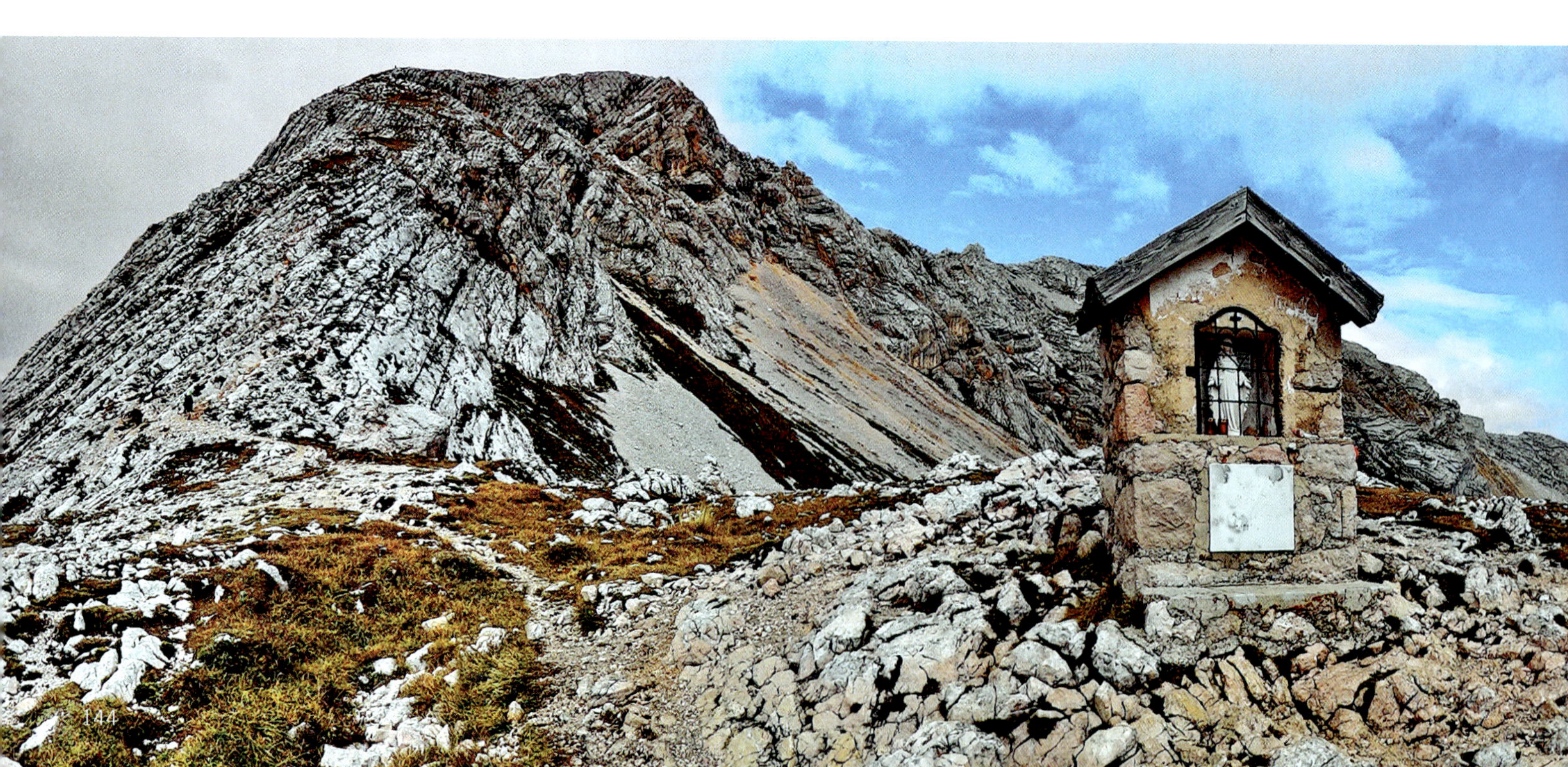

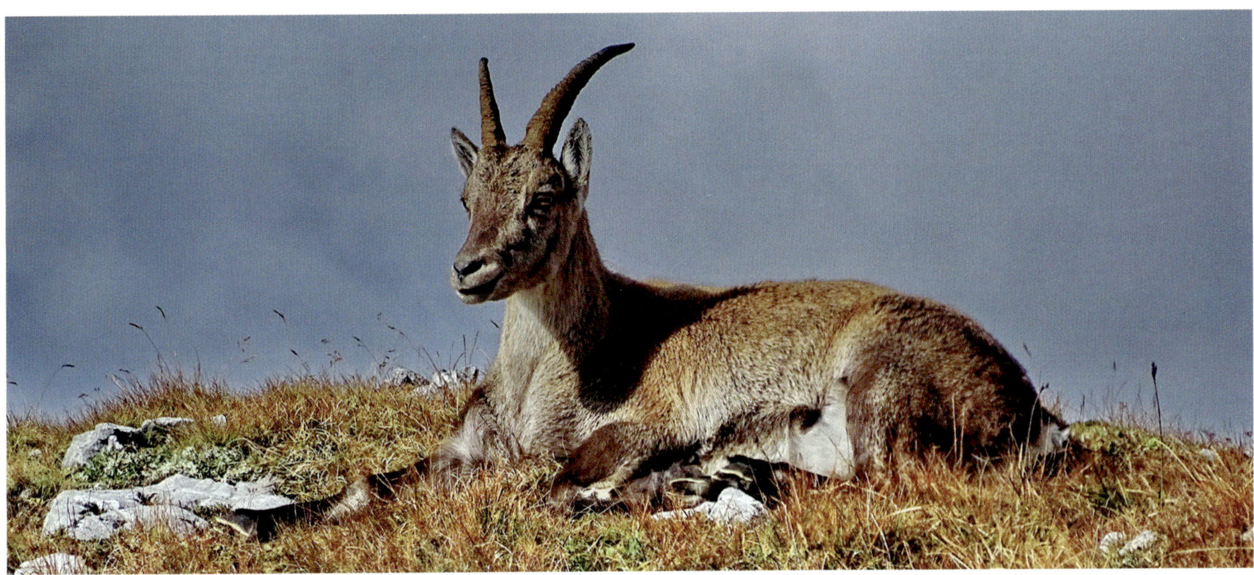

27

Wenn nicht gerade gefilmt wird, ist der wunderschön gelegene Pragser Wildsee (1500 m) für sich schon eine Reise wert. Die senkrechten Wände des Seekofels spiegeln sich malerisch auf der Wasseroberfläche. Bei schönem Wanderwetter wird der See von zahlreichen Touristen frequentiert, doch Richtung Seekofel entfernt man sich rasch vom Trubel im Tal. Durch die Länge der Tour empfehle ich einen frühen Aufbruch, somit gehen wir auch dem Menschenstrom aus dem Weg.

Vom See-Ende führt der Dolomitenhöhenweg über mit Latschen bewachsene Schutthalden zum Nabigen Loch. Etwas oberhalb wird das Gelände steiler, manche Stelle ist drahtseilversichert, aber nicht schwierig. Nach Querung der Seekofel-Ostwände erreichen wir den Ofen, ein etwa 2200 Meter hohes blumenreiches Hochtal, das zur Ofenscharte führt. Nach Passieren der Wegkreuzung werde ich im breiten Kar erstmals auf Steinschlag, Spuren und Verdauungsreste meiner Lieblingstiere achten, denn rechts in den Felswänden ist ihr Revier. Auf der Ofenscharte entschädigen das schöne Bildstöckl und der Blick auf die nahe Seekofelhütte auf der Sonnenseite des Berges für die Strapazen des steilen Schlussanstiegs.

Von der Ofenscharte (2388 m) geht es in vielen Kehren über einen breiten, aber steilen Grat nach Norden weitere 400 Höhenmeter zum Gipfel hoch. Das abschüssige Felsgelände ist im mittleren Bereich mit Ketten gesichert. Oberhalb dieser Steilstufe breitet sich im Sommer ein prachtvolles Blumenmeer aus; in Gratnähe blüht das Edelweiß. Nun aber aufgepasst: Die Steinböcke sitzen im Sommer meist auf den Steilhängen rechts oberhalb des Weges bis zum Kamm empor. Von unten sind sie nicht leicht zu

Fotogenes Bildstöckl an der Ofenscharte, im Hintergrund der Gipfelgrat (l)

Die nahe des Grates ruhende Geiß war von unten kaum zu sehen.

27 Imposanter Tiefblick auf den Pragser Wildsee und prächtige Dolomitenkulisse

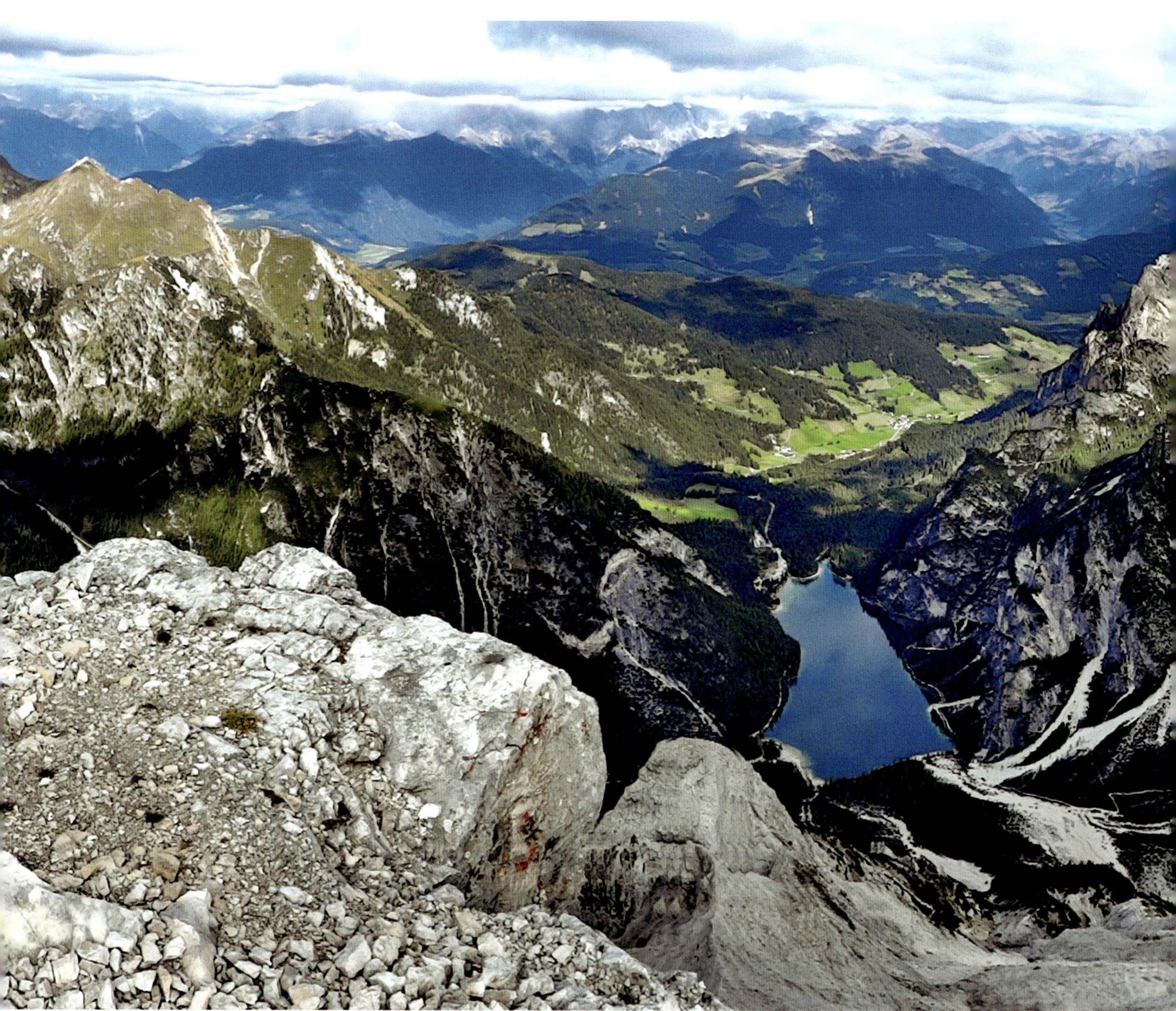

27

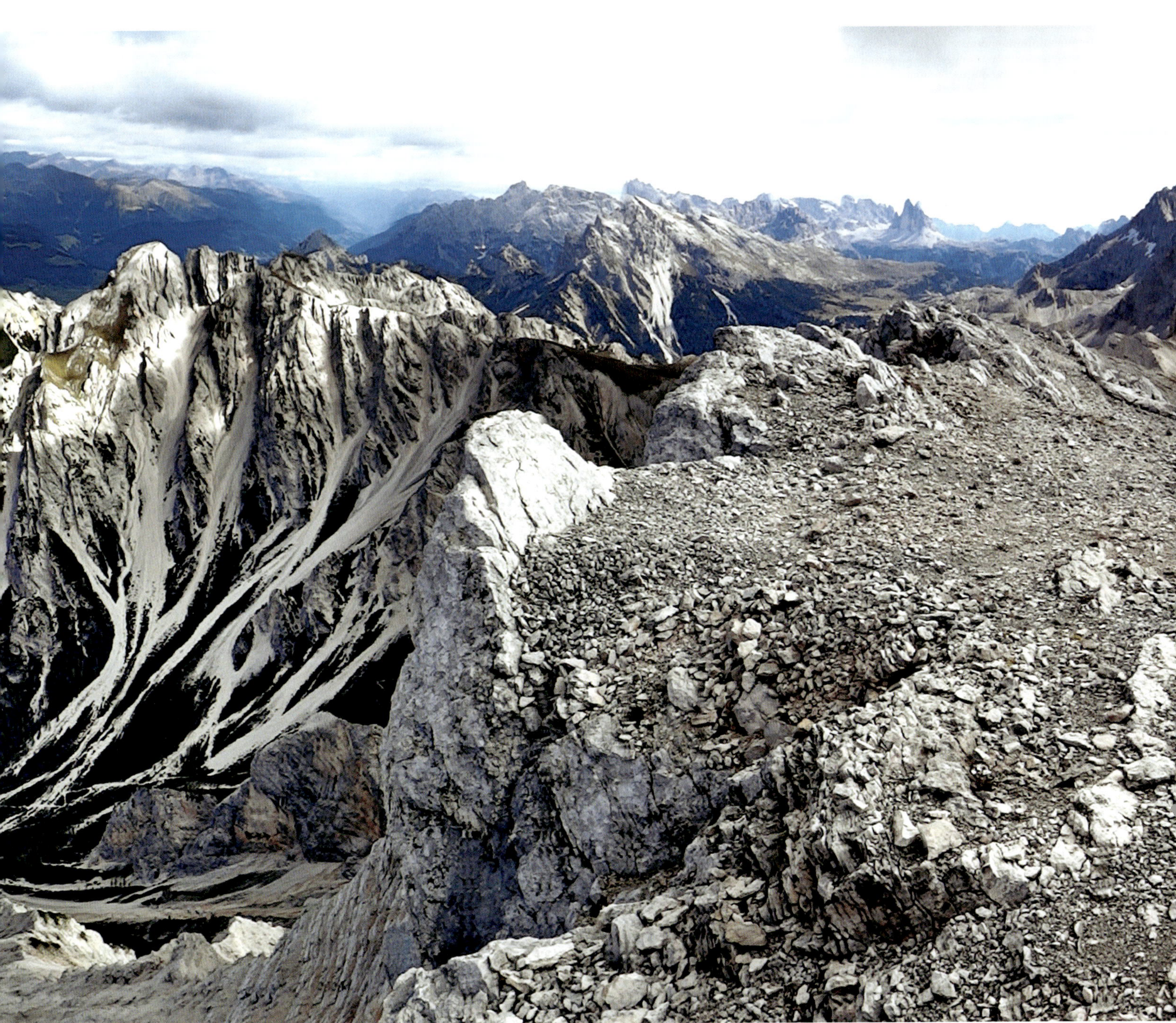

erkennen und oft durch Felsen verdeckt. Am Gipfel (2810 m) angekommen, öffnet sich ein beeindruckender Tiefblick auf den Pragser Wildsee! Welch fantastisches Panorama – bis zu den Drei Zinnen und weiter sieht man hier!

An der Gratkante entdecke ich weitere Steinböcke. Traumhafte Bilder gelingen mir: die Steinböcke im Vordergrund, die Drei Zinnen im Hintergrund! Ma gfreit mi des! Ein Männchen, zwei Mäderl und ein Kitz. Voi nett und ganz ruhig sind sie, bis ein freilaufender Hund sie leider in die Felsen treibt! Die grellen Pfiffe vom Herrchen sind wirkungslos – zumindest was den Hund betrifft. Leider kommt so etwas immer wieder vor.

Die heute hier lebenden Steinböcke wurden übrigens aus dem Nationalpark Stilfser Joch ab Frühjahr 2011 hier angesiedelt, nachdem die aus 70 Tieren bestehende ehemalige Kolonie binnen

Der junge Bock hat schon reichlich Winterspeck, noch ein wenig zulegen, dann kann der Winter kommen!

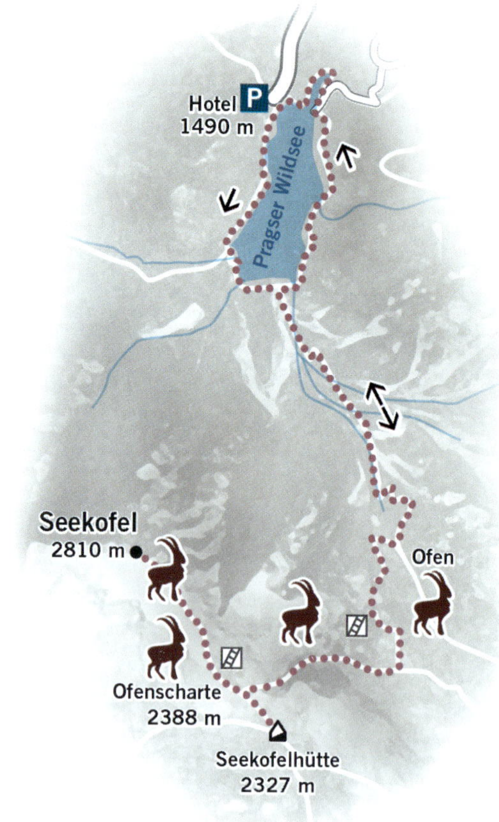

Pragser Wildsee → Ofenscharte → Seekofel → Seekofelhütte → Ofenscharte → Pragser Wildsee

Vom Parkplatz Pragser Wildsee auf der rechten Uferseite nahezu eben den Rundweg entlang bis zum See-Ende → an der Weggabelung rechts die Schutthalden empor (Ww. Dolomitenhöhenweg, Seekofelhütte) → nach einer gesicherten Stelle den Höhenweg rechts durch eine Waldpassage verlassen (Ww. Seekofelhütte) und weiter in das Hochtal aufsteigen → an der Weggabelung rechts zuletzt etwas steiler zum Ofenpass empor → an der Scharte rechts über den felsdurchsetzten Grat (im mittleren Teil gesichert) zum Gipfel des Seekofels → Abstieg auf derselben Route mit Abstecher vom Ofenpass zur nahen Seekofelhütte → am Pragser Wildsee das rechte Ufer wählen (kleine Gegenanstiege)

Weglänge	16 km
Gehzeit	7 Std.
Höhenmeter	1350
Schwierigkeit	▲▲▲

Anfahrt Brenner-Autobahn A22 Ausfahrt Brixen, SS49 Pustertaler Staatsstraße Richtung Lienz, zwischen Welsberg und Niederdorf Abzweig in das Pragser Tal (8 km)

Ausgangspunkt Parkplatz Pragser Wildsee, B:46°41`57,72“ L:12°05`05,61“

Charakter Abwechslungsreiche Tour mit traumhafter Dolomitenkulisse! Trotz guter Absicherung von steilen Wegpassagen sind Trittsicherheit und Ausdauer erforderlich.

Wegweiser Dolomitenhöhenweg Nr. 1, Seekofelhütte

Steinbock-Sichtungen Oberhalb des Ofens rechts in den Steilwänden bis zur Ofenscharte, ab Sommer in allen Hangrichtungen zwischen der Seekofelhütte bis dem Gipfelplateau sowie im oberen Ofental. Im Frühling sind die Steinböcke eher tiefer in den Almwiesen anzutreffen.

Einkehr und Übernachtung Seekofelhütte, Tel. +39-0436-4467, Mitte Juni bis Anfang Oktober

Karte Kompass Wk Nr. 57 Bruneck Toblach, 1:50.000

nur zwei Jahren der Räude zum Opfer gefallen war. Auslöser für die fatale Krankheit ist die Milbe, die sich gerne im Fell von Stein- und Gamswild einnistet und das Immunsystem der Tiere nachhaltig schädigt. Auf diese Weise wurden bedauerlicherweise auch die Bestände am Großen Rettenstein und im Wattener Lizum in Tirol ausgerottet.

Beim weiteren Abstieg darf der Einkehrschwung in der urigen Seekofelhütte (2327 m) nicht fehlen. Ich bestelle mir ein Omelett und möchte mir auf der Kamera noch mal die tollen Bilder anschauen … doch die meldet mir: „Speicherkarte defekt!“ Welch Ärgernis! Zwar habe ich auch mit der kleinen Laufkamera Fotos gemacht, doch die schönsten sind leider unwiederbringlich auf der Speicherkarte verloren.

Zurück wandere ich auf der gleichen Route, nur dieses Mal über die andere Seeseite mit kleinen Gegenanstiegen.

28 Tipp vom Goaslschnalzer

Tourenziel: Pflerscher Tribulaunhütte 2368 m, Sandesjöchl 2599 m
Weglänge: 11,5 km (14 km) | Gehzeit: 5 (6 Std.) | Höhenmeter: 1100 (1350) | ▲▲

Bei meiner Ankunft am Innerpflerscher Hotel Panorama hat es an richtigen Schnalzer gemacht! Erst dachte ich, ich hab was umgefahren, hab dann einmal rund um das Auto geschaut, aber nix gefunden. Ma war i froh … bin dann wieder eingestiegen und hab dann noch sauber eingeparkt, da schnalzt es schon wieder! Was ist das bloß? Heute hab ich nicht so viel Zeit, gerade mal drei Stunden. Ich pack den Rucksack, saus nach dem Weg suchend los und es schnalzt wieder voi laut! Gleich um die Ecke klärt sich alles … ein in Tracht gekleideter Mann schnalzt mit einer langen Peitsche, a Goaslschnalzer, ha, ha! Der nette Chef des Aktivhotels erklärt mir den Weg und dessen Schwierigkeiten. Er und sein Vater geben mir noch einen goldenen Tipp, wo ich die Steinböcke finden könnte. Danke hierfür! Da waren sie ja dann auch! Ein kleiner Hinweis am Rande: Der Hüttenwirt auf der Tribulaunhütte kennt auch die besten Beobachtungspunkte!

Für die landschaftlich wunderschöne Tour gibt es vom Pflerscher Tal (1245 m) zwei Aufstiegsvarianten: eine schwierigere von St. Anton und eine leichtere von Stein. Die Steinböcke trifft man nach der Zusammenführung beider Routen mit etwas Glück im oberen Bereich an, im Frühling und Herbst jedoch eher auf Weg 7 direkt oberhalb des Pflerscher Höhenweges in den Felswänden des Tribulauns. Wer das Gelände genau beobachtet – meist ist Steinschlag ein Indiz für die Anwesenheit der Steinböcke –, wird sie bestimmt entdecken und bewundern dürfen. Im Sommer befinden sich die prächtigen Tiere in der Nähe der Hütte und auf dem Weg zum Sandesjöchl. Dann wird ein früher Aufbruch oft mit dem Anblick grasender Steinböcke belohnt und man entgeht zudem einem möglichen Hitzestau. Ab dem späten Vormittag bis in den Nachmittag hinein ruhen die Böcke zumeist.

Heute folge ich dem Weg Nr. 7 gleich nach dem Hotel links haltend kurz über die Skipiste in den dichten Wald. Auf einem schönen Steigerl geht es nun in vielen Serpentinen den Berg hinauf. Nach 300 Höhenmetern quere ich den Koggraben und passiere die Mosesquelle. Die Route ist insgesamt sehr steil, teilweise eng und ausgesetzt und erfordert somit Trittsicherheit und Schwindelfreiheit. Auf 2000 Metern Höhe münden wir in den Pflerscher Höhenweg, der zur Tribulaunhütte führt. Wir queren unterhalb der beeindruckenden Südwand des Tribulauns zu einem Joch hoch. Das immer blumenreichere

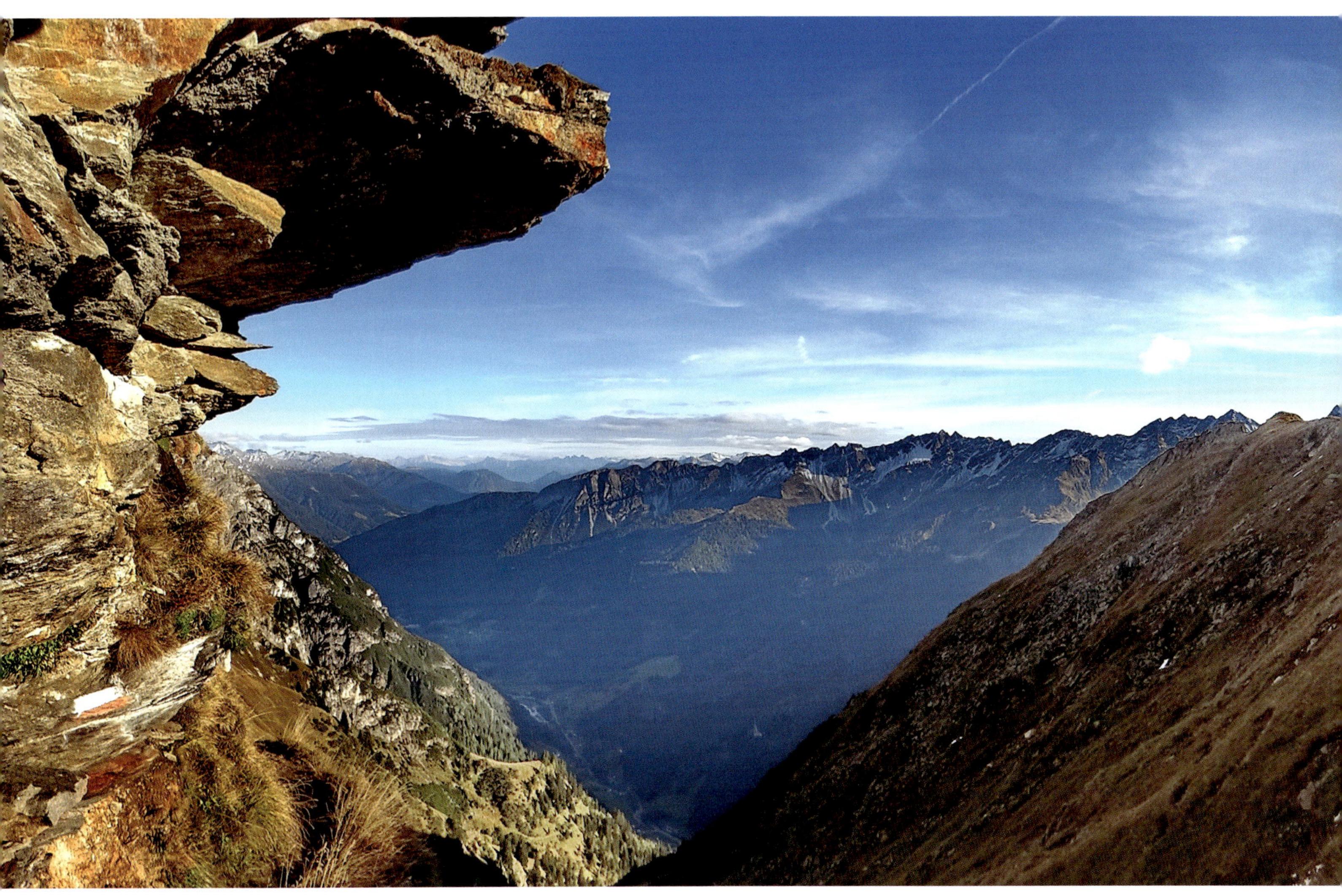

Kurz vor dem Gogelberg öffnet sich dieser wunderschöne Blick in das Pflerschtal.

28

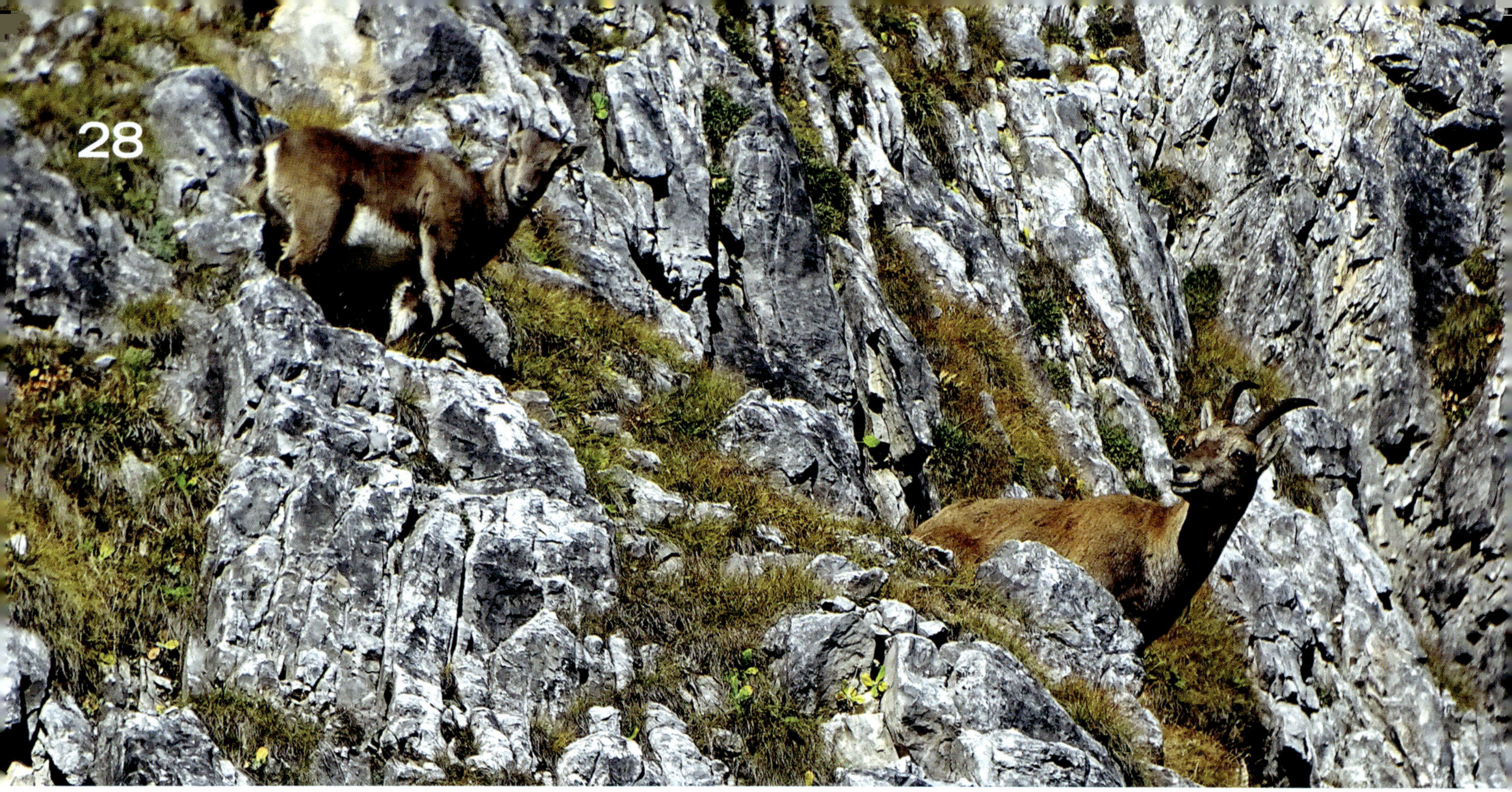

Nur der vorausgegangene Steinschlag hat die gut getarnten Tiere verraten. Das süße Kitz und die Mama haben bereits ein kuscheliges Winterkleid. Die nach vorne geklappten Ohren verraten, dass sie sich durch meine Anwesenheit leicht gestört fühlen.

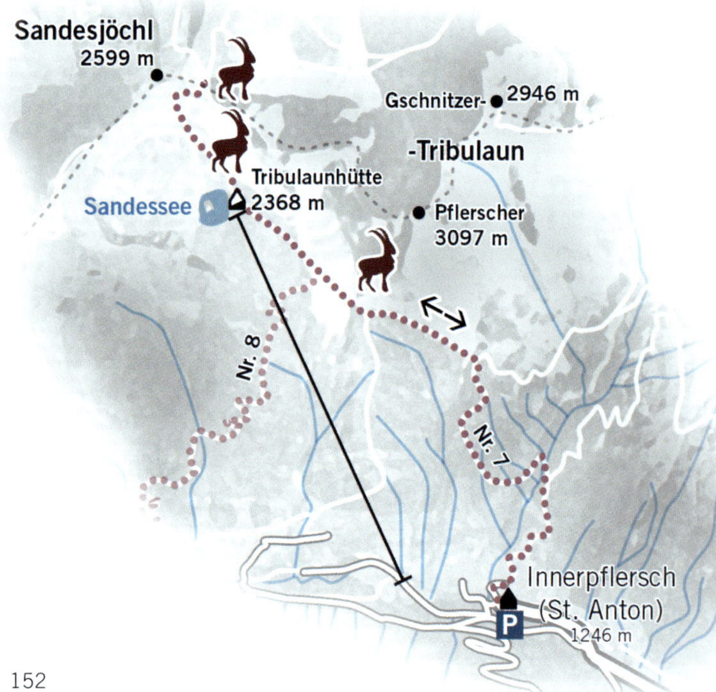

Gelände (im Sommer Edelweißvorkommen) wird nun deutlich lichter, aber auch felsiger.

Jetzt sollten wir aufmerksam sein und auf etwaigen Steinschlag achten. Bei der Querung und dem Anstieg zum Gogelberg höre ich immer wieder mal kleine Steine fallen. Und mit Hilfe des Fernglases habe ich sie tatsächlich gefunden: Die stolzen Tiere hüpfen in der Steilwand rum. Darunter eine Steinbocklady mit zwei sooo netten Geißlein! Der Tipp der Hotelbesitzer war also Gold wert: „Im Herbst sind sie auch oft schon am Fuße des Tribulauns zu sehen."

Nach dem Joch mündet dann Weg Nr. 8 (siehe Variante) in unsere Route und es geht über ein Schotterfeld zuletzt leicht ansteigend zur

Innerpflersch → Tribulaunhütte → (Sandesjöchl) und zurück

Vom Parkplatz Aktivhotel Panorama hinunter zum Talbach, über die Bachbrücke und kurz westwärts → an der folgenden Wegverzweigung rechts (Ww. Tribulaunhütte, Weg Nr. 8) → auf steilem Serpentinensteig die bewaldete Bergflanke empor → unter der Materialseilbahn queren und links dem Pflerscher Höhenweg zur Tribulaunhütte folgen → bei Bedarf Zugabe über Fels und Schutthalden zum Sandesjöchl → Abstieg auf der Aufstiegsroute oder unterhalb der Tribulaunhütte rechts Weg Nr. 8 zum Parkplatz Hotel Feuerstein absteigen (siehe Variante)

Weglänge	11,5 km
Gehzeit	5 Std. (Sandesjöchl + 1 Std.)
Höhenmeter	1100 (Sandesjöchl + 250)
Schwierigkeit	▲▲

Anfahrt Autobahn A 13 zum Brenner, 1. Ausfahrt nach dem Tunnel auf italienischer Seite (mautfrei), Landstraße nach Gossensaß, Abzweig Pflerscher Tal bis Innerpflersch (Ortsteil St. Anton)

Ausgangspunkt Aktivhotel Panorama, B:46°57`57,86" L:11°20`48,74"

Charakter Sehr steiler, aber landschaftlich reizvoller Aufstieg zur Tribulaunhütte mit ausgesetzten Passagen am Pflerscher Höhenweg (Steinschlaggefahr unter der Tribulaun-Südwand). Nur bei trockenen Bedingungen zu empfehlen! (ansonsten Variante)

Wegweiser Tribulaunhütte Weg Nr. 7

Variante Der einfache Weg Nr. 8 beginnt talein am Parkplatz in Nähe des Wasserfalls „In der Hölle" (1465 m) und ist im Anstieg ca. eine halbe Stunde kürzer. Er führt durch einen Waldgürtel sowie die steilen, felsdurchsetzten Grashänge in vielen Serpentinen zu einer Geländeschulter hinauf, wo er unterhalb der Tribulaunhütte auf Weg Nr. 7 stößt.

Steinbock-Sichtungen Im Frühjahr und Spätherbst unterhalb der Pflerscher Tribulaun-Südwand, im Sommer in den Hängen oberhalb der Tribulaunhütte Richtung Sandesjöchl und in Gipfelnähe der umliegenden Berge

Einkehr Aktivhotel Panorama, www.hotel-panorama.it

Übernachtung Tribulaunhütte, Tel. +39-0472-632470, Juli bis September, www.tribulaunhuette.com

Karte Kompass Wk Nr. 83 Stubaier Alpen, 1:50.000

Tribulaunhütte (2369 m), die westlich des Tribulauns auf einem Hügel oberhalb des Sandessees thront. Eine traumhafte Gegend, der See lädt förmlich zu einem Bad ein. Und Steinbock-Fans, aufgepasst: Falls ihr bis zum See noch keine Steinböcke gesichtet habt – auf dem Weg zum Sandesjöchl findet man auch sehr oft welche unweit des Weges. Und am Joch werdet ihr mit einem herrlichen Blick nach Österreich belohnt! Die Zugabe lohnt sich also, und wem die Tour zu lange ist, der kann nach Voranmeldung auf der Hütte übernachten.

Ab Oktober hat die Hütte leider Wintersperre und ich an diesem Tag zu wenig Zeit, weshalb ich den schnellsten Weg nach unten nehme.

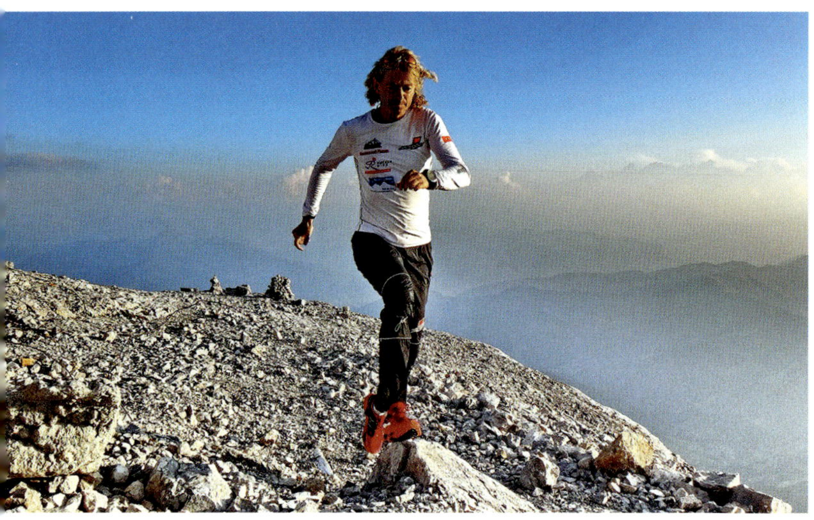

Andis Sport-und-Steinbock-Chronik

1970: Geburtsjahr
2001: Erst-Begegnung mit einem kapitalen Steinbock am Kleinen Solstein
2003: Diagnose COPD (siehe Interview Berchtesgadener Wochenblatt)
2008: 12. Platz beim Zugspitz Extremberglauf (Unglückslauf)
2009: Erster Berg-Marathon Tour de Tirol/ Kaisermarathon (identisch mit der Berglauf WM Langdistanz)
2014: Tiroler Vizemeister im Berg-Marathon
Weitere Highlights:

- Zugspitz Ultratrail (100 km 5400 Hm)
- 4-Trails 5.Platz M40 (160 km mit 10.000 Hm
- Tiroler Vizemeister im Straßen-Marathon seiner Altersklasse (M40)
- bester Österreicher beim Fishermans Friend Strongmanrun am Nürburgring; im Gesamt-Klassement Platz 89 bei 13.000 Teilnehmern

2015: Überschreitung des kompletten Berchtesgadener Gebirgsstocks mit insgesamt 32 Gipfeln im Laufschritt (127 km, davon 60 km schwerstes alpines Gelände, ca. 12.500 Hm Aufstieg, reine Laufzeit gut 45 Std., Gesamtzeit mit Pausen 69 Std. 11 Min.)
Weitere Highlights:

- Platz 28 von 1500 Teilnehmern bei der 24h Burgenland Extrem Tour (120 km um den Neusiedlersee; auf Grund des schlechten Wetters nur 180 Starter im Ziel)
- Drittbester Tiroler im Berg-Marathon bei den Tiroler Meisterschaften
- Entschluss, den ersten Steinbock-Wanderführer der Ostalpen herauszubringen

Bilanz Stand Februar 2016: über 80 Marathons/Bergmarathons in der Schweiz, Lichtenstein, Deutschland und Österreich erfolgreich beendet, zusätzlich 25 Ultraläufe über 50 km allein in den Jahren 2014/15

Ausschnitte aus dem Interview mit Andrea Obele vom Berchtesgadener Wochenblatt nach der Erfüllung meines Lebenstraums „Andi rennt über alle Berchtesgadener Gipfel" (17.08.2015)

Das Projekt war Ihr Lebenstraum. Warum?

„Sie leiden an COPD (eine chronische, nicht heilbare Lungenerkrankung), Sie werden mit 40 überhaupt keine Berge mehr besteigen können, mit 50 auch keine Treppen mehr schaffen, Sie müssen sofort aufhören zu rauchen und dürfen keine anstrengenden Sportarten mehr betreiben!" – das bekam ich vor 12 Jahren von meinem Lungenarzt zu hören. Schockierend für mich als Bergsportler, wo ich noch so viele Traumtouren plante. Das Rauchen war bald Geschichte, die Diagnose eine Herausforderung! Gegen die damalige Lehrmeinung begann ich mit Ausdauertraining. Meine Atemnot wich immer mehr. Nach jahrelangem Training in den Bergen begann ich wieder zu laufen. Bei einer Tour auf den Schneibstein entstand bei mir der Wunsch, diesen so traumhaften, landschaftlich einzigartigen Gebirgsstock einmal laufend zu überqueren. Aus zwei Gründen: Erstens um eines der absolut einzigartigsten Abenteuer in dieser grandiosen Landschaft und Natur zu erleben, und zum Zweiten um zu beweisen, dass man auch mit einer Lungenkrankheit noch vieles schaffen kann.

Wie fühlen Sie sich jetzt, zwei Tage, nachdem Ihr Traum wahr wurde?

Zu meiner Überraschung körperlich schon wieder sehr gut, ich bin aber noch total beeindruckt von den vielen Erlebnissen, Bildern, Stimmungen und Eindrücken in dieser Traumlandschaft. Mich freut es einfach ganz, ganz gewaltig, dass ich dieses Abenteuer geschafft habe und auch so schön erleben durfte!

Welcher Moment war der schwierigste der Tour?

Der schwierigste Moment für mich war eine Passage vom Biwak Wildalmkirchl bis zur Wasseralm. Die Strecke kannte ich zum Großteil nicht. Hier gab es technisch sehr schwer laufbares Gelände bei Temperaturen um 30 und mehr Grad in der Sonne. Hier hatte ich das Gefühl, der Abschnitt geht nie zu Ende!

Welcher war der Schönste?

Das ist eine sehr schwierige Frage. Bei so vielen sooo traumhaften Eindrücken und Erlebnissen gibt es eigentlich zwei: Als ich mit ganz knappen Wasserreserven auf die Watzmann Südspitze kam und ich dort zu schon später Stunde, um 19 Uhr, ein Brüderpaar traf, das sich ebenso einen Traum (die gemeinsame Watzmannüberschreitung) erfüllte. Sie boten mir ihre Wasserreserven an! So eine Kameradschaft unter Bergsportlern zu erleben ist einfach herrlich! Der zweite war, als ich kurz vor dem Kehlsteinhaus realisierte, dass ich meinen Traum schaffen werde.

Viele Bergbegeisterte sind froh, einen einzigen Gipfel Ihrer Tour erreichen zu können – wie gehen Sie mit Aussagen um, dass Sie z.B: „vom anderen Stern" sind?

(lacht) Ich bin doch ganz normal, auch ich begann mit einer Bergtour, einem Gipfel. Ich liebe die Berge, die Natur und wollte auch immer noch mehr davon erleben und sehen. Bald begann ich dann, flache Abschnitte zu laufen, um schneller voran zu kommen. So gelang es bald, Zweitagestouren an einem Tag zu bewältigen. Das steigerte sich über die Jahre bis zum heutigen Tag. Aber das Wichtigste für mich ist nicht die Zeit, sondern die Natur und das Bergerlebnis, und das möchte ich mit meinen Bildern allen Interessierten näherbringen.

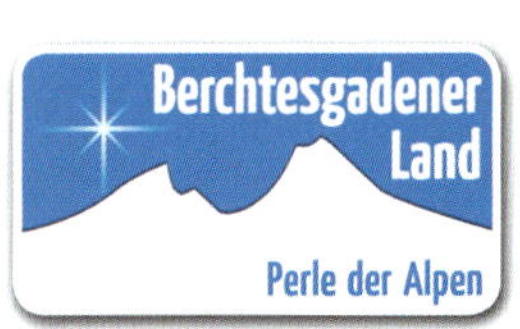

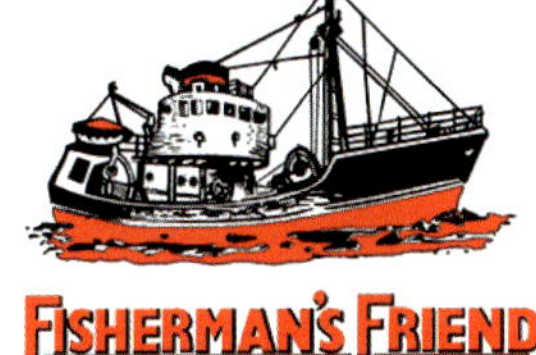

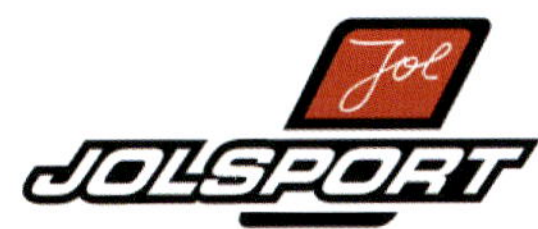

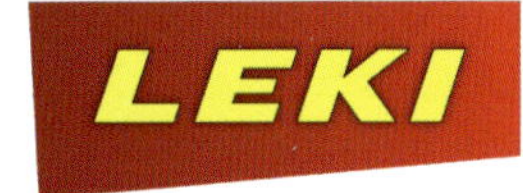

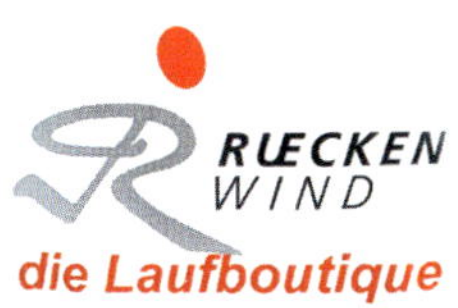

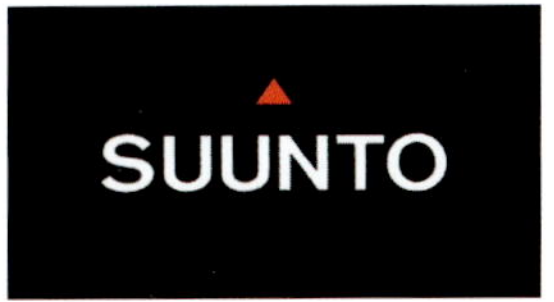

OBERBAYERN / TIROL

Faszination Alpenpanorama Band 1

- Wander- und Gipfelbestimmungsbuch
- 44 beschriftete Bergpanoramen von 32 verschiedenen Aussichtspunkten im Alpenvorland und in den bayerischen Hausbergen (7 Ziele in Tirol)
- 10 Panorama-Standorte mit Bergbahnen erreichbar

160 Seiten, 240 x 163 mm
ISBN 978-3-9814605-0-6
nur 19,90 EUR

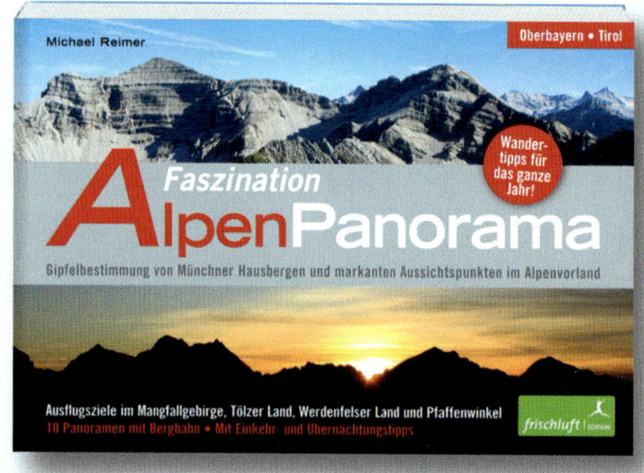

ÖSTLICHES OBERBAYERN / TIROL / SALZBURGER LAND

Faszination Alpenpanorama Band 2

- Wander- und Gipfelbestimungsbuch mit 8 Klettersteig-Routen
- 41 beschriftete Bergpanoramen von 35 verschiedenen Gipfel-Standorten südöstlich des Inntals
- 10 Panorama-Standorte teils mit Bergbahnen erreichbar

160 Seiten, 240 x 163 mm
ISBN 978-3-9814605-1-3
nur 19,90 EUR

Mit je acht extralangen Panoramen zum Ausklappen!

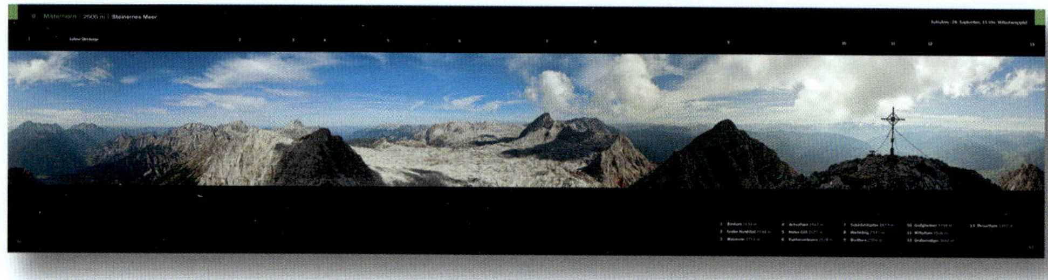

Mit 11 beschrifteten Panoramen!

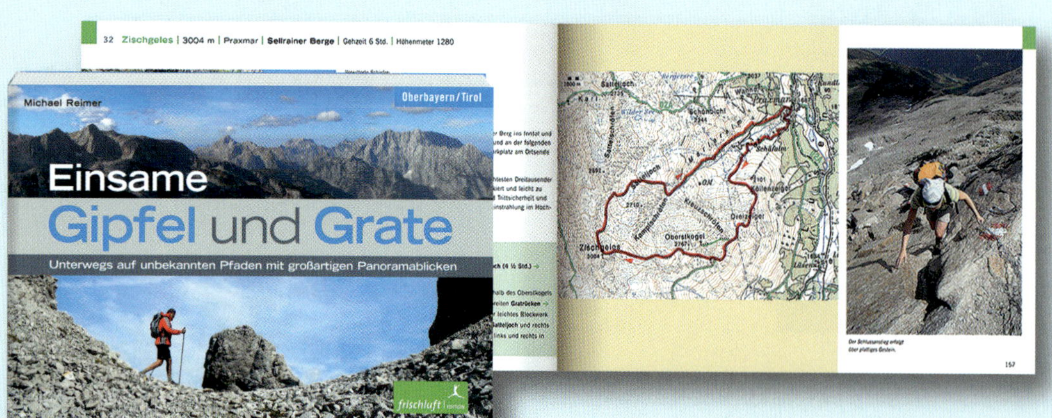

OBERBAYERN / TIROL

Einsame Gipfel und Grate

- Detaillierte Wegbeschreibungen
- Entlegene Routen
- Einkehr- und Übernachtungstipps unterwegs
- Mit topographischen Karten!

160 Seiten, 240 x 163 mm
ISBN 978-3-9812991-2-0
nur 19,90 EUR

Aktualisierte Neuauflage!

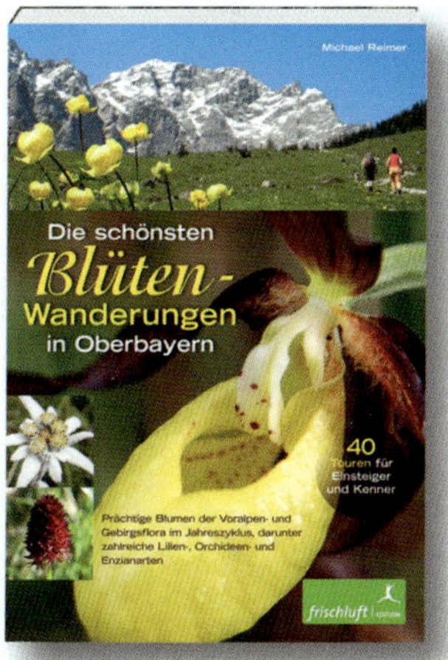

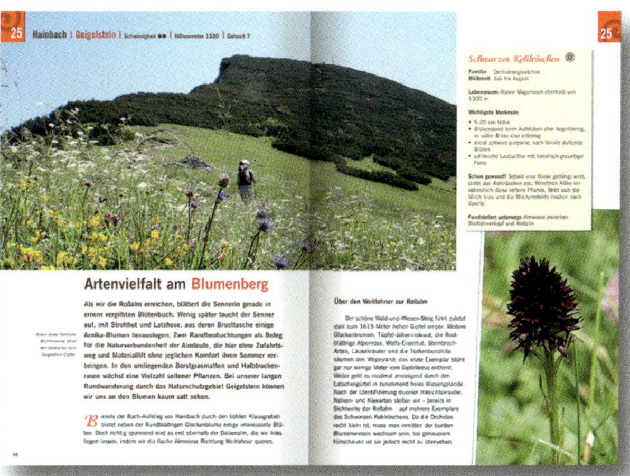

Die schönsten Blüten-Wanderungen in Oberbayern Band 1

- 40 Blüten-Touren von Frühjahr bis Herbst
- Vom Moosspaziergang bis zur Bergwanderung
- Zahlreiche Blüten-Porträts und schöne Farbbilder

160 Seiten, 165 x 235 mm
gedruckt auf FSC®-zertifiziertem Papier
ISBN 978-3-9812991-5-1
nur 19,90 EUR

Die schönsten Blüten-Wanderungen in Oberbayern & Tirol Band 2

- 40 weitere Blüten-Touren von Frühjahr bis Herbst
- Spaziergänge und Bergwanderungen auch in hochalpine Regionen
- Zahlreiche Blüten-Porträts und schöne Farbbilder

160 Seiten, 165 x 235 mm
gedruckt auf FSC®-zertifiziertem Papier
ISBN 978-3-9814605-4-4
nur 19,90 EUR

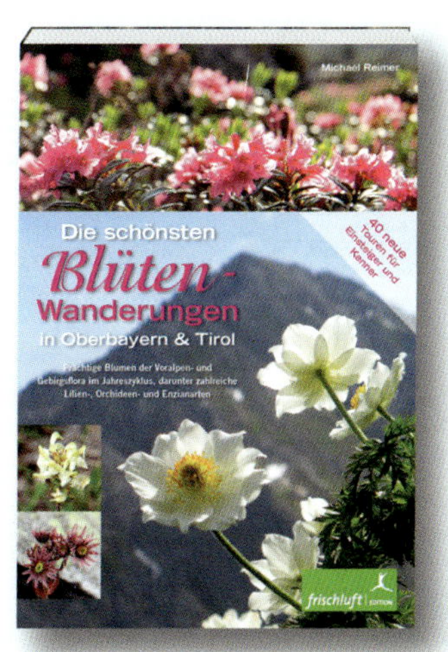

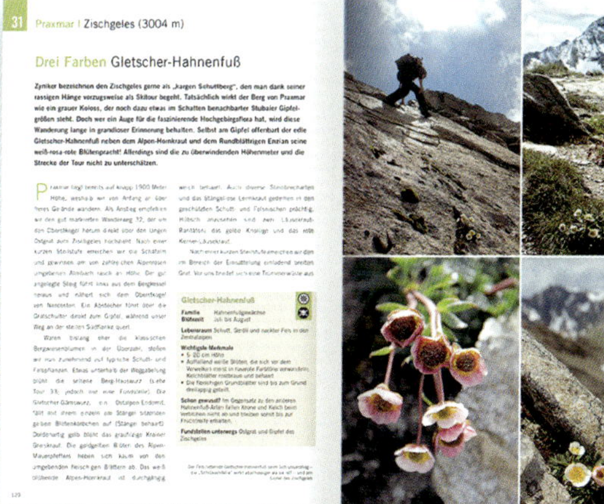

Besuchen Sie uns auf: 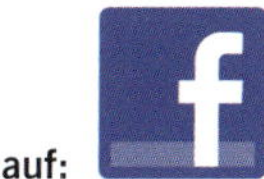

Alle Bücher sind im Buchhandel oder über www.frischluftedition.de erhältlich.

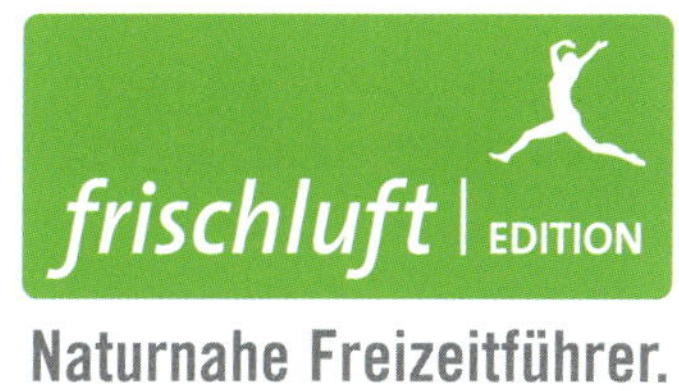

Naturnahe Freizeitführer.

Impressum

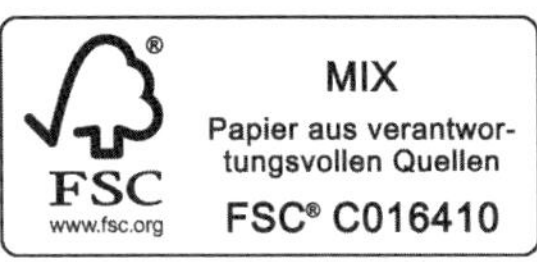

Gedruckt auf chlorfrei gebleichtem Papier.

frischluft | edition
Verlag GbR
Katrin Susanne Baur
Michael Reimer
Raiffeisenstraße 2
D-83629 Neukirchen bei Weyarn
Tel. +49-8020-904542
Fax +49-8020-904543
E-Mail info@frischluftedition.de
Internet www.frischluftedition.de

Autor Andreas Wiesinger
Lektorat Michael Reimer
Grafik-Design Katrin Susanne Baur
Druck / Repro Lanadruck GmbH

Bildnachweis
Alle Fotos stammen von Andreas Wiesinger.
Ausnahmen
Michael Reimer: 10u,17,20
Emil Widmann, Kürsingerhütte: 68/69

ISBN 978-3-945419-03-8

Danksagung

Mit viel Unterstützung und Geduld haben Katrin und Michael vom Verlag beim Entstehen dieses Buches geholfen: Danke dafür!
An meine Frau und meine beiden Mädls noch ein dickes Danke fürs Ermöglichen und die Geduld!
An alle Freunde und Bekannte die mich unterstützten a herzliches Dankeschön!

Index

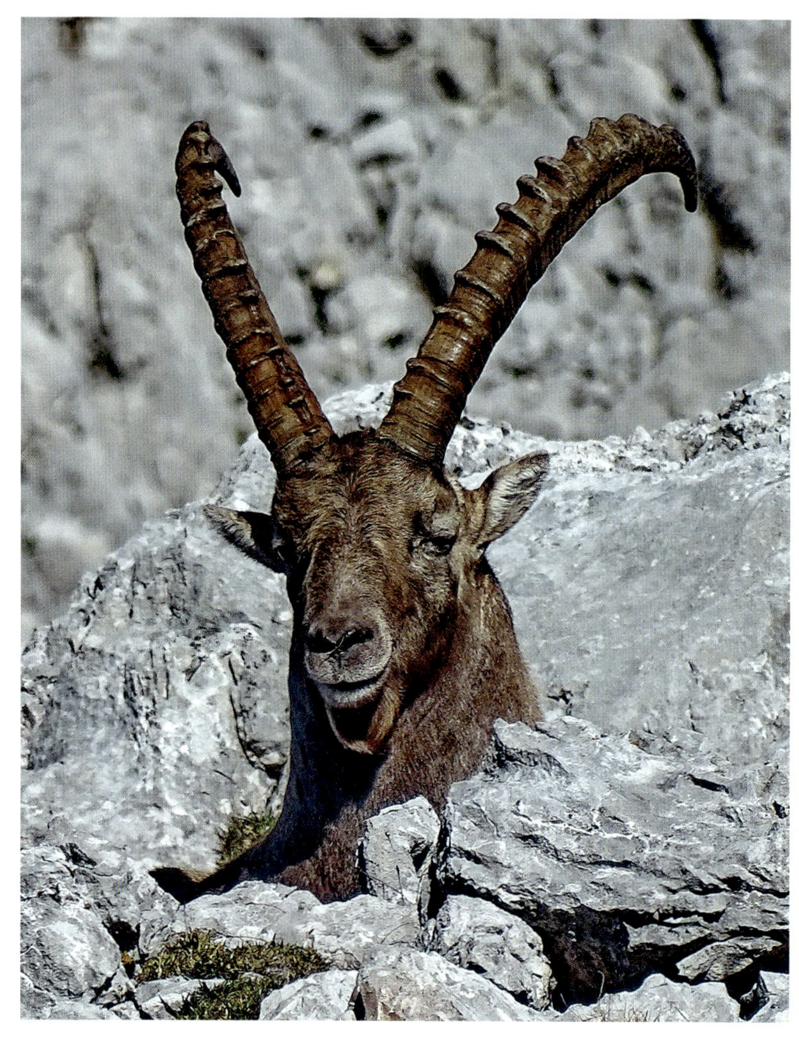

Pfiat di!